新 型 城 镇 化 与 可 持 续 发 展

农业转移人口市民化
成本与测算

STUDY ON THE LIVELIHOOD CAPITAL AND
SUSTAINABILITY DEVELOPMENT OF
AGRICULTURAL TRANSFER POPULATION

杜海峰　顾东东　吕锋◎著

社会科学文献出版社
SOCIAL SCIENCES ACADEMIC PRESS (CHINA)

　　城镇化是伴随工业化，农业转移人口向城镇集中的自然历史过程，是人类社会发展的客观趋势，是国家现代化的重要标志。现阶段中国社会已经进入城镇化的中期阶段，加快城镇化进程是未来几十年中国最大的发展潜力所在。"三个1亿人"目标是新型城镇化国家重大战略实施的核心问题，而西部地区一亿农业转移人口的就地就近城镇化又是其中的关键，这一问题还直接影响"一带一路"倡议及"乡村振兴"战略在西部的实施。西部地区农业转移人口就地就近城镇化及社会治理体现了国家战略的重大关切和西部发展的重大需求。统筹区域发展，创新国际合作发展新方式，在更广阔的时空范围内创新社会治理模式，是"一带一路"倡议下的重大命题。在"一带一路"倡议和新型城镇化时代背景下，深刻洞察中国，特别是西部地区社会发展的现状和规律，创新和发展具有中国特色的社会治理理论与政策，深化、推广和服务"一带一路"建设，增强中国道路自信、理论自信、制度自信和文化自信，为推进国家治理能力现代化，主导国际话语权提供高水平决策建议。

　　自2004年以来，笔者所在的课题组有关城镇化的研究主要聚焦于农民工问题，其中包括三个主题：农民工为什么会流动、农民工在流入地城市的生存与发展，以及农民工流动对流出地的影响。这三个研究主题力图全面反映在中国目前快速但仍然不充分的城镇化过程中，农民工的流动所表现出的"农村（流出地）→城市（流入地）→农村（流出地）"的循环特征。同时，课题组以农民工问题作为背景，将以多学科交叉为特征的复杂性科学研究范式引入公共管理和社会学领域，在社会系统复杂性、社会网络分析以及复杂系统建模等领域进行了一系列探索性研究。课题组前期依托西安交通大学人口与发展研究所，在社会复杂问题以及复杂性科学研究领域，与美国斯坦福大学（Stanford University）、圣塔菲研究所（Santa Fe Institute）、加州大学尔湾分校（University of California，Irvine）等研究机构建立了广泛的学术合作网络。经过10余年的发展，其形成了由30余人组成的稳定研究团队，其中，国外终身教授2人，国内教授2人、副教授3人、讲师4人，团队还包括博士研究生、硕士研究生20余人。研究团队与斯坦福大学、华盛顿大学、曼彻斯特大学、维多利亚大学等国外知名大学和研究机构建立了交流与合作关系，先后承担30余项国家级、省部级重大科研项目，形成了与国家、地方各级政府合作研究网络。基于前期工作积累，在国家社会科学基金重点项目（项目号：12AZD110）、国家社会科学基金重大项目（项目号：13&ZD044、15ZDA048），以及国家"十二五"科技支撑计划项目（项目号：2012BAI32B06-04、2012BAI32B07-02）、陕西省社会科学基金面向"十三五"重大理论与现实问题研究项目（项目号：2016ZDA05）等的联合资助下，研究团队自2012年以来深入工厂、农村基层，先后在西安市、深圳市、平顶山市、汉中市开展了5次大规模抽样调查，该调查涵盖了16个村、29个社区居委会、39个企业、12个学校，调查对象超过3万人，形成了推动"以人为核心"的新型城镇化，获得了实现农业转移人口市民化的"大数据"。

公共管理的研究对象通常较为复杂，其复杂性不仅表现为行政概念、政治关系等不易定量描述，建立数学解析模型也难于一般管理学问题，还表现为公共管理目标往往不是单一的、线性的，而是追求多目标协调的统筹最优效应，同时影响公共管理问题的环境复杂多变。若要解决这些困难，在公共管理研究中亟须在方法上进行创新。本书在已有理论、方法及实证研究基础上，结合中国新型城镇化的现实情境与发展规律，系统研究了不同城镇化背景下农业转移人口市民化成本的测算方法，并结合典型地区的官方统计数据进行了测算与预测分析，试图从成本的角度为认识和研究中国新型城镇化问题提供新方法和新思路，也为建立中国特色的哲学社会科学体系贡献力量。

本书由七章构成。第一章为绪论，主要介绍本书的研究背景、概念界定、研究目标、研究内容与框架，交代研究所使用的数据来源与研究方法。第二章为文献综述，主要对国内外相关理论和研究成果进行系统的梳理、总结和评述。第三章为农业转移人口市民化成本的指标设计与测算策略，整合社会成本、公共治理等理论，结合中国城镇化和农业转移人口现状特征及未来发展趋势，构建市民化成本指标体系，明确市民化成本的支付主体与支付项目，提出成本测算的具体思路、维度和框架。第四章至第六章为本书的实证研究章节，分别为异地城镇化、就地就近城镇化背景下农业转移人口市民化成本的测算，以及就地就近城镇化背景下农业转移人口市民化成本的预测。第七章是研究结论、政策建议与研究展望。

　　本书是课题组全体师生共同劳动的结晶，感谢靳小怡教授、刘朔副教授、杜巍副教授等给予的全方位支持，感谢王思钦博士、刘妍珺博士、段朱清博士等在数据处理过程中提供的全力帮助，也感谢河南省平顶山市叶县、广东省深圳市坪山区、陕西省汉中市城固县和宁强县等政府部门在调查过程中的大力协助和积极配合。此外，特别感谢西安交通大学人口与发展研究所所长李树茁教授，他是课题组的组织者和研究方向的开启者。

　　由于笔者水平有限，书中不妥之处在所难免，恳请读者批评指正。

杜海峰　顾东东　吕　锋

2019 年 7 月

于西安交通大学

| 摘　要 |

　　科学测算农业转移人口市民化成本，是合理支付市民化成本、推动市民化进程的前提与关键。近年来，不少学者从市民化成本内涵、金额、支付主体等角度开展了理论讨论，一些学者还从指标构建、模型设计方面分析了成本测算的实现方法，推动了农业转移人口市民化成本与测算这一新兴研究快速发展。然而，由于中国农业转移人口市民化过程存在显著的本土性特点，西方既有城镇化、市民化等成熟理论较难直接应用，这致使当前市民化成本研究缺少理论支撑，研究开展多依据政策文件规定和质性经验判定进行，造成了不同研究之间在成本概念与内涵解读、支付主体判定、具体测算策略、指标体系设计、模型算法构建方面差异较大。与此同时，伴随新型城镇化的持续推进，2014 年中国户籍制度进一步改革，中西部地区小城镇的就地就近城镇化速度日益加快，家庭化迁移趋势日益明显，市民化人口年龄别分布逐渐从劳动力年龄阶段向非劳动力年龄阶段扩散；而既有研究多基于异地城镇化，且市民化成本指标与测算模型设计多基于市民化人口集中于劳动力年龄别的前提假设，对就地就近城镇化背景下的成本测算研究，以及该背景下人口结构多元化对成本测算产生的影响关注较少。

　　本书在已有研究基础上，结合中国的社会经济情境，对市民化成本内涵进行了本土化修正，运用理论分析和方法创新相结合的手段，重新构建了市民化成本指标体系，完善了测算策略框架，改进了测算模型，设计了预测模型，并从多角度定量分析了农业转移人口市民化成本各级指标的金额、结构及相关利益主体的成本支付情况，在此基础上从市民化成本支付角度提出了推动农业转移人口市民化的政策建议。

　　本书可以为公共管理、系统工程、社会学等领域的研究者提供参考，也可以作为相关专业研究生和高年级本科生的辅助教材。

| ABSTRACT |

Calculating the cost of citizenization of rural migrant workers scientifically is the premise and key for reasonably paying the cost of citizenization and promoting the process of citizenization. For the past few years, many scholars have carried out theoretical discussions from different points of view, such as the conceptual connotation, amount and payment subject of citizenization costs. A few scholars have also analyzed the implementation methods of cost estimation from the aspects of index construction and model design, which has promoted the rapid development of the emerging research on the cost and calculation of citizenization of rural migrant workers. However, because of the remarkable local characteristics of the process of citizenization of rural migrant workers, it is difficult to apply the maturational theories of urbanization and citizenization in the west directly, which leads to the lack of theoretical support for the current research on the cost of citizenization. Researches on the regulation of policy document with multi-basis and qualitative experience judgement lead to great differences among different researches in the interpretation of the connotation of cost concept, the determination of payment subject, the specific measurement of the strategy, the design of index system and the construction of model algorithm. At the same time, with the continuous advancement of new-type urbanization and the further reforming of China's household registration system in 2015, in-situ urbanization in central and western regions is developing day by day, and rural workers flowing presented "the family" trend. The age distribution of the citizenized population has gradually spread from the labor force age stage to the non-labor force age stage. Existing studies are based on the model of remote urbanization and researches on cost calculation index and model design are based on the presumption that citizenized population is in the labor force age stage, which pay less attention to the cost calculation and the influence of diversification of population structure under the background of the in-situ urbanization.

Based on the current research, this paper makes a localized revision of the connotation of cost concept of citizenization in the combination of Chinese socio-economic background; combines theoretical analysis with method innovation; restructures the cost index system of citizenization; improves the framework of calculation strategy; perfects the calculation model; designs the prediction model; quantitatively analyzes the amount, structure and cost payment pressure of interest-related parties in various levels of indicators for the cost of citizenization of rural migrant workers from different angles and on this basis, puts forward some policy suggestions to promote the citizenization of rural migrant workers from the perspective of cost payment of citizenization.

This book can be a reference for researchers in the field of public administration, system engineering, sociology, etc. It can also be served as the auxiliary materials for postgraduates and senior undergraduate students in relevant research fields.

目 录
CONTENTS

第一章 绪论 …………………………………………………… 1

第一节 研究背景 ……………………………………………… 1

第二节 概念界定 ……………………………………………… 6

第三节 研究目标 ……………………………………………… 9

第四节 研究内容与框架 …………………………………… 11

第五节 数据来源与研究方法 ……………………………… 14

第二章 文献综述 ……………………………………………… 18

第一节 相关理论 …………………………………………… 19

第二节 西方移民国民化成本研究 ………………………… 31

第三节 农业转移人口市民化成本理论与实证研究 ……… 34

第四节 农业转移人口市民化成本测算方法研究 ………… 40

第五节 小结 ………………………………………………… 43

第三章 农业转移人口市民化成本的指标设计与测算策略 …… 46

第一节 农业转移人口市民化成本内涵辨析 ……………… 46

第二节 农业转移人口市民化成本指标体系构建 ………… 58

第三节 农业转移人口市民化成本的测算策略 …………… 72

第四节 小结 ………………………………………………… 92

第四章　异地城镇化背景下农业转移人口市民化成本的测算 ············ 94

　第一节　农业转移人口市民化成本测算模型的改进及构建 ········ 94

　第二节　异地城镇化背景下市民化成本测算数据与模型调整 ···· 106

　第三节　异地城镇化背景下市民化成本的测算结果分析 ········ 109

　第四节　小结 ·· 123

第五章　就地就近城镇化背景下农业转移人口市民化成本的测算 ······ 125

　第一节　就地就近城镇化背景下市民化成本指标与测算模型的
　　　　　调整 ··· 125

　第二节　就地就近城镇化背景下市民化成本测算数据与模型适用
　　　　　情境 ··· 137

　第三节　就地就近城镇化背景下市民化成本的测算结果分析 ···· 142

　第四节　小结 ·· 161

第六章　就地就近城镇化背景下农业转移人口市民化成本的预测 ······ 163

　第一节　就地就近城镇化背景下市民化成本预测研究的
　　　　　必要性 ·· 163

　第二节　就地就近城镇化背景下市民化成本预测模型设计 ········ 173

　第三节　就地就近城镇化背景下市民化成本的预测结果分析 ········ 199

　第四节　小结 ·· 209

第七章　结论与展望 ··· 212

　第一节　主要结论 ·· 212

　第二节　主要创新点 ·· 214

　第三节　政策建议 ·· 216

　第四节　研究展望 ·· 221

参考文献 ··· 223

附　录 ··· 243

CONTENTS

1 **Preface** / 1

  1. 1   Research Background / 1

  1. 2   Definitions / 6

  1. 3   Research Objectives / 9

  1. 4   Research Contents and Framework / 11

  1. 5   Data and Methods / 14

2 **Literature Review** / 18

  2. 1   Theories / 19

  2. 2   Researches on Immigration Cost / 31

  2. 3   Theoretical and Emprical Researches of Migrant Workers' Citizenization Costs / 34

  2. 4   Calculation Method of Rural Migrant Workers' Citizenization Costs / 40

  2. 5   Summary / 43

3 **The Index System Design and Calculation Strategy of Rural Migrant Workers' Citizenization Costs** / 46

  3. 1   The Analysis of the Connotation of Rural Migrant Workers' Citizenization Costs / 46

  3. 2   The Construction of Index System of Rural Migrant Workers' Citizenization Costs / 58

3. 3   Calculation Strategies for Citizenization Costs of Rural Migrant
        Workers / 72

3. 4   Summary / 92

4   The Calculation of Citizenization Costs of the Rural Migrant Workers
     under the Background of the Remote Urbanization / 94

4. 1   The Improvement and Construction of the Model for the Measurement of
        Rural Migrant Workers' Citizenization Costs / 94

4. 2   The Data and Model Adjustment of Citizenization Costs under the
        Background of Remote Urbanization / 106

4. 3   Analysis of the Calculation Results of Citizenization Costs under the
        Background of Remote Urbanization / 109

4. 4   Summary / 123

5   Calculation of Rural Migrant Workers' Citizenization Costs under the
     Background of In-Situ Urbanization / 125

5. 1   Optimization of Indices and Models for the Measurement of Citizenization
        Costs in Local Areas in the Context of In-Situ Urbanization / 125

5. 2   The Data and Model Description of Citizenization Costs / 137

5. 3   Analysis of the Calculation Results of the Citizenization Costs / 142

5. 4   Summary / 161

6   Prediction of Rual Migrant Workers' Citizenization Costs under the
     Background of In-Situ Urbanization / 163

6. 1   The Necessity of the Study of Citizenization Costs Prediction under the
        Background of In-Situ Urbanization / 163

6. 2   The Model Design of Citizenization Costs Prediction Model under the
        Background of Remote Urbanization / 173

6. 3   Analysis of the Forecast Results of Citizenization Costs in the Context of
        In-Situ Urbanization / 199

6. 4   Summary / 209

7   Conclusions and Perspective / 212

7. 1   Main Conclusions / 212

7. 2   Main Contributions / 214

7. 3   Policy Implications / 216

7. 4   Research Perspectives / 221

References / 223

Appendix / 243

本章重点介绍本书的研究背景、概念界定、研究目标、研究内容与框架、数据来源与研究方法。

第一节　研究背景

一　现实背景

2017 年，中国城镇人口增加到 7.11 亿人，城镇化率达到 58.52%，比世界平均水平高出 3.62 个百分点，城镇人口与欧洲大陆总人口基本持平（国家统计局，2018a）。中国城镇化发展不仅解决了大量农村剩余劳动力的就业问题，增加了农民收入，大幅度减少了贫困人口，而且有力推动了国家现代化进程，提高了人类文明水平；一批具有国际竞争力的中心城市和专业城镇在得到培育的同时，城市面貌和人居环境条件也得到了巨大改善（徐绍史，2016）。然而，中国城镇化虽然成就巨大，但受制于一系列历史和制度因素，积累的矛盾与问题日益显现，不充分与不均衡问题仍然存在。

第一，农业转移人口"半城镇化"现象突出。占城镇常住人口近三分之一的农业转移人口为非本地城镇户籍人口，受户籍制度影响，他们的生活和工作条件、市民权益与平等权利等与本地（务工地）城镇居民存在较大差距，处于一种"非农、非城"的"半城镇化"尴尬境地，存在"半融入、难融入"现象，成为社会潜在不稳定因素。东部地区大城市，特别是华南地区的深圳、广州、东莞的"半城镇化"程度相对较高（李爱民，2013）。第二，土地城镇化速度快于人口城镇化进程。第四次、第五次、第六次全国人口普查数据显示，城镇常住人口规模20年间增长了约2.2倍，而城镇建成区面积则扩大了3.3倍（武廷海等，2012），与之相对应的城市基建、教育、社保等公共服务供给水平却提升较慢（Chen et al.，2016）。第三，东部、中部、西部区域发展不均衡。东部地区集聚了中国半数以上的农业转移人口，城镇化率明显高于中西部地区，而广大中西部地区除省会城市外，大多数城市发展落后于东部地区，存在综合实力不强、建设难度较大等现象（Guan et al.，2018）。第四，中小城镇人口集聚水平相对较低。资源、资本、人才和发展机会多数集中于大城市，而县城、乡镇等中小城镇基础设施建设、产业支撑能力、科技创新水平薄弱，对农业转移人口吸纳集聚能力偏低，"三留"①问题相对突出（徐匡迪，2013）。

2013年11月发布的《中共中央关于全面深化改革若干重大问题的决定》明确提出了新型城镇化战略，强调统筹区域和不同层级城镇协调发展，推进以农业转移人口市民化为核心的"以人为本"的新型城镇化。此后，国家分别就户籍制度改革、土地制度改革、公共服务供给改革、多层级城市协同发展路径等问题，提出了具体的制度改革及发展政策②，力图通过全面推进农业转移人口市民化，化解城镇化建设中的不充分及不均衡问题。伴随新型城镇化战略和相关政策的扎实推进，中西部地区城镇化加速发展，农业转移人口比重持续提高，区域间城镇化水平差距逐步缩小，市县内就地就近流动农业转移人口总数达到并超过跨省市异地流动农业转移人口总数，城镇吸纳农业转移人口规模不断增加，达到2.87亿人，城镇化发展重心逐步从东部沿海地区向中西部内陆省份推进（国家统计局，2018b）。

---

① "三留"群体指农村留守妇女、留守儿童、留守老人，下同。

② 2014年3月《国家新型城镇化规划（2014—2020年）》，2014年7月《关于进一步推进户籍制度改革的意见》，2015年2月《国家发改委扎实推进"三个一亿人"城镇化方案的实施》，2016年2月《关于深入推进新型城镇化建设的若干意见》，2016年12月《国家人口发展规划（2016—2030年）》，2019年《关于建立健全城乡融合发展体制机制和政策体系的意见》。

与此同时，"半城镇化"现象虽有缓解，但依然较为严峻。截至2017年末，全国常住人口城镇化率和户籍人口城镇化率之间仍有16.17个百分点的差距，农业转移人口市民化发展相对滞后（国家统计局，2018a）。其原因可能在于，市民化过程是农业转移人口在城镇享受公共服务、保护基本权利、适应社会经济、融入城市生活等方面的改变过程，是通过改革创新制度政策，消除市民化障碍的过程（张国胜，2009）。从公共管理和政策制定视角来看，市民化的实现，需要户籍、就业、社会保障、城乡土地等一系列相关制度的改革，而这些制度改革包含巨大的资金需求，牵涉流入地政府、务工企业和农业转移人口等多方利益相关者，考验着政府财政支出水平和公共治理能力（刘尚希，2012）。然而，农业转移人口市民化成本与测算研究虽逐步丰富，但对成本规模、构成等核心问题尚未形成统一认识，对成本具体测算方法、逐年变化趋势、各利益主体支付的关键项目与支出压力等关键问题的研究还有待进一步深化。由此导致政府、企业和农业转移人口对市民化成本的具体支出金额、支出主体、支出项目、支出压力等存在疑惑和认知偏差（孙永正，2016），使得各相关主体、各级政府、不同部门之间缺乏科学分工的理论依据，不仅妨碍相关政策制度改革和长期规划制定，还阻碍农业转移人口市民化推进及"半城镇化"问题的有效解决（陆成林，2014）。

在中国东部地区进入城镇化中后期阶段、中西部地区进入城镇化加速阶段的关键时期，基于农业转移人口跨省、跨市异地流动与市内、县内就地就近流动并存的背景，科学合理地测算与分析农业转移人口市民化成本的金额、结构、变化趋势和相关利益主体的成本支付项目及压力，是不同区域、不同层级政府部门制定发展战略、布局财政政策的前提，也是农业转移人口做出理性市民化生计策略的重要参考，对于"人的城镇化"的推进、"半城镇化"问题的解决、新型城镇化战略的实施，以及《国家新型城镇化规划（2014—2020年）》《国家人口发展规划（2016—2030年）》等重大制度政策的落实，具有重要现实意义。

二　理论背景

在西方经典人口城市化模型中，农业转移人口市民化伴随城镇化、工业化而产生，农村人口职业、身份的非农化同步进行（刘传江、程建林，2008）。但在中国，户籍制度等一系列相关制度安排限制了农村人口的自由迁移，造成了地域和社会在空间上的割裂（Chan，1994），加之新中国成立较长一段时期，政府实施重工业先行战略，使农村剩余劳动力大规模转移的起步时间明显滞后于工业化发展，中国的市民化走了一条农民非农化与城镇化脱节且不同步的道路（DeBrauw et al.，2002）——农民的地域转移和职业、身份转换没有在市民化过程中彻底、同步、合一地进行。因此，中国的农业转移人口市民化具有显著的独特性和本土性，不同于国外既有的非农化与人口城市化模式。虽有学者提出，国外移民研究，特别是西方移民国民化研究，对于中国农业转移人口市民化成本研究具有较高借鉴价值（谌新民、周文良，2013），但两项研究间的相似性主要体现在宏观过程及制度阻碍方面，受制于研究对象的较大差异，具体成本研究中关注的核心问题，特别是成本内涵及指标设置问题的研究思路及分析维度并不一致（周春山、杨高，2015；姚毅、明亮，2015）。故而，受历史条件、具体发展道路不同的约束，研究问题本土化、研究主体特殊化的限制，本书能够直接借鉴的西方成熟理论与方法相对较少。

国内学界针对农业转移人口市民化的成本测算研究起步较晚，但发展较快。不同学者分别从成本结构、成本金额测算和成本支付主体等方面展开研究，取得了丰硕成果。然而，由于农业转移人口市民化过程既呈现静态结果，又反映动态过程，还涉及不同地域和不同人口结构的复杂组合，其成本测算十分复杂。首先，伴随市民化进程，原来覆盖本地户籍居民的基本公共服务，以及企业支付的相应工资福利，均需扩展到新增市民化人口，政府与企业需要额外投入；其次，市民化过程中要实现职业、地域和身份三重转换，农业转移人口一旦做出市民化选择，不但对其自身产生直接影响，而且对全社会的资源配置产生重要影响；再次，市民化成本既包括基本公共服务投入，也包括农业转移人口因居住环境、生活方式改变增加的开支等，成本项目十分繁杂；最后，随着家庭化迁移的增多，不同的家庭化迁移模式将会产生不同的城镇家庭结构，在城镇区域内就显示为历年市民化人口结构的不同，由此产生的市民化成本也不一样。

因此，学界虽然给出了多种成本概念、测算模型、测算结果，但由于研究对象自身的复杂性，仍存在如下一些关键问题和研究空间有待进一步解决和深化。

第一，农业转移人口市民化成本内涵的本土化修正与指标体系的细化。由于缺乏能够直接借鉴的成熟理论，目前学界多依据政策文件或一般人口城市化理论对成本内涵进行界定并构建测量指标体系，该思路为明晰市民化成本宏观范围与核心支付主体提供了重要参考。但受二元经济社会制度的影响，农业转移人口市民化在诸多方面不同于一般的农村人口城市化，相应市民化成本内涵有待在既有研究基础上进一步进行本土化修正，指标体系有待结合中观、微观理论进一步细化，从而提升市民化成本内涵的准确性、指标体系的测量精确度，避免指标构建过程中的重复、遗漏与偏误现象。

第二，农业转移人口市民化成本测算模型的改进。目前学界多将成本模型法、分类加总法作为模型设计基本方法，这些模型有效充实了成本测算方法研究。但已有研究在模型设计过程中，均假设市民化成本为"城镇新增一人"所产生的成本，而农业转移人口市民化成本在本质上是伴随城乡转移和身份变化所产生的成本（杜海峰等，2015）。因此在模型设计过程中，在考虑"城镇新增一人"的同时还应充分考虑"农村减少一人"这一市民化另一本质特点，对既有模型进行改进，避免测算模型对市民化成本的重复计算。

第三，基于就地就近城镇化背景的成本测算研究。当前成本测算研究多集中于人口异地流动的城镇化模型框架，而近年来中国中西部地区全面推进就地就近城镇化，引起了农业转移人口大规模就地就近市民化的现象（Liu et al.，2014；Chen and Ye，2014）。由于社会情境、模式机理、路径机制均发生变化，不同城镇化类型之间市民化过程中的制度改革成本、社会转变成本、经济变革成本均会有所不同（顾东东等，2018），因此在异地城镇化背景下的市民化成本测算研究基础上，有必要基于就地就近城镇化背景，进一步讨论市民化成本的测算方式与结果。

第四，基于就地就近城镇化背景家庭化迁移模式增多情况下的农业转移人口市民化成本预测。目前关于市民化成本指标与测算模型的设计多基于异地城镇化，该模式下由于受生活成本、落户条件、就业岗位、文化差异等方面的影响与限制，农业转移人口以个人化迁移模式为主，市民化人口集中于劳动力年龄段，市民化人口结构的单一化与固定化，使相关测算结果在未来依然具有较强适用性。但就地就近城镇化由于具有地理、文化、社会融入等多方面的优势，特别是 2014 年户籍制度的进一步深化改革，家庭化迁移模式逐年增多，使市民化人口结构向多元化转变。然而较多成本项目是随人（年龄）而变的，在人口结构多元化情境下，未来市民化成本将发生较大变化（孙永正，2016；陈金永，2013）。因此有必要考虑家庭化迁移模式增多情况下，市民化成本预测指标与模型的设计，通过方法创新实现成本预测，并对既有测算结果进行进一步验证。

已有研究虽从多个角度、多个方面测算并分析了市民化成本（李俭国、张鹏，2015；申兵，2012），但由于研究问题的复杂性、社会情境与政策的变化，农业转移人口市民化成本与测算研究在理论、方法和实证分析方面依然有进一步的深化空间（孙友然等，2016）。据此，本书从理论研究入手，总结市民化成本与测算研究已有成果，在明晰中国社会经济情境下农业转移人口市民化成本内涵的基础上，构建市民化成本指标体系，结合中国城镇化与市民化发展变化趋势，以及成本测算的方法特点，提出测算思路、维度及框架；结合不同城镇化类型，设计并调整相应测算模型与指标体系，分析农业转移人口市民化成本现状；结合人口预测模型，设计市民化成本预测模型，预测家庭化迁移增多情况下未来阶段农业转移人口市民化成本可能的变化特点与趋势；在多层面、多维度系统测算和预测成本的基础上，综合分析市民化成本的结构、变化趋势及各主体成本支付压力。以此丰富相关理论、优化计算模型、解析成本特征、形成实证结论，提升市民化成本测算研究的科学性、准确度和应用性。

第二节　概念界定

一　农业转移人口

农业转移人口，是伴随改革开放、工业化和城镇化进程产生的一个具有中国特色的群体，是 30 余年来二元经济社会制度构建的特殊群体，西方并没有与之完全对应的群体（朱力，2003）。因此，学界和政府对该群体的称谓并不统一，是随时间推移、制度变化、认识深入而不断改变的，改革开放初期，"打工仔""民工""轮换工""临时工""合同工""流动人口"等称谓较多（邓保国、傅晓，2006）。2006 年，《国务院关于解决"农民工"问题的若干意见》第一次把"农民工"这一称谓写入中央政府具有行政法规作用的文件，这一称谓直至今日仍被较多使用。2012 年，党的十八大报告用"农业转移人口"替代"农民工"的称谓，充分体现了"以人为本"新型城镇化战略的核心。2014 年国务院印发的《关于进一步推进户籍制度改革的意见》指出，建立城乡统一的户口登记制度，取消农业户口与非农业户口性质区分，统一登记为居民户口，2020 年努力实现 1 亿左右有能力在城镇稳定就业和生活的农业转移人口和常住人口的市民化，稳步推进城镇基本公共服务向常住人口全覆盖。一系列称谓的转变和政策的出台，反映了中国政府对消除明显身份歧视、促进社会融合、全面深化改革和彻底解决城乡二元结构制度的决心（孙友然等，2016）。

从严格意义上讲，农业转移人口主要指由第一产业的农业部门向第二、第三产业部门转移的人口。在新型城镇化这一语境下，农业转移人口主要包括两类：第一类是户籍仍在农村，但已经从农村迁移到城镇，每年在较为固定的城镇工作、生活超过 6 个月的"持农村居民户籍的城镇常住人口"或"城镇农民工"；第二类是户籍已在城镇，且已在城镇工作、生活的一小部分城镇居民，该群体是在城市向外扩张过程中，因为承包地、宅基地被征用，才较为被动地从农业户籍转变为非农业户籍的城镇常住人口。

第一类是目前农业转移人口的主体，也是本书主要关注的群体。后续部分（除有关文献综述）在未注明的情况下，农业转移人口均指第一类人群及随迁子女和老人。该群体的共同特点是：户籍身份仍为农业人口，但由于生活环境改善、家庭收入增加、子女教育需要、投亲靠友和婚嫁等需求，由第一产业的农业部门向第二、第三产业部门转移，其职业类型以非农产业、半工半农的兼业为主，居住地点和生活环境也与规模不同的城市有关，生活方式、价值观、思维模式正在或已全部转变。

二 农业转移人口市民化

市民化最初是社会学、人口学概念，之后被政治学、经济学、地理学等学科广泛使用，其在经典理论中的含义主要指农民市民化或人口城市化，强调农民作为职业的"农民"（Farmer or Cultivator）和社会身份的"农民"（Peasant），在实现职业和身份的转变之前，首先需要接受现代城市文明的各种因子；其后，在向"市民"（Citizen）转变和城市迁移过程中，他们通过市民化资本（Capital）的积累发展出相应的市民化能力（Capability），学习并获得市民的基本素质和资格，最终拥有自身市民权利，并完全融入城市（王竹林，2015）。

在中国，由于户籍制度等一系列制度安排，农业转移人口市民化并不完全等同于西方农村人口城市化（农民市民化），其过程被划分为两个阶段，第一阶段主要指农村剩余劳动力向城市转移，第二阶段主要指农业转移人口的职业非农化、生活方式城市化、身份与权利市民化（刘传江，2004），即先实现"半市民化"，再实现"后市民化"。在第二阶段实现之前，农业转移人口受户籍身份限制，在公共服务、平等就业等社会权利享有方面，与城镇居民存在较大差距（钟水映、李魁，2007）。改革开放至今，第一阶段的转移已十分便利，而随着新型城镇化战略的实施、相关制度政策的改革，第二阶段的转变不断加快，在绝大多数中小城镇和部分大城市尤为明显。

本书借鉴经典市民化相关理论，结合中国农业转移人口和政策的现实特征，把农业转移人口市民化定义为：农业转移人口从常住农村转变为常住城镇，并在职业、生活方式、身份与权利方面达到市民（城镇居民）标准的过程。

三 农业转移人口市民化成本

成本主要指经济活动中发生的耗费，最初被广泛应用于企业管理领域，随着社会经济发展，传统成本理论走向多元化。美国会计师协会给出的广义概念被广泛应用——为达到特定目的而发生或应发生的价值牺牲，它可以用货币单位加以计量（赵在绪等，2014），本书测量和分析的市民化成本即属于该概念范畴。需要重点强调的是，农业转移人口市民化成本不等同于城镇化成本，前者特指"人的城镇化"成本，而后者还包含除前者以外的其他成本（张国胜，2009；陆成林，2014）。由于新型城镇化的核心是人的城镇化，主要指农业转移人口市民化，因此学界通常将研究重点聚焦于农业转移人口市民化成本（谌新民、周文良，2013；赵在绪等，2014）。

市民化成本产生于市民化过程，西方一般意义的农村人口城市化（农民市民化）过程，是伴随城镇化进程开展的城乡人口迁移与城市化过程，市民化成本通常包括维持个人在城市生产、生活的私人发展成本，以及政府为维持城市运转所产生的公共发展成本（Desai and Potter，2008）。但中国二元经济社会制度导致了不平等的城乡资源与权利分配方式，致使多数农业转移人口在公共服务、平等就业等社会权利享有方面与城镇居民标准存在显著差距（Mitchell，2003；王竹林，2015），政府、企业等其他群体在无偿享有农业转移人口既得（公民）权利及社会福利的同时，造成了农业转移人口市民化能力的缺乏和福利的损失，使中国市民化进程明显滞后且不同于西方人口城市化，存在显著的外部性问题（杜海峰等，2015）。因此，在中国社会经济情境下，基于福利经济学社会成本理论下的补偿原理，市民化在一般人口城市化意义之外，在某种意义上还可以理解为，对农业转移人口福利享受过程中所存在的外部性的矫正，即政府、企业依据城镇居民标准，对农业转移人口既得权利的补齐（李国平等，2016），而为实现生产、生活等特定目的所产生的成本中，个体承担的部分是内部（私人）成本，不承担的部分是外部成本，两者的总和构成总成本（皮特·纽曼等编，1996）。

本书基于中国社会经济情境与社会成本理论，将农业转移人口市民化成本的概念定义为：政府、企业依据城镇居民标准补齐农业转移人口公共服务和薪资福利损失所投入的外部成本与农业转移人口推动自身职业、身份、生活方式向城镇居民转变所新增的内部成本之和。

第三节 研究目标

本书通过借鉴已有研究成果和多学科理论，旨在中国社会经济情境下，明晰农业转移人口市民化成本内涵，构建农业转移人口市民化成本指标体系，提出农业转移人口市民化成本测算策略；结合不同城镇化类型与农业转移人口迁移模式，调整成本测度指标、优化计算方法和模型；从多层面、多维度测算并分析农业转移人口市民化成本的金额、结构、变化趋势及各主体成本支付情况；结合典型地区的测算结果，从成本角度提出推进农业转移人口市民化的政策建议。具体研究过程将围绕以下分目标展开。

第一，明晰农业转移人口市民化成本内涵，构建农业转移人口市民化成本指标体系，提出农业转移人口市民化成本测算策略。梳理已有研究关于市民化成本内涵界定、指标设计的经典思路；结合中国社会经济情境，引入社会成本、公共治理理论，厘清中国市民化进程与市民化成本之间的关系，明晰农业转移人口市民化成本内涵与指标细化理论依据，构建农业转移人口市民化成本指标体系，明确农业转移人口市民化成本的支付主体与支付项目；结合城镇化、农业转移人口的现实特征与发展趋势，提出农业转移人口市民化成本的系统测算思路和框架。

第二，基于异地城镇化背景，设计和优化成本测算模型，测算并分析农业转移人口市民化成本的金额、结构与各主体成本支付情况等。针对经典模型设计中的理论与方法，以成本分类加总法为基础对总模型及子模型进行优化；结合农业转移人口长距离跨区域异地流入大型城市务工、生活的城镇化背景，选择相应测算地和测算数据；测算不同时期各级指标的人均成本、总成本，评估利益相关主体的成本支付状况，明晰异地城镇化背景下农业转移人口市民化成本的主要特征及支付压力。

第三，基于就地就近城镇化背景，调整成本指标与测算模型，测算并分析农业转移人口市民化成本金额、结构与各主体成本支付现状等。基于就地就近城镇化背景，结合农业转移人口短距离、就地就近流入县城及在中小城镇务工、生活的实际现状，调整测算指标和测算模型；选取具有代表性的测算地与测算数据，测算不同时期各级指标的市民化人均成本、总成本，评估利益相关主体的成本支付状况，识别就地就近城镇化背景下农业转移人口市民化成本的基本现状、主要特征和支付压力。

第四，基于就地就近城镇化背景，考虑家庭化迁移逐渐增多的影响，设计市民化成本预测模型，预测未来农业转移人口市民化成本金额、结构及支付压力的情况。结合不同城镇化背景下市民化成本及人口变化趋势，明确就地就近城镇化背景下市民化成本预测研究的必要性；考虑不同家庭化迁移模式的影响，从年龄别视角对市民化成本进行分类，确定不同年龄别农业转移人口市民化成本指标构成，结合数理人口学方法，设计多方案下分年龄别市民化人口预测模型；预测并分析未来较长时期内农业转移人口市民化成本金额、结构、变化趋势和支付压力。

最后，在完成上述研究目标的基础上，根据理论分析、测算结果和实证研究结论，从公共政策角度给出相应政策建议。

第四节 研究内容与框架

从已有文献来看，目前针对农业转移人口市民化成本的研究虽逐渐丰富，但由于研究对象的复杂性以及社会经济情境、政策的变化，相关研究在理论、方法和实证分析方面依然有进一步深化的空间。本书在总结中国城镇化、市民化现实情境与发展规律基础上，通过理论研究和方法创新相结合的手段，明晰市民化成本内涵并构建市民化成本指标体系与测算框架，改进成本测算模型并设计成本预测模型，结合典型地区多年份官方统计数据，基于不同城镇化类型测算与分析市民化成本金额、结构及各主体成本支付状况等，进而从多层面、多维度剖析中国农业转移人口市民化成本。本书整体研究框架如图1-1所示。根据研究背景，结合研究问题与研究目标，具体研究内容如下。

第一，归纳和评述与本书主题相关的已有经典理论、实证及方法研究。本书首先回顾城镇化、市民化、社会成本、公共治理方面的经典理论，为研究背景构建、指标模型设计、分析策略形成提供理论基础；其次，梳理西方移民国民化相关研究，对主要研究成果进行总结；再次，介绍农业转移人口市民化成本理论与实证研究情况，分析既有研究的特点、共识与不足；最后，从成本内涵、指标设计、模型构建等方面，对农业转移人口市民化成本与测算研究进行评述，在此基础上，根据研究目标提出未来在理论构建、方法优化及实证分析方面的研究空间。

第二，在评述现有研究、明确本书研究空间的基础上，结合中国特殊

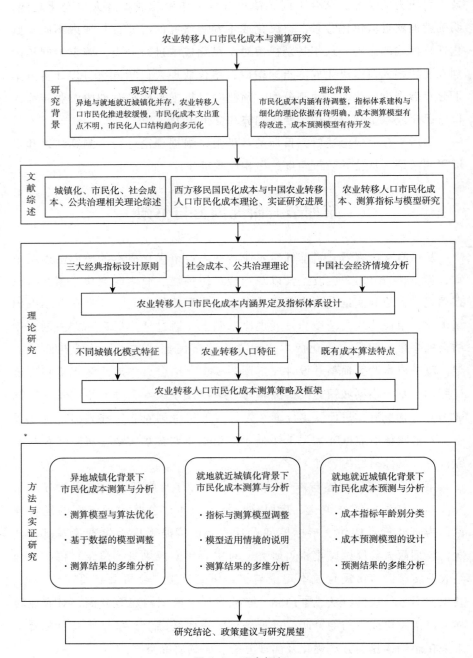

图 1-1　研究框架

的社会经济情境和农业转移人口群体的现实特征，界定农业转移人口市民化成本的内涵并设计相应成本指标体系和测算框架。首先，梳理已有研究在成本内涵界定和指标设计方面的经典思路，归纳凝练其中的经典原则并阐述进一步的研究空间；其次，基于中国社会经济情境，依据社会成本、公共治理理论，分析市民化成本产生机理，在整合已有经典原则的基础上，界定农业转移人口市民化成本内涵、明晰指标细化理论依据、构建市民化成本指标体系；再次，分析中国城镇化、农业转移人口的现实特征与发展趋势，并从算法设计机理角度阐述既有测算模型的适用情境与预测模型开发的必要性；最后，结合研究目标及各级指标的功能，提出农业转移人口市民化成本的测算思路、维度和框架。

第三，异地城镇化背景下农业转移人口市民化成本的测算。基于市民化成本测算框架，结合人口迁移与市民化相关理论，指出既有测算模型设计的改进空间，通过改进分类加总法优化各级指标测算模型；详述异地城镇化背景下测算地和测算数据的选择依据及具体情况，并根据测算地政策和数据情况对部分测算模型进行调整；从多角度测算并分析市民化成本的金额、结构、变化趋势与各主体成本支付压力，明晰异地城镇化背景下农业转移人口市民化成本的主要特点及重要特征。

第四，就地就近城镇化背景下农业转移人口市民化成本的测算。基于市民化成本测算思路与框架，阐述就地就近城镇化背景下研究的必要性及发展优势，归纳就地就近城镇化的空间与迁移特点，并结合上述特点对市民化成本指标体系及测算模型进行部分修正；详述就地就近城镇化背景下测算地和测算数据的选择依据及具体情况，并对测算模型及结果的使用情境和适用范围进行说明；从多角度测算并分析市民化成本金额、结构、变化趋势与各主体成本支付压力，识别就地就近城镇化背景下农业转移人口市民化成本的主要特点及重要特征。

第五，就地就近城镇化背景下农业转移人口市民化成本的预测。基于市民化成本测算思路与框架，对比分析不同城镇化类型下市民化成本及市民化人口变化趋势，明确就地就近城镇化背景下市民化成本预测研究的必要性；结合就地就近城镇化背景下家庭化迁移增加导致市民化人口结构多元化的趋势背景，根据劳动力的生命周期特点与法律规定，对农业转移人口进行年龄别分类，并依据各年龄别特点确定不同年龄别群体市民化成本指标构成；结合分年龄别人口预测模型和分年龄别城镇化率预测模型，考虑不同类型家庭化迁移的影响因素，设计分年龄别市民化人口预测模型及成本预测模型；针对不同家庭化迁移方案，从多角度预测并分析就地就近城镇化背景下的未来时期，不同测算地每一种方案下市民化成本的金额、结构及变化趋势与各主体成本支付压力。

第六，总结农业转移人口市民化成本测算、预测及分析研究的主要发现与结论，根据主要发现及结论提出政策建议以及未来的研究方向。

第五节　数据来源与研究方法

一　数据来源

伴随中国城镇化的不断发展，农业转移人口内部发生显著分化，不同区域之间的市民化情况产生了较大区别。如果使用全国数据进行测算，有很多成本可能被"平均化"，使得测算结果难以充分反映中国农业转移人口市民化成本的最新特点。所以，选择数据的首要条件应以能够充分反映当前城镇化与市民化特点为准，在新型城镇化情境下，能够代表异地城镇化和就地就近城镇化特点的数据应着重考虑（徐绍史，2016）。

异地城镇化在东部沿海地区及高城镇化率地区较为常见，伴随多年发展，最为典型的是"珠三角""长三角"等城市群，其城镇综合发展水平高于全国平均水平，是重要的人口流入地，吸引了大量农业转移人口跨省、跨市迁移务工。但是，城市群内的不同城市在主导产业、经济体量、人口规模等重要社会经济发展指标方面存在差异，而这些差异将影响市民化成本的多少。因此，如果单独选择少数几个城市的数据作为测算数据，较难全面揭示中国异地城镇化背景下农业转移人口迁移及市民化成本的整体面貌；如果选择全国数据又将导致市民化成本被"平均化"。针对这一状况，本书认为适宜选择东部地区城镇化率较高、经济发展较好的省级层面统计数据解决上述问题，原因在于：第一，省级数据是省域内所有城市总体情况的反映，城市样本的增加有利于消除城市间差异的影响；第二，

"珠三角"等东部沿海地区的各城市经济发展程度总体较高，且在多方面存在经济互补性，选择这些区域内的省级数据有利于较好反映东部高城镇化率地区城市群的基本状况，同时又契合了异地城镇化背景下，农业转移人口跨省、跨市流动到大型城市的基本现状。

就地就近城镇化模式则在中西部地区城镇化率提高速度较快的中小城镇较为常见，然而这些区域内的城市虽然多数处于城镇化快速发展阶段，但相应的发展基础并不相同；此外，考虑到区域间及不同地区内部城镇化进程、道路、需求不同，不同发展程度和类型的城镇，在就地就近城镇化过程中显现的特点并不相同，成本支出的当前重点和未来侧重点也在很大概率上具有不同，故而，适宜选择中西部地区城镇化率提升速度较快、经济社会发展程度不一的若干中小城市作为测算地，提升测算结果的代表性。考虑到自然、经济社会和制度政策因素的影响，在数据选择中应尽量避免边疆山区、深度贫困地区、少数民族聚居地区，以求在最大程度上对区域内普遍水平如实反映。

与此同时，农业转移人口市民化成本研究不仅是重要的理论研究，还是对实践具有重要指导和借鉴价值的研究。这就需要在指标设计、模型构建方面尽量贴近实际，同时要在模型参数、数据项（构成指标的最基本条目）和数据选择方面做到可获性强。这样既可使研究成果具有较强的实践推广性，也有利于学界不同学者之间的研究进行对比和验证。此外，数据的权威性和获得数据的可靠性也应重点关注。所以，以相关统计年鉴、普查数据为主要代表的官方数据较为适用于市民化成本测算研究。根据以上思路，本书选择的分析数据主要来源于测算试点官方统计数据，包括：2008~2017年《广东统计年鉴》《广东农村统计年鉴》；2010~2017年《河南统计年鉴》《陕西统计年鉴》《河南农村统计年鉴》《陕西区域统计年鉴》《汝州年鉴》《郏县年鉴》《城固年鉴》《宁强年鉴》；2000年和2010年《河南省人口普查资料》。

此外，本书还使用了西安交通大学"新型城镇化与可持续发展"课题组两次社会调查数据作为对统计中部分缺失数据的补充，并对部分理论推断问题进行佐证。

第一次社会调查数据来自该课题组2013年12月在广东省深圳市开展

的"农业转移人口生活与发展状况社会调查"。该调查采取便利抽样与配额抽样相结合的 PPS 方法，调查了广东省深圳市 23 个农业转移人口集中居住与务工的社区，共获得总样本 2080 份，经逻辑验错和数据清洗后，有效样本为 2054 份。其中，样本户籍来源地覆盖了全国 29 个省、自治区、直辖市，且基本涵盖了农业转移人口从事的所有典型行业与职业，性别、年龄、婚姻状况、受教育程度分布合理。学者使用该数据已取得了多项学术成果，部分成果还被各级政府部门作为决策参考予以采纳，数据有效性和可用性得到了反复验证，适合进行深入系统的学术研究。

第二次社会调查数据来自 2017 年 10 月至 2018 年 3 月该课题组联合华中科技大学、湖南师范大学、西北农林科技大学、山西师范大学、河南农业大学等高校，对山东、山西、河北、河南、湖北、湖南、江西、安徽、四川、甘肃、陕西等 11 个农业转移人口主要来源地省份的 550 个村镇开展的"农村外出务工和流动人员综合社会调查"。该调查采取分层随机抽样方式，将各省份视为各层（类型），在抽样时随机选定各层的抽样单位，再在各抽样单位中利用随机抽样法抽取样本；抽样单位（村委会）的随机性通过调查员的随机招募保证；每位调查员在各抽样单位调查 10 个家庭户，为保证问卷质量，在每个抽取的家庭户中仅抽取符合条件的一人进行访问；调查平均在每个省份获取 500 份样本，总共获得 5500 份样本，经逻辑验错和数据清洗后，共获得有效样本 5219 份。其中，被调查者近一年来所在的主要务工地（务工时长在 6 个月以上）基本覆盖了全国所有省份的各类规模城市，且基本涵盖了农业转移人口从事的所有典型行业与职业，性别、年龄、婚姻状况、受教育程度等人口特征状况分布合理，适合进行深入系统的学术研究。

数据详情及介绍见本书正文与后文附录。

二　研究方法

由于研究对象和问题的复杂性，本书涉及了较多学科理论与方法，主要使用多学科、多方法交叉的研究策略，对相关问题定性、定量地总结、设计与分析。

研究思路与方式方面：首先，以丰富学术研究空间和满足政策需求为导向，凝练出研究问题，即农业转移人口市民化成本内涵界定、测量指标构建和具体测算与分析策略；其次，基于多学科理论与实证研究结论，结合中国国情、制度政策、社会与人口发展趋势，从社会成本、公共治理理论角度出发，界定农业转移人口市民化成本内涵、构建市民化成本指标体系、形成成本测算思路；再次，结合不同城镇化类型，调整市民化成本指标、改进市民化成本测算模型，利用成本测算模型和数理人口学人口预测模型相嵌套的方法，设计市民化成本预测模型；最后，依据成本测算和预测结果，从多层面、多维度分析成本基本现状、变化特点和各主体成本支付压力，并给出相应政策建议。

资料收集方法方面：对于以相关统计年鉴、普查数据为主要代表的官方数据收集方法不再赘述；对于西安交通大学"新型城镇化与可持续发展"课题组 2013 年 12 月在广东省深圳市开展的"农业转移人口生活与发展状况社会调查"，以及 2017 年 10 月至 2018 年 3 月开展的"农村外出务工和流动人员综合社会调查"，具体资料收集方法如"数据来源"部分所示，此外，还强化了调查质量控制与评价，以此保证数据质量，即在现场调查以及数据录入清洗过程中执行了严格的质量控制程序，包括调查前的培训、调查中的跟访和调查后的问卷审核及复访、数据录入控制和逻辑检验等；调查抽样复访与正式访问的一致率在可以接受的范围内，5% 等距抽样双工录入的一致率在 98% 以上。

资料分析方法方面：首先，对已有研究及二手资料进行质性分析，通过理论辨析，明晰并界定农业转移人口市民化成本的内涵，设计相应指标体系；其次，结合统计资料与调查数据资料，依据农业转移人口市民化成本的指标体系与测算模型，计算各指标每年的市民化人均成本、市民化总成本，从而确定市民化成本的基本结构，根据农业转移人口市民化成本支付主体的支付能力，分析各主体的成本支付情况；最后，通过质性和定量相结合的手段，在对资料进行分析的基础上，识别农业转移人口市民化成本的基本特征与变化规律。

第二章

文献综述

城镇化是人口迁移与市民化的主要动因及背景，而人口迁移与市民化则是城镇化推进的必要手段和必然结果（李强、胡宝荣，2013）。西方城镇化、市民化等相关理论，有力解释了发展中国家传统农业部门人口向现代工商业部门流动的城乡人口转移现象，但由于户籍制度、土地制度等一系列制度安排，中国农业转移人口市民化与西方人口城市化依然呈现较大区别（刘传江，2006），相应成本研究也差异较大，而对中国市民化成本研究更具借鉴意义的是西方移民国民化成本研究（谌新民、周文良，2013），其原因在于，农业转移人口在城镇户籍方面的被动类似于移民在永久居留权方面的被动（Solinger，1985）。与此同时，中国市民化过程存在显著的外部性特点，涉及政府、企业等其他利益相关主体（张国胜、陈瑛，2013），而社会成本、公共治理理论，对涉及多利益主体的外部性问题能够提供有效解释，对成本内涵、支付主体的界定以及指标与模型的设计能够提供理论支撑（吕炜、谢佳慧，2015）。据此，本书首先回顾城镇化、市民化、社会成本、公共治理方面的相关理论，为研究背景构建、成本内涵界定、指标模型设计、分析策略形成提供理论基础；其次，梳理西方移民国民化相关研究，对主要研究成果进行总结；再次，介绍农业转移人口市民化成本理论与实证研究的情况，分析既有研究的特点、共识与不足；最后，对农业转移人口市民化成本内涵界定与测算指标设计、测算模型构建相关研究进行评述，在此基础上，根据研究目标提出本书的研究空间。

第一节 相关理论

农业转移人口市民化成本与测算研究涉及公共管理学、社会学、经济学、人口学等多学科，需要综合多学科经典理论对问题进行理解、分析和解释。其中，城镇化相关理论侧重于对宏观结构性问题的解释，是构建本书社会经济情境的主要理论；市民化相关理论重点从微观视角对机理性问题进行分析，是理解本书研究主体相关动机、行为、成本产生及优化成本基本模型的基础理论；社会成本和公共治理理论则从不同角度和层面阐述了外部性产生及外部性治理问题，是解析市民化成本产生原因、界定成本内涵、建构成本指标体系、确定成本与主要支付主体间关系的核心理论。

一 城镇化相关理论

城镇化（Urbanization）起点可追溯到 18 世纪中期的工业革命，早期又被译作城市化，在欧美等国家和地区两者指代基本一致，但在中国语境下城镇化内涵更加丰富，而城市化更倾向于人口迁移过程的分析，本书主要采用城镇化这一称谓。城镇化研究发展至今形成了诸多理论，本书着重对与研究主题联系较为密切的理论进行回顾。

1. 城市发展阶段理论

美国学者 Northam（诺瑟姆）在 1979 年通过对欧美多个国家不同城市城镇化率（城镇人口占总人口的比重）变化的研究，发现发达国家的城镇化率均经历了类似正弦曲线上升的过程，呈现扁平的"倒 S 形"，即"诺瑟姆曲线"，数学模型为（欧阳力胜，2013）：

$$Y = 1/(1 + Ce^{-rt}) \tag{2-1}$$

式中：Y 表示城镇化率；C 表示城镇化起步时间，为积分常数；r 表示城镇化发展速度，为积分常数；t 表示时间。

依据该曲线和国际经验，诺瑟姆将城镇化进程分为三个主要阶段（见图 2-1）。第一个阶段：城镇化初级阶段，城镇化率处于 30% 以下，农业是该时期的主导产业，工业化水平相对较低，城镇化率上升速度较慢。第二个阶段：城镇化加速阶段，城镇化率在 30%~70%，经济发展进入工业化中期，人口和产业在城镇逐步聚集，城镇化率快速提高。第三个阶段：城镇化后期阶段，城镇化率高于 70%，经济和工业化的现代化程度较高，人口、产业和城镇的规模基本稳定，变化相对较小，城镇化率增长趋近停止。

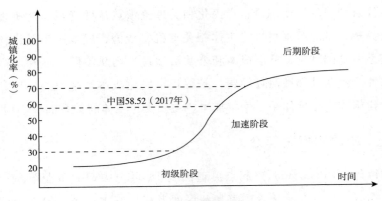

图 2-1　诺瑟姆曲线

　　中国城镇化的发展和城镇化率增长模式与诺瑟姆曲线保持高度一致。有学者结合中国实践情况指出，中国的城镇化发展过程同样存在阶段性，先后经历了由简单农业转移人口向城镇和第二、第三产业集聚，到农业转移人口在城镇的身份改变，再到关注农业转移人口作为个体的人自身的发展三个过程。据此将中国城镇化概括为"职业城镇化、地域城镇化、身份城镇化、人的城镇化"四个阶段，后一阶段包括之前阶段与本阶段特征；职业城镇化对应初级阶段，地域、身份城镇化对应加速阶段，人的城镇化对应后期阶段（毛哲山，2016）。

2. 区域发展不平衡理论

　　诺贝尔经济学奖获得者 Myrdal，在专著 *Economic Theory and Underdeveloped Regions* 中，详细阐述了在社会经济动态运行序列中，主导产业率先在资源禀赋较高的优势区位实现发展并形成地理增长极，该地区在发展过程中虽会带动不发达地区发展，但如果政府没有进行相应干预，一般情况下区域之间的差距会逐步变大，据此形成了著名的循环累积因果论。在此基础上，经济学家 Williamson（1965）使用截面与时间序列分析方法，通过分析英格兰东部 110 年的统计数据，结合 24 个国家的详细资料，进一步提出了"倒 U 形"区域发展不平衡理论。

该理论认为，如果一个国家的人口、物质等资源可以自由流动，那么伴随该国家的社会经济发展，在发展初期阶段会出现明显的经济聚集现象，大量资源在优势地区迅速汇聚，使本地区经济和产业水平迅速提高，人口和城市规模同步增加，由此在国家内形成了区域之间的差距，且该差距是逐步扩大的；而当经济发展到一定程度后，区域之间的差距达到顶峰，在发展的中后期阶段，区域之间的差距会随着国家经济的增长而逐步缩小，由此形成了一个"倒 U 形"的发展轨迹。

3. 梯度理论

Vernon（1966）认为创新、发展、成熟和衰退四个阶段是工业各部门及相关产品都将经历的生命周期，它们在完成一个发展阶段后将进入下一个阶段，据此提出产品生命周期理论。在此之后，针对区域之间的经济发展差异，一些区域经济学家借鉴产品生命周期理论进行相应解释，在经过一系列论证、验证后形成了梯度理论，该理论主张应首先加快发达地区的发展，然后通过产业和要素向欠发达地区的转移，带动整个国家的社会经济发展，具体如下。

区域经济发展取决于产业结构，如果一个地区的主导产业部门处于较前沿的阶段，如创新阶段，那么该地区的专业部门将主要围绕创新所设立和构成，这一地区的发展潜力也相对较大，发展时间能够维持较长，这样的区域即为"高梯度地区"，创新活动多存在于高梯度地区；如果一个地区的主导产业部门是由衰退阶段产业所构成的，那么该地区就是"低梯度地区"。随着时间的推移及生命周期阶段的变化，生产活动逐渐从高梯度地区向低梯度地区转移，而这种梯度转移过程主要是通过多层次的城市系统扩展开来的。因此，一个地区的主导产业部门在工业发展周期中所处的阶段能够决定产业结构的优劣。从发展过程看，新产业、新产品、新技术一般是从高梯度地区向低梯度地区转移的，处在低梯度上的地区通过接收并消化高梯度地区的创新产业和创新产品，可以实现跳跃发展或反梯度推移发展（杜宝旭，2016）。

二　市民化相关理论

西方发达国家农村剩余劳动力向城市迁移的过程与该国工业化、现代化过程保持一致，均伴随城市经济的增长和产业的集聚。农村人口在迁移和集聚的过程中，自然而然完成了工作地的空间转移和就业的非农化，实现了人口的城市化。这一过程虽与我国特殊的市民化过程并不完全一致，但相关理论在一定程度上依然能够解释中国农村人口向城市迁移集中阶段的城镇化、市民化现象，揭示农民职业转变的动力机理，以及迁移人口的属性特征（王桂新等，2008）。

1. 二元经济结构理论

Lewis（刘易斯，2010）通过提出二元经济结构模型（Dual Sector Model），阐述了发展中国家普遍存在的二元经济现象：发展中国家的国民经济含有两种性质不同的结构或部门，一种是以传统生产方式进行生产、劳动生产率低、收入仅能维持生计的农业部门；另一种是以现代生产方式进行生产、劳动生产率和工资水平均超过传统部门的现代城镇工业部门。传统农业部门能够自给自足，但农业产出是具有约束和极限的，因此人口增加所带来的边际生产率为零，而现代工业部门边际生产率大于零，农村剩余劳动力在现代工业部门较高工资水平的吸引下，不断地向城镇转移，直至二元经济结构逐渐转变为一元，达到城乡均衡发展状态，而农村剩余劳动力被全部吸收的时点即为"刘易斯拐点"。

此后，Ranis 和 Fei（1961）对刘易斯二元经济结构模型进行了修正，他们强调现代工业技术会改变农业部门的劳动生产率，因此农村剩余劳动力向城镇工业部门的迁移是分阶段的：第一阶段，经济发展以农业为主导，劳动力由于受到技术和资本的约束主要在农业部门集中；第二阶段，伴随现代工业部门劳动边际生产率和工资水平的提高，农村剩余劳动力向城镇现代工业部门转移，形成城乡二元经济结构；第三阶段，随着资本积累、技术增长、工业发展等，农业部门现代化水平不断提高，劳动力的边际生产率与工资率持平，此时进入成熟经济阶段，农业和工业部门将进行劳动力的争夺。

Harris 和 Todaro（1970）观察到农村剩余劳动力向城镇的转移并未随

城镇事实上的失业而停止，由此他们提出了"三部门两阶段"理论：迁移到城镇缺乏技术的农村劳动力首先在传统城镇部门（非正式部门）就业，经过一段时间的积累，再进入正式部门获得相对固定的工作。与此同时，他们还提出了"预期收入"理论：劳动力迁移的动力是对城镇的预期收益而非绝对实际收益，其迁移决策是综合评估个体素质、获得城镇工作概率与工资等成本后所做出的，如果长期收益大于短期损失，则迁移行为就会产生，而不同个体即使处于同一时间和地区，其迁移倾向和轨迹也并不一致。"预期收入"理论的模型表达式为：

$$M = f(d), f'(d) > 0 \tag{2-2}$$

$$d = W\pi - C - R \tag{2-3}$$

$$f'(d) = +\infty, d > 0 \tag{2-4}$$

式中：M 表示农业转移人口数量；d 表示预期城乡收入差异；W 表示预期城镇实际工资；π 表示城镇就业概率；C 表示迁移总成本；R 表示农村实际收入。

2. 人口流动迁移理论

芝加哥学派的 Schults 从迁移的成本和收益角度出发，解释了人口迁移行为，提出了成本收益分析模型。该理论认为迁移是人们追求更大经济收益的行为决策过程，而以追逐就业机会为目标的迁移是人力资本投资的核心途径之一；迁移者作为经济理性人，在充分比较迁移成本（包括货币成本，如衣食住行等新增开支；非货币成本，如心理成本、时间成本、体力和脑力支出等）和迁移收益（包括货币收入，如迁移后的新增收入；非货币收入，如人力资本提升、社会关系改善、心理得到满足等）后，如果成本小于收益，即迁移净收益大于 0，迁移决策机会产生，因为迁移者通常预期通过迁移行为可获得更多的收益（王竹林，2015）。该模型的数学表达式为：

$$MR = L_j - L_i - G_{ij} \tag{2-5}$$

式中：MR 表示迁移净收益；L_j 表示迁移后的预期收入；L_i 表示迁移前的收入；G_{ij} 表示迁移成本。

Sjaastad（1962）等学者将人力资本引入迁移分析之中，指出劳动力迁移是人力资本的函数，在完全竞争市场，迁移过程是劳动力被选择的自然过程：个体素质和受教育水平高，其就业概率和工作水平均会较高；年轻者与文化水平较高者，迁移概率大、时间早，反之则留村概率大；迁移距离和成本对迁移具有显著影响。Lin 等学者则从社会资本、社会网络等视角出发，研究人口迁移与移民行为，他们指出：通过血缘、地缘等一系列纽带组成的人际关系网络，构成了迁移者的社会资本和关系网络，利用社会资本和关系网络能够降低迁移的成本和风险，增加迁移者对迁移行为的预期收益，这将增加人口迁移的可能性，而伴随关系规模的不断扩大，迁移成本会随之减小，迁移行为会越发增加，由此迁移者数量和社会网络规模会共同增大（李树苗等，2008）。

三　社会成本理论

在市民化过程中，满足农业转移人口基本公共服务和基本生活需求都会产生相应的社会成本（Desai and Potter，2008），外部性越明显则社会成本越大（OECD，1996）。诺贝尔经济学奖获得者 North 通过分析 1950～2004 年 184 个国家的数据，发现发展中国家往往在快速增长后，由于外部性较强、社会成本过大而引起社会风险并诱发群体性社会混乱（何哲、孙林岩，2010）。从该角度来看，中国在新型城镇化和农业转移人口市民化推进过程中，减小外部性并保证有序的社会成本控制，能够有效促进社会经济政治的稳定。本节重点从外部性效应、科斯定理和补偿原理三方面介绍社会成本理论，为市民化成本理论内涵界定和指标体系构建奠定基础。

1. 外部性效应

剑桥学派 Marshall 最早发现外部性这一现象，并在 *Principles of Economics* 中提及 "外部经济" 这一概念，此后 Pigou 进一步对 Marshall 的学术思想进行拓展，最终成为外部性理论的奠基者（张宏军，2008）。Pigou（庇古，2006）的外部性理论首先建立在对新古典经济学的质疑，他指出：依靠市场机制完成对资源的优化配置，达到帕累托最优，在真实世界基本不会发生，其原因在于，在任何条件下，私人边际成本和收益均不等同于社会边际成本和收益，在这种 "背离" 情况下，仅仅依靠自由竞争是不可能达到社会福利最大化的，如果追求社会福利最大化，则应通过政府干预来消除外部性。政府干预的具体措施为：对边际私人成本小于边际社会成本的部门实施征税，即存在外部不经济效应时，向企业征税；对边际私人收益小于边际社会收益的部门实行奖励和津贴，即存在外部经济效应时，给企业补贴。这即为"庇古税"的核心思想（徐桂华、杨定华，2004）。

此后，较多经济学家分两种思路对"外部性"进行了定义。第一种思路下的经典外部性定义由 Randall（兰德尔，1989）给出：某些成本或收益并未在决策者的决策行动范围内所带来的低绩效现象，即某些成本被强加给或某些收益被无偿给予没有参加决策的人。第二种思路下的经典外部性定义由 Samuelson 和 Nordhaus（萨缪尔森、诺德豪斯，1999）给出：一些生产或消费行为给其他群体带来了无须补偿的收益，或强征了不可补偿的成本。但无论何种思路，外部性定义的数学模型均可表示为：

$$F_j = F_j(X_{1j}, X_{2j}, \cdots, X_{nj}, X_{mk}) \tag{2-6}$$

式中：F_j 表示 j 的福利函数；$X_i(i=1，2，\cdots，n，m)$ 表示经济活动；j、$k(j \neq k)$ 表示不同的个人（厂商）。

如式（2-6）所示，只要某个主体 j 的福利受到其个体所控制的经济活动 X_i 的影响，同时也受到另外主体 k 所控制的某一经济活动 X_m 的影响，就存在外部性效应，即某经济主体的福利函数的自变量中包含他人的行为，而该经济主体又没有向他人提供报酬或索取补偿（沈满洪、何灵巧，2002）。在没有外部性时，私人成本就是生产或消费一件物品所引起的全部成本；当存在负外部性时，某一主体的行为导致另一主体为了维持原有收益，必须增加一定成本支出，这就是外部成本，而私人成本与外部成本之和就是社会成本（沈满洪，1999）。

2. 科斯定理

Coase（科斯，1960）通过提出交易成本概念，分析了负外部性经济问题，在重新审慎庇古相关理论基础上，提出了著名的科斯定理。第一定理，在市场交易成本为零时，无论产权属于何方，通过协商交易的途径都可以达到资源的最佳配置；第二定理，在市场交易成本为正的情况下，不同的权利界定会带来不同效率的资源配置；第三定理，产权制度本身的设计、制定、实施与改革是有成本的，故而是否建立相应的产权制度，是否对产权制度变革，均存在选择的必要性（李来儿、赵烜，2005）。

科斯第一定理指出，在市场交易成本为零的情况，"庇古税"并没有存在的意义，市场机制能够实现资源的最优配置，然而这种"完全竞争"的情况在真实世界中并不存在。科斯第二、第三定理表明，交易存在成本，不同的产权制度决定了不同的交易成本，不同的交易成本对资源配置效率的作用不同，在市场交易成本为正的情况下，建立合理的产权制度，确定好相应主体的财产、权利、义务等界限，是调控社会成本的重要条件（科斯，1994）。从该意义上来看，科斯只是建议减少政府管制而非否定一切形式的政府干预，也没明确指出在市场交易成本为正的情况下，如何划定制度和产权等界限，但是从方法论上指出了根据交易成本与收益的比较，选择市场、企业、政府不同的制度安排（熊志军，2002）。

3. 补偿原理

在私人成本与社会成本偏移，即存在外部性的情况下，国民收入和资源分配均不处于最优状态，个人和社会福利状况均具有进一步的改进空间。Pigou认为，通过向富人征税并补偿给穷人，可以增加货币的边际效用，从而提高社会满足总量（社会福利）的增加（刘钧，2001）。但这一思路（基数效用论）假定货币对不同人群效用一致，故而受到较大争议。针对这一问题，Pareto（帕累托）以偏好顺序来代替效用计量，用无差别曲线、偏好顺序来表示每个人和社会的最大满足，提出了社会福利的最优状态（序数效用论），即因为某一变动，当且仅当所有人的福利都增加了，该状态就是好的；当且仅当所有人的福利都减少了，或者部分人福利增进的同时部分人福利减少了，这两种状态就都是不好的（厉以宁等，1984）。然而，如果完全依据Pareto的标准，那么将会得到与"经济政策将增加社会福利"相悖的结论，因为经济政策改变意味着价格体系的改变，这会使一方得利、另一方受损。Hicks对此提出了改进思路，他首先给出了"帕累托最优"状态的判断标准，即在某一状态下，任意改变都不使至少一个人的状态变好而又不使任何人的状态变坏；在此基础上，如果在某一状态下，还存在某种（或某些）改变可以使至少一个人的状态变好而又不使任何人的状态变坏，则这种状态是"帕累托改进"（林乐芬、葛扬，2010）。

通过科斯定理可以发现，帕累托最优状态是社会经济发展的最终目标，但在实际过程和真实世界中很难存在。因此，帕累托改进是人们在经济社会实践中，实现帕累托最优的最佳途径，也成了被广为接受的福利优化判断标准。由此，经济学家们提出了各种补偿检验。其中，Karldor 提出的补偿原理被认可度最高，他指出如果通过制度政策手段，使得利者能够补偿而受损者有余，就不失为正当的经济政策，也就增加了社会福利，即如果受到损失的人可以被完全补偿，而其他人的福利仍然比原来有所提高，那么这一政策就是好的且可取的，社会总福利是增加的（姚明霞，2005）。总体来看，以基数效用论为代表的旧福利经济学补偿原理更加强调社会分配公平，在实践中常用基尼系数等进行测量；以序数效用论为代表的新福利经济学补偿原理更加强调社会分配效率，在实践中常用 GDP 增长率衡量（库名林，2018）。

四 公共治理理论

新型城镇化的核心是人的城镇化，人的城镇化的核心是满足居民的各种合理需求，即实现公共服务均等化与平等就业权，而由于历史、制度等多种原因，各种资源存在供需不匹配的情况。因此，中国未来的城镇化进程中应建立、完善城镇公共治理体系，协调好各主体对制度改革成本的合理支付，并实现资源利益的公平分配，进而促进农业转移人口市民化（薛澜，2013）。

治理（Governance）在早期西方语境中与"统治"一词经常交叉使用，属于政治学、行政学研究范畴，之后世界银行将治理的内涵界定为"为发展而在经济与社会资源管理过程中运用权力的方式"，标志着现代意义上治理理念的产生以及公共管理内涵的出现（World Bank，1992）。此后，俞可平（2002）基于公共管理学范畴将治理定义为：在既定范围内，官方或民间公共管理组织运用公共权威维持秩序，满足公众的需要。从这一概念看，治理包含政府与非政府组织共同参与社会管理方式、相关利益主体间的持续互动及利益协调过程三个方面，所以，治理理念强调公共事务管理中参与主体的多元化、公众参与机制的引入、政府职能范围的明确以及管理方式的转变（Stoker，2010）。

公共治理（Public Governance）是治理体系中的一种，是西方看到市场和政府均在社会资源配置中失效后所兴起的理论（俞可平等，2001）。公共治理是治理在公共事务管理领域中的应用，主要研究公共部门如何通过制度制定和制度改革治理好公共事务，并提供更好的公共产品和公共服务，实现社会公平正义，其主要体现为：①治理领域为公共事务领域；②治理主体为公共部门（政府部门）、第三部门和公民，各主体权责明晰；③治理过程为相互依赖的多元主体的参与和协作，通过公共政策的改革与制定实现共赢；④治理目标是公平有效地提供公共产品和公共服务，实现公共利益最大化（韩兆柱、翟文康，2016）。中国改革开放以来在各方面发展取得的一系列成就与治理和善治理念高度一致，公共治理理论作为一种分析框架，对于研究、总结中国各项改革和战略举措十分合适（何增科，2002）。但是，理论提出的社会基础不同，解决问题的侧重点不一致，因此在使用过程中应针对不同问题进行适当调整（何翔舟、金潇，2014）。在此思路下，有学者提出了中国城镇化发展中的公共治理模型（见图2-2），其中城镇政府、当地企业和城镇常住居民构成了公共治理主体，中央政府则在更大空间主导制度建设，影响地方公共治理的制度环境（徐匡迪，2013）。

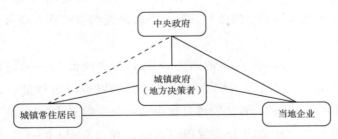

图2-2 中国城镇化发展中的公共治理模型

新型城镇化与公共治理及公共服务供给之间存在高度的理论与政策含义的契合性，都强调以政府为主导，提供以人为本的主要涉及民生领域的公共服务（顾丽梅，2005），并通过制度改革确定治理主体的相关权责，实现公共服务均等化与公民社会权利平等化，进而促进农业转移人口市民化（付焕等，2017）。其原因在于，公共产品及服务具有非排他性和非竞争性，纯公共产品和准公共产品是非利润性的，而市场机制的逐利特点与垄断倾向决定了在政府部门不参与的情况下，社会权利不平等与公共产品供给不均衡问题很难得到解决，"市场失效"在极大概率上会出现（高秉雄、张江涛，2010）。而政府提供公共物品并主导制度改革，不仅可以降低交易成本，解决经济外部性问题，而且政府在公共物品生产和供给上具有的垄断性使它比其他组织更具规模优势，此外政府的非营利特点也能有效保证公共物品供给及制度改革过程中的公平、公正（滕世华，2004）。与此同时，在公共治理语境下，高效的治理过程是政府通过明确各方权责、动员多方力量（R. B. Denhardt and J. V. Denhardt，2000），使多主体参与到具体治理过程中，构建共同合作、互相信任、责任共担的合作机制（高秉雄、张江涛，2010）。由此，在强调政府主导的前提下，通过公共治理和合作模式的引入、各主体治理权责的界定，能够充分发挥政府提供公共服务、推进制度改革的优势，减少相关利益主体的负担，并克服了信息不对称、双边垄断的情况，由此提升了制度改革绩效，促进了社会公平与社会福利的增加。

五　研究评述

本小节对涉及农业转移人口市民化成本与测算研究的主要理论进行了梳理总结，上述理论从不同层面为本书后续研究提供了支持。

首先，城镇化相关理论对区域及城镇发展不平衡的关注为分析视角的明确提供了重要支持。①城市发展阶段理论以城镇化率作为判断标准，明确了不同城镇化阶段所对应的城镇化率，并对各城镇化阶段的人口、经济、社会发展主要特征进行了说明，为判断不同区域、不同类型城镇在城镇化进程中所处的具体阶段提供了重要参考指标；②区域发展不平衡理论阐述了一国范围内，不同区域和城镇间的不平衡发展特点与"倒 U 形"发展轨迹，揭示了城镇化发展前期与中期、区域和城镇间经济社会发展方面存在的多方差异；③梯度理论进一步指出了城镇化快速发展阶段，不同发展程度城镇间产业和人口的梯度转移情况，并对处于不同梯度城镇的发展特点进行了介绍。根据以上理论可知，在一国城镇化建设快速发展阶段，不同区域和城镇之间将存在显著的不平衡发展特点，不同区域和城镇将处于不同发展梯度，相应的城镇建设方向、主导产业和人口需求等明显不同，这些不同将进一步导致市民化路径及市民化成本的差异。

其次，市民化相关理论对人口迁移过程及迁移成本估算方法的关注为理解农业转移人口市民化行为、市民化成本产生及测算模型改进提供了重要参考。①二元经济结构理论从客观角度解释了人口城乡迁移的原因，即城镇工业部门与农村农业部门之间的边际生产率差异，当两部门边际生产率与工资率基本持平时，大规模迁移将逐渐减少，同时指出了农村剩余劳动力一般先进入城镇非正式部门，在积累足够资本后再进入正式部门；②人口流动迁移理论则从人的角度入手，将迁移者视为理性人，认为追求成本收益最大化是迁移行为的主要动机，而人力资本、社会资本的提升既是目标也是迁移的影响因素。根据以上理论可知，城乡迁移是农村居民实现市民化的必要条件，而工资收入获得、职业技能习得、社会关系构建是奠定市民化资本并形成市民化能力的关键，与此同时，迁移成本是通过迁移前与迁移后成本的综合比较所获得的，该成本是影响迁移行为发生与否的重要因素。

最后，社会成本和公共治理理论为市民化成本指标体系构建及成本支付主体确定提供了重要支撑。①社会成本理论指出，现实世界中任何社会经济活动均存在外部性，实现社会福利最大化需要对外部性进行消除，即通过制度的建立与改革使交易成本最小化，由此在私人成本之外将产生外部成本，而对外部性的消除仅仅依靠政府或市场均较难完成；②公共治理理论的研究核心之一即为制度改革，强调建立以政府为主导、多元参与的治理体系，通过公共政策的改革与制定明确各主体相应权责，最终以多方协作的方式达成治理目标。根据以上理论可知，公共事务中外部性问题的解决有赖于制度的改革，需要通过以政府为主导、多方参与的公共治理方式予以推进，在此过程中产生的成本应根据各主体的治理角色予以明确。由于受户籍、土地等制度影响，中国农业转移人口市民化过程存在显著外部性特点，相应市民化成本的支付方式及范围划分适宜结合该理论进行分析。

第二节 西方移民国民化成本研究

西方移民国民化成本研究分为两大类别，第一，在宏观层面对比分析移民国民化带来的公共成本与社会效益，探讨移民国民化对东道国经济发展的影响；第二，在微观层面识别影响移民国民化决策的关键成本因素，讨论不同移民群体对相关公共成本及公共服务的政策评价。

一 移民国民化带来的公共成本与社会效益

Borjas 和 Trejo（1991）使用美国统计局 1970 年和 1980 年的统计数据，在充分考虑两个截面数据代际差异和同化作用的基础上，运用多种统计方法实证研究了移民福利问题及其带来的迁移问题，发现伴随移民在美国生活时间的增加，政府为每个移民开支的公共成本呈现逐年上升趋势，并且在国际移民较多的区域会发生更多的移民事件。Borjas（1994）在之后的进一步研究中发现，虽然移民会使政府公共成本逐年增加，但若干年后，由移民带来的平均经济贡献率将会赶上甚至超过原住民，从而使收益远远大于成本，因此从长期看移民对于经济发展具有显著的正效应。

然而，也有一些学者发现，移民国民化带来了巨额公共成本投入，政府为提供公共服务所产生的公共开支要高于移民所带来的税收收入。Huddle（1995）基于多年数据的计算与分析，指出移民在实现国民化后，所缴税金虽逐年增加，但政府对于移民的投入亦逐年提高，成本与收益之间的财政赤字依然存在且有所上升。Camarota（2004）的测算发现，美国政府每年为无证移民投入的公共成本达 104 亿美元，如果这些无证移民国民化，每年的公共成本开支将进一步增加到 288 亿美元，新增成本用于支付无证移民国民化后增加的公共服务项目。

针对移民国民化所带来的社会效益是否为正这一争论，后续多国学者从不同角度展开了讨论，最终发现由于移民构成的差异，不同移民带来的公共成本与社会效益并不相同。Barrett 和 McCarthy（2008）在充分比较瑞典、德国、丹麦、爱尔兰等欧洲国家案例，并使用统计技术进行实证验证后指出，拥有更高文化素质与技术水平的移民是移民中对经济发展起正效应的主要人群，其比普通移民和原住民对社会总福利的贡献更大，政府为该类人群支出的公共成本有更高的社会效益。Joppke（2010）利用荷兰的移民数据分析得出，非西方移民在 25 岁之前迁移到荷兰，那么其对公共部门的净贡献为负；如果在 25 岁之后迁移到荷兰，则其产生的社会效益是积极的。Greenwood 和 McDowell（2011）在总结前人研究的基础上，通过统计分析验证明确提出，移民成本越高，东道国所得到的移民人力资本越高，移民群体构成的人力资源越丰富，国民经济和财税回报越大，国民化的成本收益和移民的素质、类别息息相关。

二 影响移民国民化决策的关键成本因素与相关成本政策评价

经典移民迁移经济模型中，移民对不同地区收入水平、劳动力市场就业机会的预期，以及就业市场的远近等变量是影响他们迁移的重要因素，而 Renas 和 Kumar（1978）在经典移民迁移经济模型中不仅加入了这些传统经典变量，同时考虑了移民对生活成本预期及生活成本改变的估计这一因素，在运用统计手段实证分析后发现，移民前生活成本的多少和移民后生活成本的改变是显著影响移民决策的两个变量。Borjas（1989）结合经典移民迁移经济模型，通过数学分析后进一步指出，一旦移民经过思考和评估后发现，国民化或迁移后的预期收益大于可见的移民成本，那么移民行为就将发生。Chau（1997）则从社会网络和社会资本的角度出发，将移民的社会网络因素加入经济模型予以分析，发现移民的社会网络（关系网）越丰富，移民成本和移民风险越低，移民决策产生的概率越大。此外，Kondo（2004）基于交易成本理论，将经济地理模型与内生增长模型相结合，考察了城镇化类型和经济增长率的关系，发现不同城镇化类型对人口迁移成本均具有显著影响，并间接影响经济聚集和增长。

伴随劳动力的跨国流动，迁入国虽然能够获得丰富的人力资源，但是会对其公民的福利水平产生影响，政府对失业控制、种族冲突、公共安全等支出的公共成本会不断上升，由此将引发迁入国原住民对于政策的不满（Nannestad，2007）。即使福利改革带来的公共服务对于移民和原住民具有不同的影响，但经过一段时间的过渡，两个群体所享受的公共服务和福利水平终将趋于一致，这种不满情绪将会被逐渐湮灭，Hansen 和 Lofstrom

（2009）使用 1990~1996 年的瑞典数据对此进行了充分证明，其给出的结论是过渡时间为 5 年。而伴随时间的推移，前期移民相对于新移民成了原住民，两者之间会产生差异且对于相关公共服务和福利政策会有不同的评价。Oyelere 和 Oyolola（2011）的研究证实，即使是美国移民内部，也会由于其不同的移民群体身份而对相同的公共成本投入与相同的成本政策产生不同的评价，这种异质评价是由移民出生地、生活经历等的不同所引起的，居住更久的移民一般会认为新增福利投入将加重其个人的税务负担。

三 研究评述

西方移民国民化成本研究不仅从宏观角度关注了城镇化类型对国民化成本的影响，还从微观角度发现了人口差异对成本的影响，强调了生活成本、社会资本作为重要成本参考和组成对迁移的显著影响；此外，明晰了国民化对东道国居民的满意度影响情况。①公共成本与社会效益相关研究，得到了公共成本伴随移民国民化时间的增长，相应收益将逐步大于成本支出的结论，但也有学者提出了与此相悖的结论，后续研究发现移民国民化成本与收益的多少，与移民的文化素质、技术水平、年龄大小等人力资本因素相关。②移民国民化成本影响因素与政策评价研究发现，移民对生活成本的预期是影响其迁移的重要因素，而社会网络的丰富则能够减少相应成本，此外城镇化类型对迁移成本具有显著影响；与此同时，移民国民化将导致东道国公共成本的上升与总体福利的下降，进而引发原住民和前期移民满意度的下降，但随着时间的推移，不满和不平等状况将会逐步消除。

目前，中国不同区域及城镇所处的城镇化阶段和主导的城镇化类型并不一致，农业转移人口内部也存在显著差异，市民化过程面临社会融合等问题。由于移民国民化与农业转移人口市民化在较大程度上具有相似性，故而以上研究在成本测算过程中对城镇化类型、人口差异、社会成本、社会资本等方面的关注，对本书在测算情境构建、指标选择等方面的研究具有重要参考价值。然而，由于研究主体的差异，相关结论的应用仍需结合中国实际情况和农业转移人口相关研究进行相应本土化调整。

第三节 农业转移人口市民化成本理论与实证研究

农业转移人口市民化成本研究虽起步较晚、借鉴较少，但发展较快。按照研究范式划分，学界相关研究可分为理论与实证研究和测算方法研究两大类。本节重点从成本的内涵、成本的金额、成本的支付三个方面，回顾学界以往的理论与实证研究。

一 农业转移人口市民化成本的内涵

关于农业转移人口市民化成本内涵的界定，直接影响后续研究的开展与测算结果，学界目前尚未形成统一的认识，但依据其测算的口径和学者的理解，可以将之分为狭义成本和广义成本两大类。

1. 狭义成本的内涵

狭义成本的内涵认为，农业转移人口市民化成本就是市民化所引起的政府支付成本，这是早期研究普遍的共识。

国务院发展研究中心课题组（2011a）明确指出，市民化成本就是政府将农业转移人口纳入城市公共服务体系所需要支付的成本，其是该思路最早的提出者。此后，有较多学者按照这一思路理解市民化成本，如冯俏彬（2014）指出，市民化成本是农业转移人口实质性地融入城市过程中，政府必须负担且新增加的那部分财政支出，即个人融入企业、子女融入学校、家庭融入社区，在城市"有活干、有学上、有房住、有保障"所产生的成本。而申兵（2012）虽将市民化成本理解为，将原本只覆盖本地居民的基本公共服务扩展到农业转移人口并保障其特殊权益，由此使农业转移人口与城镇居民具有同等身份、平等权利、同等公共服务福利所产生的额外投入，但是他提出了政府、企业共同支付与承担成本的思路，这在一定程度上扩大了成本的内涵。

2. 广义成本的内涵

广义成本的内涵认为，农业转移人口市民化成本是由市民化过程引发的一切成本，这是后续研究的主流。

范红忠（2006）首次指出，市民化支付成本与政府显性成本和私人成本均密切相关，应被拆分为政府成本和私人成本加总计算。张国胜（2009）进一步指出，市民化是借助城市化的推动，使农业转移人口在身份、地位、价值观、社会权利以及生产、生活方式等方面，全面向城市市民转化并顺利融入城市社会的过程，其成本即为在该过程中所必须投入的最低资金量。李俭国和张鹏（2015）则着重强调了市民化成本主要是经济成本这一论断，如心理成本等非经济型成本非重点考量对象，应重点考虑涉及农业转移人口市民化后，公共服务享受、基本权利保护、社会经济适应、城市生活融入四个方面所产生的成本。

还有一些学者认为，市民化过程中政府、企业和个人均是最重要的利益相关者，因此市民化成本应包括政府、企业和私人三个方面所支出的总成本（傅晨，2013）。李小敏等（2016）提出，在当前城乡二元户籍制度框架下，农业转移人口市民化作为经济活动的一种形式，其成本具体表现在：农业转移人口从农村进入城镇，完成工作和身份的转换所付出的必要花费；政府和企业需要将原本只覆盖城镇人口的权利和基本公共服务扩展到市民化后符合条件的"新市民"，由此产生的额外投入。因此市民化成本是支撑农业转移人口进城后的基本生活、公共服务和福利待遇等达到与城镇居民相同水平而必须投入的物质和资金的货币总量。

二　农业转移人口市民化成本的金额

市民化成本金额与成本内涵界定密切相关，因此本书根据上节学界对成本内涵狭义、广义两种界定方式，对相关研究进行梳理。

1. 狭义成本内涵下的市民化成本金额

国务院发展研究中心课题组（2011a）使用2010年的统计数据，对重庆、郑州、武汉、嘉兴等四个城市的市民化公共成本进行测量，得到市民化总成本为8万元/人。从短期来看，子女教育和保障性住房是主要支出（占比33%）；从长期来看，养老保险补贴是主要支出（45%左右）。此后，李为和伍世代（2015）使用2013年的统计数据，测算得到福建省农业转移人口市民化的人均公共成本为10.22万元，如果按照《福建省新型城镇化规划（2014—2020年）》，2020年实现1400万农业转移人口市民化，共需1.43万亿元公共成本，远远高出财政可支付水平。黄静晗和郑传芳

（2015）则重点关注了中小城镇的市民化成本支出情况，通过使用 2013 年的调查数据和 2010~2014 年的统计数据，对晋江、石狮、德化、光泽和邵武等五个县（市）的市民化公共成本进行测算，得到人均成本金额分别为 8.35 万元、6.99 万元、7.86 万元、7.00 万元和 7.89 万元；通过进一步分析指出，相比于大型城市，中小城市目前存在教育资源薄弱、基础设施容量小、配套不完善、城镇承载力和功能不足等问题，与农业转移人口市民化的要求还不相适应。

2. 广义成本内涵下的市民化成本金额

第一种测算，将市民化成本界定为公共成本和私人成本。陈广桂（2004）使用 2002 年的相关统计年鉴数据，测算得到超大城市、大城市、中等城市、小县城、农村小城镇的市民化人均总成本分别为 1.45 万元、0.72 万元、0.30 万元、0.22 万元、0.07 万元。其中，生活成本占私人总成本的比重分别为 51.6%、57.2%、66.1%、67.2%、78.8%，这一比重呈现随城市规模扩大而递减的规律，符合恩格尔系数走势的特征。张国胜（2009）则充分考虑了代际、区域的差异，使用 2001~2003 年全国不同地区 43 个农业转移人口集中城市的统计数据，测算得到东部沿海地区第一代农业转移人口与第二代农业转移人口市民化的社会成本分别约为 10 万元与9 万元，内陆地区的第一代农业转移人口与第二代农业转移人口市民化的社会成本分别约为 6 万元与 5 万元。

第二种测算，将市民化成本分为公共成本、企业成本和私人成本。李小敏等（2016）使用全国 2013 年的统计数据，测算得到农业转移人口市民化总成本为 11.1 万元，其中，私人成本、公共成本、企业成本的全国平均水平依次为 5.6 万元、5.1 万元、0.4 万元，分别占总成本的 50.2%、46.1%、3.7%；通过对比不同地区的成本金额，进一步指出，各地区之间成本差异较大，私人成本之间的差距比公共成本更大。

三 农业转移人口市民化成本的支付

市民化成本支付方式与支付方法的讨论，一直是相关研究最活跃的领域，也是推进农业转移人口市民化过程中，最终制度制定、政策落脚的根基。学界主要从制度改革视角、社会系统理论视角、公共治理理论视角三个方面提出相关思路。

1. 制度改革视角

基于制度改革视角下的市民化成本支付思路，其核心思想是通过制度政策改革，进而释放"政策红利"，增加市民化相关主体的资金支付能力。韩立达和谢鑫（2015）基于制度政策分析，提出在"以人为本、尊重意愿"的市民化进程中，农业转移人口能否支付私人成本比政府能否支付公共成本更为重要。农业转移人口支付市民化成本的个人资金主要来自两方面，一是城市务工工资收入，二是农村承包土地等"三权"收益。而在更深层面上，这两项收入不仅关系到农业转移人口私人成本的支出，也关系到公共成本的支出，涉及农地关系及土地流转等一系列问题。其原因在于，中央和地方政府所需支付的公共成本的资金来源同样与土地财政紧密相连。所以，突破农业转移人口市民化成本支付障碍，关键还是要将农民的土地承包权和宅基地使用权进行转化，由此实现变"权"为"利"，让农民带"资"入城、带"股"入城，而土地的流转能够提升土地的综合利用效率，从而同步化解政府的市民化公共成本支付压力。这一制度改革方案的思路框架如图 2-3 所示。

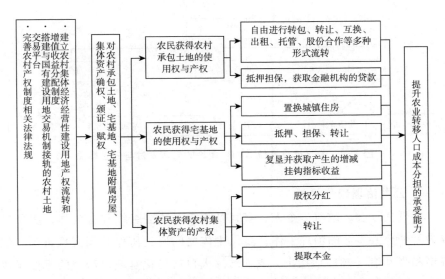

图 2-3　以制度改革提升市民化成本支付与分担能力的思路框架

2. 社会系统理论视角

社会学家 Parsons 提出了社会系统 AGIL 理论，该理论认为只有实现适应（Adaption）、目标达成（Goal Attainment）、整合（Integration）和潜在模式维持（Latency Pattern Maintenance），才能构成稳定的社会秩序。张继良和马洪福（2015）使用该理论分析市民化相关问题，指出从潜在模式维持看，地方政府应将农业转移人口问题看作市民问题；从整合看，只有将农业转移人口看作与城镇居民享有同等权利，享有等值化的基本公共服务，他们的市民化才能得到尽快落实；从目标达成看，首先推动具有较强意愿留在城市的农业转移人口市民化，然后逐步分层次地完成剩余农业转移人口的市民化；从适应看，农业转移人口通过市民化提高了自身生活质量，满足了对理想价值的追求，也满足了城市对劳动力的需求，扩大了城市产品、服务的需求。所以应尽可能使经济行为主体在市民化过程中支付各自应该支付的成本，构建以政府为主导，个人和企业共同参与的成本支付机制，如图 2-4 所示。基于这一成本支付与分担模式，经过数据实证测算发现，政府支付的人均成本最小，企业次之，农业转移人口支付的比例最大，占人均总成本的一半以上（杜海峰等，2015）。

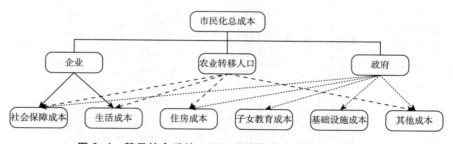

图 2-4 基于社会系统 AGIL 理论的成本支付与分担模式

3. 公共治理理论视角

在现代社会，政府、个人、家庭以及任一社会组织和行为体，都可以成为社会公共事务的治理主体，多元主体之间通过协作共同实现善治。纪春艳和张学浪（2016）指出，农业转移人口市民化是城市治理的重要组成部分，涉及城乡二元户籍制度改革、就业以及社会保障等问题，需要多主体积极参与，发挥"共治"效应，合力推进农业转移人口的市民化。其中，地方政府是主导，要转变观念和管理模式，负担起农业转移人口市民化过程中的公共成本；同时，重视企业在成本支付过程中的作用，使企业负担起农业转移人口市民化过程中职工权益均等化的成本；农业转移人口则要提高自身适应力和综合素质，积极支付基本生活、社会保障、子女教育等相关费用，尽可能减轻政府的压力。这一支付思路虽在理论理解上与社会系统理论视角下的成本支付模式有所不同，但在实际操作中，两者具有很高的相似性和重合度。

四 研究评述

已有农业转移人口市民化成本理论与实证研究逐步全面，各研究方向和领域对研究主题的解析伴随研究的深入而不断深化。①对市民化成本内涵的认识不断拓展。从最初仅将政府对市民化行为所支付的公共成本认定为市民化成本，逐步扩展到将由市民化过程引发的，由政府、企业和农业转移人口共同支付的成本认定为市民化总成本。②对市民化成本金额的测度分析不断丰富。一方面，研究关注了城镇区位与人群差异对市民化成本的影响，所得结果也显示不同城镇间、不同代际群体的市民化成本金额具有显著差异；另一方面，研究增加了不同成本指标间成本金额的对比分析，测算结果显示不同成本项目间的金额具有显著不同。③对成本支付关注的角度日益多元。制度改革视角着重关注了工资与土地"三权"收益对成本支付的作用，社会系统理论视角和公共治理理论视角则重点分析了成本支付的主要方面及利益主体。

上述实证研究发现及结论为本书后续研究提供了重要借鉴，基于已有成果并结合研究目标，本书认为在如下方面能够进行进一步的研究。①市民化成本内涵界定理论依据的明确及本土化修正。已有研究从政策规定、发展需求等多个角度对市民化成本内涵进行了解析，还有学者依据西方城市化（市民化）过程对成本内涵进行了界定，但关于市民化成本产生的原因以及成本与市民化过程的关系尚未明晰，其原因在于，缺失成熟理论作为支撑，加之农业转移人口市民化的特殊性，需要对成熟理论进行本土化修正，在明确成本产生原因及与市民化关系的基础上，给出市民化成本内涵更为准确的界定。②市民化成本金额测算分析方式的进一步丰富。已有研究所得的市民化成本金额均为一段时间内的平均定值，该方式虽能够减小历年数据项金额大幅度变化所带来的影响，但对于市民化成本变化趋势的展现相对有限。如果计算较长时期内历年的市民化成本金额并进行展示分析，则可以兼顾以上两方面问题。此外，已有研究对未来成本的推测多基于当前成本测算结果，相对缺少专门的预测分析，这在城镇化快速发展和变化区域，有可能影响预测结果的有效性。③市民化成本支付压力评测及压力源的识别。已有研究在得到市民化平均成本金额的基础上，通过对比不同成本项目间金额的多少，判断各主体成本支付压力的情况，然而成本支付压力与成本绝对金额相关的同时，还与支付主体的支付能力有关。故在已有基础上，可结合各主体成本支付总能力考量其成本支付压力状况，并进一步根据指标项目的支付压力判断主要的成本支付压力源所在。

第四节　农业转移人口市民化
成本测算方法研究

市民化成本测算方法研究是成本定量分析的前提，其中，测算指标体系是实现市民化成本概念操作化的基础，而模型设计是提升计算精度、实现准确测算的路径。

一　农业转移人口市民化成本测算的指标体系

学界对市民化成本指标体系的构建，主要从理论演绎和政策导向两方面进行，前者所借鉴的理论多属于社会学、经济学和公共管理学范畴，后者则伴随政策沿革不断调整，两者随着研究的深化，存在相互借鉴和融合态势。

1. 理论演绎法

张国胜（2009）基于发展经济学中人口迁移和社会成本理论，结合人口城市化模型，提出市民化总成本等同于市民化的社会成本，其一级指标包括私人发展成本、公共发展成本；二级指标包括私人生活、智力、住房与社会保障等由农业转移人口向城市居民转换所必须付出的私人成本，以及城市基础设施、生态环境、公共管理等为保障"新市民"产生后，城镇健康协调发展所必须付出的公共成本。李俭国和张鹏（2015）结合社会成本理论，在一级指标中增加了企业支付成本，但在实际测算过程中使用的是一系列公共服务成本下的指标。

还有一些学者从制度经济学角度出发，认为市民化成本一级指标应包括制度改革成本、融入城市发生的转移成本。其中，养老保险、住房、住房建设土地投资、城市建设资金投入等下辖在户籍变更和生活迁移引起的制度改革成本指标下，生活消费、心理成本则下辖在转移成本指标下（许玉明，2011）。与此同时，社会融合与公共服务理论也被引入，学者提出市民化成本是农业转移人口及其家庭整体融入城市公共服务体系产生的成本，从过程看包括个人融入企业、子女融入学校、家庭融入社区，因此成本指标应为：随迁子女的教育支出、社会保障支出、保障性住房支出和就业服务支出（冯俏彬，2014）。

2. 政策导向法

2004年，中国城市经济占GDP比重为82%，低于发达国家13个百分点。针对这一现状，陈广桂（2004）提出有必要降低市民化私人成本来支持城市发展，并结合政策将指标划分为生活、智力、自我保障、住房四大板块，其下诸子指标均较为严格地依据具体政策进行选择。此后，诸多学者按照政策导向设计指标。当前，学者对《国家新型城镇化规划（2014—2020年）》等长期规划文件借鉴较多，如张欣炜和宁越敏（2018）按照该规划的成本支付与分担机制要求，从个人成本、公共成本、企业成本三个方面构建了一级指标体系，并参照其他政策，将生活、住房、社会保障成本指标纳入个人成本指标，将基础设施建设、社保支出、保障性住房建设、教育支出、生态环境保护与治理成本指标纳入公共成本指标，将职工技能培训、社会保险费用等成本指标纳入企业成本指标。

二 农业转移人口市民化成本测算的模型方法

相比于市民化成本其他方面的研究，测算模型和方法设计研究发展相对较慢且专项研究偏少，目前使用的方法绝大多数为分类加总法，这一方法对指标体系构建依据及过程科学性的依赖较高，计算所得结果由于指标选取的不同而差异较大。

申兵（2012）在测算"十二五"期间宁波市市民化成本时，首先构建了6个一级指标，并明确了相应子指标，在此基础上根据人口总规模计算出各指标支出的人均水平，将各指标的人均值加总即为市民化人均支出成本。此后，冯俏彬（2014）在使用该方法的同时，提出了三点假设：第一，市民化过程为一次性，以此求得财政支出时点数据；第二，农业转移人口总数与城市居住的农业转移人口数量相同；第三，所有计算以数据当年价格为不变价格、当年财政支出水平为基线。由此给出的测算模型为：

$$TC = \sum_{i=1}^{6} C_i = (c_1 n_1 + b) + c_2 n_2 + c_3 n_3 + \cdots + c_6 n_6 \qquad (2-7)$$

式中：TC 表示总支出，C_i 表示第 i 项的支出，c_1 表示随迁子女财政教育人均支出，b 表示学校建设投资，c_2 表示养老保险财政补助人均支出，c_3 表示医疗保险财政补助人均负担，c_4 表示最低生活保障的财政人均支出，c_5 表示保障房的财政人均支出，c_6 表示就业财政人均支出，n 表示相应市民化人数。

之后，李小敏等（2016）对模型略做调整，但依然使用分类加总法，其模型表达式为：

$$C_i = \sum_{\alpha=1}^{n} P_{\alpha i} + \sum_{\beta=1}^{n} T_{\beta i} + \sum_{\gamma=1}^{n} I_{\gamma i} \qquad (2-8)$$

式中：C_i 表示 i 地区农业转移人口市民化的总成本，P_α、T_β、I_γ 分别表示 i 地区个人成本、公共成本和企业成本，α、β、γ 表示三项成本的构成项数。

三　研究评述

已有研究在指标体系构建过程中，逐步加强了理论参考及政策借鉴，在模型方法构建过程中也有所深化。然而，对于指标体系与测算模型的专门研究依然较少，相关研究也存在较大改进空间。①指标体系构建与细化过程中的理论依据有待加强。学界在指标体系构建过程中，已逐步重视对理论的参考和政策的借鉴，相关政策文件也强调了政府、企业和农业转移人口是成本支付主体，但在二级、三级指标细化过程中，缺少相应的理论依据作为指标选择的支撑，由此使得不同学者所构建的二级、三级指标差异较大。②成本测算模型设计有待进一步改进。已有测算模型充分考虑了农业转移人口市民化过程中城镇发生的成本，然而对于相同指标在农村时期相应成本的考虑相对较少，即考虑了"城镇新增一人"而未考虑"农村减少一人"的事实，由此在较大概率上会导致成本的重复计算。③指标与测算模型的设计有待对城镇化类型及农业转移人口特征进一步考虑。已有研究多基于异地城镇化背景开展，且指标、模型建立在农业转移人口的人口学特征较少变化的前提假设下，而实际上城镇化类型、人口迁移模式及市民化人口年龄别分布等因素改变均会引起市民化成本的变化，相应指标及算法有待结合当前中国城镇化与市民化的变化趋势，调整指标与模型的设计思路和具体方案。

第五节　小结

本章从相关理论、西方移民国民化成本研究、农业转移人口市民化成本理论与实证研究，以及测算方法研究四个方面梳理了文献。在评述已有研究成果基础上，发现以下方面。

第一，城镇发展阶段理论、区域发展不平衡理论和梯度理论对于城镇化发展阶段判别标准与相应特征的界定，以及区域和城镇间发展不平衡的关注，为本书分析视角的明确提供了重要支持；二元经济结构理论和人口流动迁移理论对于人口迁移过程及迁移成本估算方法的阐述，为理解农业转移人口市民化行为、市民化成本产生及测算模型改进提供了重要参考；社会成本和公共治理理论对于构建多主体参与的治理模式进而推进制度改革和外部性消除思路的提出，十分适用于分析市民化成本产生的过程及涉及的主体，为本书成本内涵界定与指标体系构建、成本支付主体确定提供了重要理论支撑。

第二，西方移民国民化成本研究从宏观角度关注了城镇化对成本的影响，从微观角度发现了人口差异对成本的影响，强调了生活成本、社会资本作为重要成本参考和组成对迁移的显著影响。上述研究在成本测算过程中对城镇化、人口差异、社会成本、社会资本等方面的考虑，为本书在测算情境构建、指标选择等方面的研究提供了重要参考，但由于研究主体的差异，相关结论的应用仍需结合中国实际情况和农业转移人口相关研究进行相应本土化调整与验证。

第三，农业转移人口市民化成本理论与实证研究，以及测算方法研究不断丰富，在以下方面逐渐形成统一。①政府、企业及农业转移人口是市民化成本的主要支付主体；②城镇区位、城镇类型以及农业转移人口之间的不同均会引起市民化成本的显著差异；③制度改革及工资收益情况是维持和保障农业转移人口在城镇生活与进行市民化的关键；④对于农业转移人口市民化平均成本的计算，是分析成本结构与各主体成本支付压力的前提；⑤分类加总法是市民化成本测算模型设计采用的主要方法。

学界在不断取得研究成果的同时，由于农业转移人口市民化自身的本土性、动态性以及成本测算的复杂性，在以下方面仍有研究空间有待进一步丰富。

第一，有待对农业转移人口市民化成本内涵界定进行本土化修正。已有研究依据西方成熟理论和既有公共政策对市民化成本内涵进行了讨论，但由于中国特殊的二元经济社会制度，农业转移人口市民化与一般人口城市化过程有所区别，而市民化成本的产生又与市民化过程有关，因此有必要基于中国社会经济情境，在充分分析农业转移人口市民化本土特点的基础上，结合成熟理论明晰市民化成本产生的原因以及与市民化过程的关系，进而对市民化成本内涵进行更为准确的本土化修正和界定。

第二，有待通过中观层面理论的衔接，增加指标构建与细化的理论依据。已有研究在指标体系构建过程中，已逐步重视对理论的参考和政策的借鉴，相关政策文件也强调了政府、企业和农业转移人口是成本支付主体，但是由于缺少相应中观层面理论作为衔接，市民化成本一级指标在构建后，如何结合政府、企业和农业转移人口三大成本支付主体进一步细化一级、二级指标，成为学界目前讨论的焦点和亟待解决的问题；而理论依据的相对缺失也导致了不同研究间指标体系设置具有差异、可比性有所下降。

第三，有待结合农业转移人口市民化成本的本质改进成本测算模型。已有测算模型充分考虑了农业转移人口市民化过程中城镇发生的成本，但对于相同指标在农村时期相应成本的考虑相对较少，即考虑了"城镇新增一人"而未考虑"农村减少一人"的事实；但已有成熟人口迁移理论模型强调了迁移成本是通过迁移前与迁移后成本的综合比较所获得，农业转移人口市民化成本经典概念也指出，市民化成本是为实现市民化所新增的成本，因此有必要对测算模型进行相应改进，避免成本的重复计算。

第四，有待基于不同城镇化类型，比较市民化成本基本特征、调整测算指标模型。移民国民化成本研究已证明城镇化类型对成本的影响，且依据城镇化相关理论，不同城镇化类型和城镇化发展阶段下，城镇建设方向、主导产业和人口需求等均有明显不同，这些不同将使市民化路径及市民化成本在不同城镇化类型间产生差异；但农业转移人口市民化成本研究较为缺乏针对不同城镇化类型之间的成本基本特征差异分析，相应测算指标、模型是否具有调整的必要性也缺少论证。

第五，有待丰富市民化成本测算分析维度，提升市民化成本支付压力源识别的准确性。已有研究多通过计算一定时期内，各成本支付主体所需支付的市民化人均成本，总结成本的基本特征并分析各主体成本支付压力，然而，该方法虽能降低奇异值带来的影响，但对于成本变化趋势的展现相对有限，且成本支付压力的大小还与各主体成本支付能力相关。而计算较长时期内各指标历年的市民化人均成本，分析成本金额与成本结构的变化趋势，并结合各主体成本支付总能力考量其成本支付压力状况，能够在实现既有测算优势的同时，把握好成本变化趋势，提升对成本支付压力判断及压力源识别的准确性。

第三章

农业转移人口市民化成本的
指标设计与测算策略

本章研究目的在于明晰农业转移人口市民化成本内涵、设计成本指标体系、提出市民化成本测算策略。首先，梳理已有成本内涵界定及指标设计经典思路，在对比凝练其中经典原则基础上，依据社会成本理论与中国社会经济情境，对农业转移人口市民化成本内涵进行本土化修正；其次，结合公共治理理论，提出农业转移人口市民化成本指标细化思路并改进市民化成本指标体系；最后，归纳中国城镇化、农业转移人口的现实特征与发展趋势，阐明异地与就地就近城镇化类型的主要特征与判别标准，结合各级指标的测度功能与既有测算模型的适用情境，提出农业转移人口市民化成本测算的方案、维度与前提假设，最终形成测算策略与框架。

第一节　农业转移人口市民化成本内涵辨析

首先，梳理学界已有的农业转移人口市民化成本内涵界定的经典思路，并对不同思路下的成本指标构成进行简介，通过对经典思路间的对比识别其中的共识与差异，凝练经典原则并阐明本书成本内涵界定与指标设计的路径方向；其次，基于中国二元经济社会制度情境，结合社会成本理论，分析农业转移人口市民化与西方一般人口城市化的差异，从而揭示市民化成本的产生机理；最后，对市民化成本内涵进行本土化修正，为成本指标体系构建奠定基础。

一 农业转移人口市民化成本内涵界定的经典思路

由于农业转移人口市民化成本研究问题的本土性，加之研究起步时间较晚，西方学界并未过多涉及，特别是对成本内涵测量指标体系设计方面的研究，目前并未见诸西方主流学术期刊（张国胜，2008）。具有一定借鉴意义的西方移民国民化成本研究所关注的重点主要集中在政府支付的公共成本金额变化及相关收益方面，加之政府财政报告有专门的一个统计指标，涉及成本内涵界定和指标测量的研究极少（Borjas，1994；Huddle，1995；Camarota，2004；Barrett and McCarthy，2008；Joppke，2010；Greenwood and McDowell，2011）。与此同时，国内学者通常在界定市民化成本内涵并实现成本指标测度基础上，进行后续测算研究。综上，本节重点介绍国内学界在市民化成本内涵界定与指标测度上的经典思路。

1. 以责任政府为起点的公共服务供给思路

农业转移人口市民化成本研究，最早源于政策需求和城镇化发展需要，以责任政府为起点的公共服务供给思路正是基于这一背景所形成的。该思路认为，政府是推动市民化进程的关键，农业转移人口市民化成本就是政府为市民化人口开支的公共服务成本（Kondo，2004），相应成本的测算就是对各项公共服务成本的测算（国务院发展研究中心课题组，2011b）。其理论依据为，由于受户籍制度等多重因素影响，农业转移人口很难实现社会身份的转变，基本享受不到或享受不全城市政府提供的公共服务（国务院研究室课题组，2006），导致了农业转移人口与市民的公共服务待遇的差异，催生了"新二元"结构下的差异化基本公共服务分配格局（沈滨、赵蕾，2014）。而基本公共服务的缺失会使农业转移人口产生相对剥夺感，导致其市民化意愿下降，故应该以"基本公共服务均等化"作为问题解决的先决条件、基本原则、普遍标准和行动框架（于建嵘，2008）。鉴于此，推进农业转移人口市民化的核心在于政府在此过程中全面就位并承担职责，需要政府支付市民化进程中产生的公共服务成本，这不仅是保障政府全面就位的关键步骤，也是市民化成本的核心内涵（黄锟，2011；张彰等，2018）。

根据这一思路，国务院发展研究中心课题组（2011b）提出，农业转移人口市民化要让市民化主体享有与本地市民相同的各项权利和公共服务，这一过程中产生的成本就是市民化成本。通过对全国不同区域和层级多个负责农业转移人口相关事宜的政府部门开展的座谈和访谈，国务院发展研究中心课题组（2011a）最先确定了各地区共同提供的城镇公共服务的 6 个项目，即教育、住房保障、医疗保险、养老保险、其他社会保障、城市管理（包括基础设施），作为农业转移人口市民化的成本指标。虽然持有公共服务供给思路的学者均认为，提供公共服务是政府的责任，成本指标是公共服务的主要项目，但不同学者对于哪些公共服务项目是涉及市民化的关键项目的认知并不完全一致，故该思路下的指标体系并非完全相同（见表 3-1）。

表 3-1　公共服务供给思路下各学者构建的市民化成本指标体系

指标项	国务院发展研究中心课题组（2011a）	冯俏彬（2014）	李为和伍世代（2015）	王志章和韩佳丽（2015）	谢建社和张华初（2015）
教育	√	√	√	√	√
住房保障	√		√	√	
医疗保险	√		√	√	
养老保险	√	√		√	√
城市管理	√			√	
基础设施	√			√	
就业扶持		√	√		√
医疗卫生					√

注：√表示学者的市民化成本指标体系中包括该指标项。

2. 以人口城市化进程为切入点的社会成本支出思路

持有该理论观点的学者认为，人口城市化是伴随城镇化、工业化过程产生的人口城乡迁移过程，这不仅是农村居民通过迁移向城市聚集变成城市居民的过程，还是他们职业非农化、生活方式和思想意识逐渐城市化的过程（刘传江，2006）。在这一过程中，农业转移人口在实现个人发展的同时，还需要支付相应的私人发展成本用于维持城市生活的进行；而伴随人口城市化进程，农村人口的大量迁移导致了城市规模的扩张和经济市场的繁荣（简新华等，2013）；城市在得到发展的同时，也需要投入相应的费用用于构建城市基础设施、促进产业发展、保障居民生活，由此产生了公共发展成本（周小刚、陈东有，2009）。所以，在人口城市化进程中，市民化成本的支付主体除农业转移人口之外，政府还需支付相应的公共发展成本以保证城市的正常运转和发展。根据社会成本理论，当某个人做出一项行动，他本人不一定要承担全部费用或收取全部利益，他承担的部分叫作私人成本，他不承担的部分叫作外部成本，两者的总和组成社会成本（李俭国、张鹏，2015）。因此，农业转移人口市民化成本就是市民化过程中的社会成本，包括私人发展成本和公共发展成本，前者用于支付个人市民化过程中生活、工作开支产生的费用，后者用于支付政府应对城市人口增加、维持城市运转和发展的费用（石忆邵、王樱晓，2015）。

最早将私人成本纳入市民化成本研究的是中国科学院可持续发展战略研究组（2015），但这一成本划分更多是基于社会实践认知，而非完全基于相应理论角度所进行的。张国胜（2009）是较早通过分析人口城市化进程，并引入社会成本理论对成本指标体系进行构建的学者，他认为市民化社会成本是指使现有农业转移人口在身份、地位、价值观、社会权利以及生产、生活方式等方面全面向城市市民转化并顺利融入城市社会所必须投入的最低资金量，包括私人发展成本与公共发展成本：前者包括私人生活成本、智力成本、住房成本与社会保障成本四项指标，后者主要包括城市基础设施成本指标。此后，魏澄荣和陈宇海（2013）认为，市民化社会成本应分为四个方面，一是城镇政府对社保、安居的投入，二是吸纳市民化人口需增加的基础设施投入，三是拉平教育和技能培训所需要的开支，四是农业转移人口增加的消费金额，据此将公共成本进行细化并将私人成本用新增生活成本指标代表。徐红芬（2013）、单菁菁（2015）等学者进一步整合并丰富了私人发展成本和公共发展成本指标项目。总之，以人口城市化进程为切入点的社会成本支出思路中，不同学者选择了不同指标构建市民化成本指标体系，但由于缺少成熟理论作为指标进一步细化的理论依据，故而不同学者所构建的指标体系中，公共成本、私人成本的子指标项目差异较大（见表3-2）。

表 3-2 社会成本支出思路下各学者构建的市民化成本指标体系

指标项		张国胜 (2009)	魏澄荣和陈宇海 (2013)	徐红芬 (2013)	单菁菁 (2015)
公共成本	基础设施	√	√	√	√
	社会保障		√	√	√
	教育		√	√	√
	住房保障			√	√
	公共管理			√	√
私人成本	生活	√	√	√	√
	智力	√			
	住房			√	√
	社会保障	√		√	√

注：√表示学者的市民化成本指标体系中包括该指标项。

3. 以政策文件为借鉴的多元分担思路

市民化成本多元分担思路最早见诸政策文件，该思路认为政府、企业、农业转移人口是市民化成本的最终支付主体，并以成本支付主体作为划分市民化成本的依据，确定了公共、企业和私人成本，之后不同学者依据这一划分方式进行指标细化（王国霞、张慧，2016）。成本的多元支付与分担得到了政府广泛认同，有利于市民化成本的长期可持续投入（张继良、马洪福，2015）。《国家新型城镇化规划（2014—2020 年）》明确指出，由政府、企业、个人三方共同参与承担农业转移人口市民化成本的支付。从一定意义上来讲，多元分担思路是对公共服务供给思路和社会成本支出思路的继承，该思路在公共成本与私人成本之外提出了企业成本，但并未说明企业成本产生的原因以及支付的意义，也并未指明三方主体支付市民化成本与市民化进程之间的具体关系。因此，该思路对市民化成本内涵的界定相对模糊，导致了指标细化过程中的理论依据缺乏。

所以，多元分担思路虽明确了市民化成本支付主体，即政府、企业和农业转移人口，并由此形成公共成本、企业成本和私人成本的划分方式，而且这一市民化成本多元分担思路有利于成本持续健康长期投入，被学界和政府广泛认可，但该思路缺少对市民化成本内涵相对明确的理论界定，也并未从理论角度说明成本支付主体支付成本的具体原因及支付成本的具体作用，由此导致指标体系细化过程中的理论依据不甚明确，使不同学者构建的指标体系之间差异较大（见表3-3）。

表3-3　多元分担思路下各学者构建的市民化成本指标体系

指标项		傅东平等（2014）	纪春艳和张学浪（2016）	何玲玲和蔡炉明（2016）	张欣炜和宁越敏（2018）
公共成本	基础设施	√	√	√	√
	社会保障	√	√	√	√
	教育	√	√	√	√
	住房保障	√		√	√
	就业促进	√	√		
企业成本	职业培训	√	√		
	社会保障		√		√
	工资歧视	√			
私人成本	生活	√	√	√	√
	智力		√		
	住房		√	√	√
	社会保障		√	√	√
	交通和通信	√		√	
	失业风险成本	√			
	社会融入成本	√			

注：√表示学者的市民化成本指标体系中包括该指标项。

4. 市民化成本内涵界定经典思路的对比

以责任政府为起点的公共服务供给思路强调政府是市民化推动的关键，认为农业转移人口市民化成本就是政府实现公共服务均等化所支出的成本。以人口城市化进程为切入点的社会成本支出思路则认为市民化成本产生于市民化进程，在市民化进程中，农业转移人口需要支付维持自身生产、生活的成本，即私人发展成本；城市政府需要支付解决城市人口增加、维持城市正常运转的成本，即公共发展成本。两成本之和就是农业转移人口市民化（社会）总成本。以政策文件为借鉴的多元分担思路确定了成本的三大支付主体，但并未明确市民化成本的内涵及支付主体确定的理论依据。总体上，三大思路既有共识又有差异，其共识可以进一步凝练为成本内涵界定及指标体系设计的经典原则，而差异则为本书研究提供了进一步分析讨论的空间。

首先，在研究共识方面：①市民化涉及的三大相关利益主体基本明确，市民化成本的研究对象逐步从政府成本，扩大到私人成本和企业成本（纪春艳、张学浪，2016）；②政府应支付市民化公共成本，成本内涵主要是推进（城镇）公共服务均等化所产生的政府财政投入（张彰等，2018）；③农业转移人口应支付市民化私人成本，成本主要包括市民化使农业转移人口在生活、工作等方面支出成本的变化（王国霞、张慧，2016）。其次，在研究差异方面：①虽然多元分担思路已成为政府倡导的市民化成本支付思路，并以政策文件形式予以明确，但学界在成本指标构建研究中依然存在二元论（公共、私人成本）和三元论（公共、企业、私人成本）两种论点；②虽然以公共服务供给思路作为公共成本指标细化的理论依据已被广泛认可，但私人成本和企业成本在指标细化过程中应依据的理论还尚未明晰，由此造成了研究之间指标设置的较大差异。

从研究本质和研究发展历程来看，三大经典思路所持有的观点虽有不同，但研究对象具有相似性、研究内容和研究发现具有递进性、多数指标构成具有共同性，因此相互之间存在必然联系。之所以学界还存在上述研究差异，其原因在于以下方面。

第一，农业转移人口市民化成本产生原因、主要内涵尚需进一步明确和本土化修正。以人口城市化进程为切入点，结合社会成本理论对市民化成本内涵进行解析，虽能有效揭示市民化成本产生原因、明确主要宏观指标，但由于中国农业转移人口市民化受户籍等一系列二元结构制度影响，其并不完全与西方人口城市化进程所等同，自身具有较强的本土性特点（李强、胡宝荣，2013），而市民化成本的产生又与市民化进程有关，因此，需要在已有研究基础上，使用社会成本理论并结合中国农业转移人口市民化特征，对市民化成本内涵进行本土化修正，进而在明晰成本产生原因的基础上，设置宏观成本指标。

第二，缺乏中观层面的理论衔接与分析为市民化成本支付主体的划分、宏观成本指标的细化提供理论支撑。学界对于三元论持不同观点的主要原因在于，多元分担思路并未阐述成本支付主体划分的理论依据，也并未明晰各主体，特别是企业在市民化过程中的作用，因此，基于农业转移人口市民化成本内涵及宏观指标设置，选择合适的理论作为衔接，进而通过中观层面的理论分析，明晰政府、企业及农业转移人口在市民化成本支付过程中的作用，确定公共、企业及私人成本进一步细化的理论依据，能够在很大程度上解决上述争议，提升市民化成本指标设置的合理性。

二 二元经济社会制度下农业转移人口市民化成本的产生

农业转移人口市民化成本概念明确指出，市民化成本是伴随市民化进程而产生的，但二元经济社会制度造成了中西方市民化进程之间存在差异，因此需要在明晰中国农业转移人口市民化本土特点的基础上，对市民化成本产生的原因及其与市民化进程的关系进行解析，为对农业转移人口市民化成本内涵进行本土化修正奠定基础。

1. 中国二元经济社会制度下的农业转移人口市民化进程

从西方农村人口城市化（农民市民化）的一般意义上来讲，市民化进程是农村居民伴随工业化、城镇化，同步转化为城镇居民的过程，具体包含五个方面：地理迁移、职业改变、身份变化、生活方式改变、思想和行为转变（张培刚、张建华，2009）。在这一人口城市化（市民化）进程中，市民化成本主要是伴随农村居民工作、生活方面的变化所引起的成本，农业转移人口个人是成本支付的主体，政府只需投入少量资金用于支付城镇人口增加所引起的成本，故而农业转移人口市民化成本一级指标包括私人成本与公共成本（张国胜，2008）。但是，由于受二元经济社会制度影响，中国的市民化进程呈现独特的"农民—农业转移人口—市民"两阶段模式，导致农业转移人口社会身份（户籍身份）和生活方式转变滞后、福利权益享受不对等、思想和行为"城市性"缺乏，与西方一般意义上的市民化进程存在明显不同（见表3-4）。

表 3-4 中西方市民化进程异同对比

转变过程	农村居民时期	城镇居民时期	体现形式	中西对比
地理迁移	农村社区居住生活	城镇社区居住生活	居住城镇	中西同步
职业转变	以农业为主	以非农业为主	非农化	中西同步
身份变化	农民	市民	市民权利	中国滞后
生活方式改变	传统、闭塞、散漫	现代、开放、有序	现代化	中国滞后
思想和行为转变	保守、封闭、单一、感性	开放、创造、进取、理性	城市性	中国滞后

较多市民化研究表明，农业转移人口实现市民化需要具备城镇生存生活能力、城镇就业能力、城镇融入能力（王竹林，2007），而三种能力的形成依靠市民化资本［权利资本（Mitchell，2003）、人力资本（刘林平、张春泥，2007）、社会资本（叶静怡、周晔馨，2010）］的供给。其中，权利资本（公平的社会发展权利与经济发展权利）是市民化能力形成的宏观制度条件，也是影响农业转移人口人力、社会等资本提升的重要资本，即外驱力；人力和社会等资本是市民化能力形成的自致性因素，即内驱力。权利资本与其他资本相互耦合，决定了市民化能力的形成并最终促使市民化行为的产生（王竹林，2015）。

然而，二元经济社会制度导致了不平等的城乡资源与权利分配方式，致使多数农业转移人口所享有的社会发展权利（主要是公平同质的城镇教育、社会保障、住房保障等公共服务享受机会）、经济发展权利（主要是公平同质的以劳动创造价值进行的薪资福利分配机制）与城镇居民存在较大差距（谌新民、周文良，2013），即所享受的公共服务与获得的薪资福利存在一定程度的缺失（Mitchell，2003；王竹林，2015）。而公共服务与薪资福利的相对缺失，又影响农业转移人口人力资本、社会资本的形成与提升，导致其缺失中上水平的通识知识和职业技能等人力资本，缺失多元化的信息来源和现代化的关系网络等社会资本。有学者通过大量调查发现，如果以 0~1 作为取值区间，农业转移人口的市民化意愿高达 0.74，而实际市民化行为却仅有 0.36，意愿与行为之间的差距主要是由农业转移人口自身市民化资本不足造成市民化能力不强所引起的（王晓丽，2013）。

因此，正是二元经济社会制度在资源与分配过程中的影响，导致农业转移人口与城镇居民所享有的公共服务与薪资福利存在差距，并进一步影响了其人力、社会等市民化资本提升和市民化能力培养，最终使农业转移人口市民化进程不同于且滞后于西方人口城市化进程。

基于上述分析，二元经济社会制度造成农业转移人口与城镇居民之间资源与权利分配不一致，并进一步影响农业转移人口市民化资本与能力的提升，使中国市民化进程不同于且滞后于西方一般人口城市化，而市民化成本产生于市民化进程。因此，农业转移人口市民化成本内涵应基于中国特殊的市民化进程与社会经济情境进行本土化修正。

2. 农业转移人口市民化成本的产生

亚当·斯密曾深刻论述了分工、制度、收入与经济发展的关系，此后学者在对该论述验证和完善的基础上指出，个人收入与福利取决于生产率水平和专业化分工程度（Young，1928），并进一步取决于交易制度和分配制度的合理性（杨小凯、张永生，1999）。在中国，分配制度具有明显的"二元"性质，特别是对于农业转移人口，生产效率高低并不是决定收入与福利分配高低的唯一因素，制度对薪资收入与社会福利分配的影响同样巨大（Meng and Zhang，2001），如农业转移人口与市民之间工资福利差距的 50% 左右由户籍身份差异造成（王美艳，2005；邓曲恒，2007）。因此，在这种二元经济社会制度影响下，农业转移人口与城镇居民之间所享受的社会发展权利及经济发展权利具有明显差异，导致农业转移人口享有的公共服务与获得的薪资福利有所缺失，并进一步影响了农业转移人口权利的享有、人力和社会资本的提升，由此造成了农业转移人口在城镇就业、生存、生活、融入能力不足与"半市民化"问题。

这一现象充分说明，中国二元经济社会制度是一种阻碍"帕累托最优"的分配制度，该制度给农业转移人口群体带来了不平等、不公平和社会歧视，在实践中表现为政府和用工单位对农业转移人口创造价值和既有社会权利、经济福利的挤占，使农业转移人口的投入并不能得到应有的效益，存在显著的外部性特点（Lee，2007）。如图 3-1 所示，农业转移人口的综合福利水平当前处于 P_g，而均衡水平为 P_m，这导致属于农业转移人口的权益和福利被农业转移人口之外的其他方所占有（图 3-1 中的 DAB 面积），而由此权益缺失所带来的负效应则由农业转移人口承担和支付（图3-1 中的 *DBC* 面积）（张国胜、陈瑛，2013）。

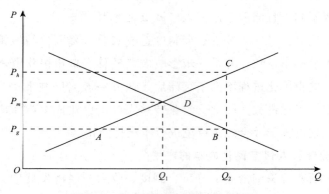

图 3-1　农业转移人口福利的外部性

在社会成本理论视角下，综合"庇古税"思想和科斯定理得到，社会交易费用不为零的情况（真实世界基本不存在交易费用为零的情况）下，对外部性问题的解决可以通过建立合理的制度或通过制度改革（Coase，1960），确定好相应主体的权利、义务等界限，达到调控社会成本、增进社会福利的目的（徐桂华、杨定华，2004）。因此，对农业转移人口公共服务与薪资福利享受过程中外部性问题的消除，需要在市民化进程中，通过制度改革、权责界定推动"半市民化"向"全面人的市民化"转变，实现农业转移人口与城镇居民（市民）在分配过程中的无差别化，即使农业转移人口享有平等的社会发展权利、享受与劳动价值匹配的薪资、享有相应的经济发展福利，也要促进农业转移人口群体从非均衡发展的利益格局不利地位和失利状态中解脱，达到社会帕累托和资源配置效率真正改进的目的。

在这一理论情境下，农业转移人口市民化成本就是通过市民化过程矫正农业转移人口劳动制度性贬值与基本权利缺失，促进农业转移人口群体从非均衡发展的利益格局不利地位和失利状态中解脱，实现私人福利与社会福利的统一，达到社会帕累托和资源配置效率改进的目的所产生的成本。

三　社会成本理论下农业转移人口市民化成本内涵的修正

在二元经济社会制度下，国民收入和资源分配均未达到最优状态，个人和社会福利状况均具有进一步的改进空间。依据福利经济学社会成本理论下的补偿原理，推动农业转移人口实现全面市民化的过程中，市民化所带来的利益远远大于所引起的成本，且不造成其他社会成员经济状况的恶化，那么社会总福利就是增加的且这一政策是可取的（谷继建等，2009）。根据福利经济学家 Karldor 提出的补偿原理，农业转移人口市民化实现"帕累托改进"应满足两个基本条件：第一，在宏观层面，农业转移人口市民化将促进社会国民收入总水平的提升，即对社会总福利和经济发展的增加具有正向作用；第二，在微观层面，受到市民化影响的城镇居民的个人福利水平与当前至少持平或有所增加，且市民化主体（农业转移人口）的个人福利水平有所提升。

针对补偿原理这两个基本判别条件，其中第一条已被 Borjas 等国内外多位学者的研究所证实，其基本结论是：移民对国民经济发展具有显著正效应（Borjas，1994）；农业转移人口市民化对政府税收的贡献、企业利润的增加、市场消费水平的提升均具有明显促进作用（周春山、杨高，2015；石忆邵、王樱晓，2015）；市民化产生的收益远远大于投入的成本，对社会总福利及经济发展具有正向作用（王志章、韩佳丽，2015；中国科学院可持续发展战略研究组，2015）。故而，农业转移人口市民化，能够满足补偿原理下的第一个条件。另外，如果满足第二个条件，就需要在制度改革和外部性消除过程中，不能让城镇居民"偿还"已"占有"的福利、"剥夺"城镇居民已"享有"的权利，而是需要政府、企业以城镇居民的标准"补齐"农业转移人口在公共服务、薪资福利方面的损失，最终达到实现农业转移人口市民化、提升个人福利与社会福利的目的（刘洪银，2013a）。

因此，在中国二元经济社会制度背景下，农业转移人口市民化的推进与实现，首先需要政府、企业通过制度改革形式消除二元经济社会制度在分配过程中所带来的外部性，即政府、企业依据城镇居民标准补齐农业转移人口在公共服务、薪资福利方面的损失，由此产生的成本由政府与企业支付；在无外部性条件下，农业转移人口依照一般人口城市化进程实现市民化，在这一过程中产生的成本由农业转移人口自身支付。根据社会成本理论，当一个人没有全部承担或得到由其所产生的成本或收益，还有其他方承担或得到了由他所产生的成本或收益时，就存在外部性；由个人承担的成本是内部（私人）成本，由其他方承担的成本是外部成本（盛洪，1995）。在此基础上，依据上述分析结合中国二元经济社会情境，农业转移人口市民化除了包括一般意义上的人口城市化过程，还包括农业转移人口公共服务和薪资福利分配中外部性的矫正过程（依据城镇居民标准补齐社会发展权利和经济发展权利的过程）。

结合社会成本理论，考虑二元经济社会制度的影响，本书将农业转移人口市民化成本内涵由基于一般人口城市化进程所提出的"政府为应对城市人口增加并保障城市正常运转所增加的公共（发展）成本与农业转移人口为保障自身在城市生存所增加的私人（发展）成本之和"（魏澄荣、陈宇海，2013；单菁菁，2015；张国胜，2008）修正为"政府、企业依据城镇居民标准补齐农业转移人口公共服务和薪资福利损失所投入的外部成本与农业转移人口推动职业、身份、生活方式向城镇居民转变所新增的内部成本之和"，从而将市民化成本一级指标由公共（发展）成本与私人（发展）成本调整为外部成本与内部成本，由此从成本角度区分了中西方市民化进程的不同，丰富了农业转移人口市民化成本内涵，明确了成本一级指标对市民化外部性测量的具体功能，解释了政府、农业转移人口，尤其是企业作为农业转移人口市民化成本支付主体的原因。

第二节　农业转移人口市民化成本指标体系构建

本节基于农业转移人口市民化的内涵，引入公共治理理论，分析政府、企业及农业转移人口在市民化进程中应支付的成本范围，以及各主体支出成本对市民化的具体作用，进而明晰二级指标细化思路并构建三级指标，从而依据完整的理论推导实现指标体系的构建与改进。

一　公共治理理论视角下市民化成本一级指标的细化

依据前文分析，中国的二元经济社会制度导致权利与资源分配存在明显外部性：农业转移人口不仅没有获得与城镇居民同等的社会发展权利，其在城镇社会生活过程中公共服务享受标准较低，而且在务工过程中也并未享有同等的经济发展权利，企业没有依据实际劳动价值支付等价的薪酬和福利；政府及企业无偿享有了农业转移人口带来的部分收益（孙婧芳，2017），使得农业转移人口的市民化资本与能力相对低下。根据外部性理论和科斯第二、第三定理，在交易成本不为零（存在外部性）的情况下，政府通过制度改革优化政策布局，明晰相关利益主体的权利、责任，同时加入市场作用共同调控社会成本（包括内部、外部成本），能够有效减小外部性、提升社会总福利。

在福利经济学社会成本理论的补偿原理思路下，农业转移人口市民化成本的支付目的在于，消除二元经济社会制度的外部性（韩兆柱、翟文康，2016），补齐农业转移人口公共服务和薪资福利损失，推动农业转移人口职业、身份、生活方式向城镇居民转变，从而实现社会总福利与公共利益最大化，这属于典型的公共事务及公共治理问题（何翔舟、金潇，2014；付焕等，2017）。在城镇公共治理体系下，可以将上述过程理解为，政府、企业以及农业转移人口作为治理主体，通过支付制度改革成本这一治理手段，达到消除制度外部性、推动制度改革、完成农业转移人口市民化这一治理目标的公共治理实践（徐匡迪，2013）。

据此，本节结合修正的农业转移人口市民化成本内涵，在公共治理理论视角下分析政府、企业与农业转移人口三大治理主体在市民化成本支付过程中的治理角色与成本支付内容，为农业转移人口市民化成本宏观指标的进一步细化提供理论依据。

1. 政府与市民化公共成本

在经典公共治理理论中，政府始终是城镇公共治理体系的核心，是利益的协调者和资源的分配者，是制度的制定者和规划的设计者（俞可平等，2001）。新中国成立以来，国家以户籍制度为依托，结合就业、土地、社会保障等制度政策，在计划经济体制条件下使用行政手段实现社会管理，逐渐形成了城乡二元结构格局的总体性国家治理模式（渠敬东等，2009）。这种二元结构制度造成了农业转移人口和城镇居民之间在政治（权利）上的不平等对待、经济上的不等价交换、社会上实行非普惠制

（陆学艺，2009）。改革开放之后，中国治理模式正在由"总体性国家治理"模式向"小政府、大社会"的治理模式转变，治理功能和角色定位正在从"全能型"转向"服务型"，提供高质量的公共服务成为政府最基本的职能要求（刘熙瑞、段龙飞，2004）。在积极建设"服务型政府"这一治理理念下，公民的公共服务享受水平有所上升，市场的主体作用逐渐得到发挥，城乡居民的政治发展权利得到有效保证，农业转移人口能够自由地在城乡之间、城镇之间就业和生活（悦中山等，2012）。

但是，在政府向公民提供的公共服务总体水平上升的同时，以户籍身份作为区分城镇与农村居民之间公共服务供给标准的差异依然存在，未实现市民化的农业转移人口与城镇居民之间在公共服务享有水平上并不相同，而这种公共服务供给的不平衡制度是导致农业转移人口市民化资本和能力缺失的关键因素（黄锟，2011）。在此背景下，基于中国政府的治理模式转变，结合农业转移人口的治理需求，国家提出了新型城镇化战略，强调以政府为主导，通过农业转移人口市民化同步实现公共服务均等化，解决农业转移人口与城镇居民之间公共服务享受不平衡问题（付焕等，2017），从而补齐农业转移人口有缺失的社会发展权利，减小制度所带来的外部性，为其他市民化资本和能力的获取奠定基础。

在农业转移人口市民化成本支付过程中，政府自身的治理角色是，着力补齐农业转移人口应公平享有的社会发展权利（即支付推动农业转移人口公共服务享受均等化所产生的成本）。该成本是为农业转移人口提供与城镇居民相同标准公共服务所新增的成本，是市民化外部成本的重要构成，被称为公共成本。而由政府提供公共服务并支付该成本，更有利于降低交易成本、提升公共物品消费中的公正性（滕世华，2004），也符合公共治理过程中"服务型政府"的治理角色和治理目标。因此，政府支付的公共成本是外部成本的重要构成之一，成本投入用于补齐农业转移人口在城镇基本公共服务享受中的缺失，成本指标的细化可借鉴公共服务供给思路，结合"服务型政府"的治理角色进行设计。

2. 企业与市民化企业成本

在城镇公共治理体系与农业转移人口市民化推进过程中，企业是公共治理体系中的关键利益相关者，在农业转移人口市民化过程中，企业不仅仅承担为城镇人口提供职业和岗位的责任，更承担为职工发放工资和相关福利的义务。然而，在二元经济社会制度影响下，农业转移人口的经济发展权利和薪资福利获得存在明显的损失，表现为其在企业务工过程中存在显著的不平等与身份歧视现象，在排除其他影响条件下，仅仅在就业工资一项，农业转移人口与城镇居民工资差异的55.2%就是由身份歧视造成的（谢嗣胜、姚先国，2006）。农业转移人口就业歧视感的增强对其参与冲突行为的意愿影响最大，在很大程度上可能会诱发冲突和集群行为等高风险事件（陈雄鹰等，2015）。

《经济法》对就业歧视的判断标准为：在相同劳动生产率前提下，如果任何人均可得到企业相同对待、获得一致回报，那么就业歧视不存在；如果企业给予具有相同劳动生产率的不同人群不同的对待及回报，且这种不同的对待和回报情况存在系统性差别，那么就业歧视存在（杜书云，2004）。在以往时期，企业以户籍身份作为薪资福利发放判断标准，充分享受二元经济社会制度所带来"红利"的同时，侵害了农业转移人口的平等经济发展权利与应得劳动价值，根据《经济法》的定义，这一现象在本质上就是企业对农业转移人口的就业歧视（谌新民、周文良，2013）。因此，在当前农业转移人口市民化与城镇公共治理语境下，补齐农业转移人口有所缺失的经济发展权利就是通过政府引导和监管，使企业依照"同工同酬"理念和相关就业法律要求补齐农业转移人口薪资福利的损失，消除企业范围内由就业歧视所带来的农业转移人口权利与收益受损情况。

依据就业歧视理论，就业歧视可划分为就业机会歧视、就业工资歧视、就业保障歧视和就业培训歧视（周萍等，2010）。在较早时期，农业转移人口就业机会歧视较为普遍，主要体现在农业转移人口在被雇用和选择职业及升迁过程中，被限制在固定的劳动力市场（次级劳动力市场），从事以体力劳动为主的工作，且工作可代替性高、稳定性差、晋升机会少、工资薪酬低，这一歧视在很大程度上归咎于二元结构制度（李强、唐壮，2002）。但是，就业机会歧视在根本上是城镇政府的一种地方保护主义，该问题的解决主要依靠政府部门的相关治理，且当前这一问题伴随中国市场改革的不断深入在一定程度上得到了解决，故而本书对就业机会歧视不再过多考虑。

由于受二元经济社会制度的影响，农业转移人口在就业过程中存在普遍的就业歧视现象，企业以户籍身份作为薪资福利发放的标准进而无偿占有了农业转移人口通过劳动所创造的部分价值，造成了农业转移人口经济发展权利受损并妨碍了农业转移人口市民化资本获得和能力形成。在农业转移人口市民化与城镇公共治理语境下，企业自身的治理角色是，为农业转移人口提供工作岗位并依据劳动价值发放薪资福利，补齐由就业歧视造成的农业转移人口薪资福利损失，保障农业转移人口平等的经济发展权利。因此，企业支付的市民化成本简称企业成本，主要指企业为消除就业歧视所产生的各项成本，是构成外部成本的另一项重要成本，成本指标的细化应结合就业歧视理论和研究进行。

3. 农业转移人口与私人（显性、隐性）成本

农业转移人口是市民化与城镇公共治理过程中的主要对象与主要参与者。在政府和企业分别履行各自在市民化推进和治理过程中的责任，补齐由二元经济社会制度所带来的外部成本之后，农业转移人口将享有与城镇居民同质的公共服务，以及与劳动价值相匹配的薪资福利水平，从而具备完整的社会发展权利与经济发展权利。此时，农业转移人口在很大程度上将成为一般意义上的市民化人口，与西方人口城市化理论中界定的市民化人口保持一致。在公共治理理论视角下，治理目标有赖于相关治理主体基于各自权责相互协作、共同推动所实现（Stoker，2010）；在农业转移人口市民化过程中，体现为政府与企业通过支付外部成本消除二元经济社会制度所带来的外部性，赋予农业转移人口完整的社会发展权利与经济发展权利；农业转移人口依据市民化意愿进行市民化行为，并支付由一般意义上人口市民化进程所带来的用于推动职业、身份、生活方式等向城镇居民转变所新增的内部成本。

这些成本之中，有一些成本较为明显、易于测量（如生活成本），但有一些成本具有"隐性"特点，如农业转移人口由于社会融入需求和思想观念变化，在社会交往过程中所增加的开支。而此类成本往往由其职业、身份、生活方式转变所带来，且较为隐蔽、难以识别和度量，容易在指标建构与细化过程中被忽略和遗漏，但这些成本又真实存在，是由市民化过程引起的成本，即市民化过程中的私人隐性成本（杜海峰等，2015），应当在实际研究中予以考虑。因此，农业转移人口支付的成本主要指一般意义上的市民化成本，即农村居民在地域、职业、身份、生活方式等方面向城镇居民靠拢和转变过程中产生的成本，而依据成本的显隐性特点，又分为私人显性成本和私人隐性成本，这些成本的细化可以结合一般意义上的市民化相关理论与成本的显隐性特点进行。

本书在公共治理理论视角下，结合修正后的农业转移人口市民化成本内涵，分析了政府、企业及农业转移人口作为治理主体，基于各自的治理角色与权责，通过支付市民化成本这一治理手段，达到推动农业转移人口市民化这一治理目标的治理过程。通过对该过程的分析，在明晰三大治理主体的治理责任基础上，确定了各主体成本支付范围以及二级指标考量各主体市民化成本支付状况的功能，最终揭示了相应成本指标进一步细化的理论依据（见图3-2）。

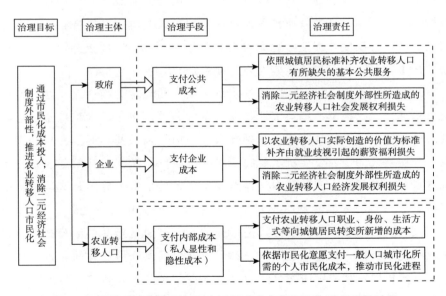

图3-2　公共治理理论视角下市民化成本支付主体与成本支付过程

①政府依据城镇居民标准，投入公共成本用于补齐农业转移人口有所缺失的基本公共服务，以此消除二元经济社会制度外部性所造成的农业转

移人口社会发展权利损失，相应公共成本指标细化应结合公共服务供给思路；②企业依据农业转移人口实际创造的价值与同工同酬理念及政策，支付企业成本用于补齐农业转移人口由就业歧视所引起的薪资福利损失，以此消除二元经济社会制度外部性所造成的农业转移人口经济发展权利损失，相应企业成本指标细化应结合就业歧视的研究；③农业转移人口依据市民化意愿支付由一般意义上人口市民化进程所带来的，用于推动职业、身份、生活方式等向城镇居民转变所新增的内部成本，成本指标细化应结合市民化过程并关注成本显隐性特点。

二　农业转移人口市民化成本二级指标的细化

本节结合修正的农业转移人口市民化成本内涵及公共治理理论视角下的成本指标细化思路，对农业转移人口市民化成本三级指标进行构建。

1. 公共成本下的三级指标

结合公共治理理论视角，政府支付的市民化公共成本是外部成本的重要构成，主要用于补齐农业转移人口有所缺失的基本公共服务，以此消除二元经济社会制度外部性所造成的农业转移人口社会发展权利损失，相应公共成本指标细化可借鉴经典的公共服务供给思路。

对基本公共服务的定义以国务院政策文件的规定为准：建立在一定社会共识基础上，根据一国经济社会发展阶段和总体水平，为维持本国经济社会的稳定、基本的社会正义和凝聚力，保护个人最基本的生存权和发展权，为实现人的全面发展所需要的基本社会条件。基本公共服务包括三个基本点：一是保障人类的基本生存需要，二是满足基本尊严和基本能力的需要，三是满足基本健康的需要（国务院发展研究中心课题组，2011b）。中国政府对公共服务的供给方式是多样的，一方面是指其供给模式，可以由政府直接提供，也可以通过政府购买或外包提供；另一方面是指其供给水平，农村居民和城镇居民之间的供给存在差异。农业转移人口市民化过程中政府的治理责任主要是推动公共服务供给水平的均等化。

由于政府提供的基本公共服务内容已通过政策形式予以明确，且学界关于该部分指标的细化已相当成熟，故本书基于《"十三五"推进基本公共服务均等化规划》《中华人民共和国国民经济和社会发展第十三个五年规划纲要》，结合公共服务供给思路下的研究成果（马庆钰，2005；安体富、任强，2007；童光辉、赵海利，2014），归纳了城镇基本公共服务类型与主要内容，并依据中国情境和农业转移人口特点对相应指标进行了调整，与国家基本公共服务供给目录相比有以下不同。

第一，市民化公共成本并未纳入残疾人基本公共服务、国防公共服务项目，其原因在于残疾人作为特殊弱势群体，国家对该群体的公共服务提供具有专项支持，且每一个公共服务项目，城乡残疾人均可享受；而国防公共服务同样基于公民身份提供。第二，一般公共服务、公共安全与环境保护是由政府直接规划、投资、调控、管理和监督的，具有纯公共性，是政府公共管理的重要职责，因此合并为公共管理成本。第三，医疗卫生主要分为公共卫生和医疗保险，公共卫生的提供和国防较为类似，是面向全体公民免费提供的，当前已实现所有居民在接受服务项目内的服务时不需要缴纳费用，农业转移人口也能够在基层卫生机构享有相应服务；医疗保险则具有明显的社会保障属性，因此将医疗保险纳入社会保障与促进就业成本项目中。

本书细化了农业转移人口市民化公共成本，得到了相应的三级指标及各指标测量数据项（见表3-5）。该指标体系在与已有研究保持一致的同时，结合政府在市民化成本支付过程中的治理角色和农业转移人口的实际情况，严格按照国家基本公共服务供给目录细化三级指标，保证了指标理论构建与具体实践的一致，避免了成本指标细化过程中的重复或遗漏；在此基础上通过使用成本测算模型与统计数据，能够详细计算各个指标的城乡供给水平差异，从而揭示推动市民化所需的相应公共成本状况。

2. 企业成本下的三级指标

从公共治理理论视角出发，在推动农业转移人口市民化过程中，企业应依据实际劳动所创造的价值与同工同酬政策，补齐农业转移人口由就业歧视所引起的薪资福利损失，以此消除二元经济社会制度外部性所造成的农业转移人口经济发展权利损失，相应产生的企业成本在指标细化过程中应结合就业歧视的研究。根据就业歧视理论与相关实证研究，由二元经济社会制度造成的农业转移人口就业歧视主要表现为就业保障歧视、就业培训歧视和就业工资歧视，这三种歧视进一步引发了农业转移人口薪资福利的受损（周萍等，2010）。因此，企业成本的支付将主要用于上述三个方面歧视的消除。

表 3-5　农业转移人口市民化公共成本的三级指标及各指标测量数据项

三级指标	数据项	三级指标	数据项
基础设施建设成本	公共交通	公共管理成本	一般公共服务
	供电、供气、给排水		公共安全
	邮政、通信和网络		环境保护
	其他基础设施	教育成本	学前教育
社会保障与促进就业成本	基本社会保障		义务教育
	医疗保险		高等教育
	促进就业服务	住房保障成本	廉租房
	其他社会保障		公租房

就业保障歧视主要指劳动合同签约和社会保障歧视，表现为农业转移人口在就业过程中，企业不愿签订劳动合同，不愿按照企业员工身份给农业转移人口缴纳各项企业职工社会保险（张体魄，2010）。《中华人民共和国劳动法》第七十二条规定："社会保险基金按照保险类型确定资金来源，逐步实行社会统筹。用人单位和劳动者必须依法参加社会保险，缴纳社会保险费。"而企业职工享有社会保险所带来的福利，也能够显著提升农业转移人口居留和长期工作意愿，提高其对工作和就业合同的满意度（李亚青等，2012）。但是，2016 年国家统计局统计结果显示，与雇主单位签订劳动合同的农业转移人口比重仅为 35.1%，比 2015 年下降 1.1 个百分点。如果没有签订劳动合同，农业转移人口在一定法律意义上就不是企业的正式职工，企业可以在很大程度上回避对社会保险的缴纳，以此降低成本，且加重了政府和农业转移人口的社保负担，其本质是就业歧视（曹信邦，2008）。

就业培训与职业培训可以显著提高农业转移人口的人力资本，对工资增长和职业地位提升具有显著正效应（李俊，2014），其中职业培训作用最显著，但先决条件是经历多次、专门培训（宋月萍、张涵爱，2015）。《中华人民共和国劳动法》第六十八条规定："用人单位应当建立职业培训制度，按照国家规定提取和使用职业培训经费，根据本单位实际，有计划地对劳动者进行职业培训。从事技术工种的劳动者，上岗前必须经过培训。"然而，由于农业转移人口的身份原因，企业与其签订就业合同的比例较低，即使签订合同也普遍存在合同不包含就业培训条款的现象，这在城镇居民身份的员工之中较少出现（勒伟，2016）。

在就业工资歧视方面，农业转移人口与城镇居民差异十分显著，城镇居民的小时工资明显偏高，农业转移人口的工资普遍存在少发、欠发情况，两群体之间工资差异的 55.2% 是由工资歧视所引起的，其中 36.2% 是由身份等直接歧视引起的，19.0% 是由反向歧视（保护城镇职工）引起的（谢嗣胜、姚先国，2006）。随着制度改革的不断推进，当前农业转移人口的工资机制正在与城镇职工趋同，但是，当农业转移人口在进入特定职业、工作和岗位时，他们所受到的歧视依旧明显，这在公有单位体现得最为突出（孙婧芳，2017）。这主要是由于城镇一级劳动力市场的竞争程度更高，由户籍身份带来的工资歧视比二级劳动力市场高 27.0%（章元、高汉，2011）。而农业转移人口市民化的实现，即城镇户籍的获得，则可以有效降低工资歧视水平（温兴祥，2017）。

农业转移人口在企业就业过程中的歧视现象主要体现在社会保障歧视、技能培训歧视和工资歧视等方面，这些歧视由二元经济社会制度带来，并直接导致农业转移人口薪资福利的受损。因此，在公共治理理论视角下结合就业歧视的研究，本书细化了企业成本并得到了相应三级指标与成本内涵（见表 3-6）。由于计算企业成本三级指标所需的数据项相对较多，且部分数据项在相应官方统计数据中并未涉及，需要依据相应的实证研究进行推测，故而本节不再对此列出，在第四章模型设计中对此进行讨论。

表 3-6　农业转移人口市民化企业成本的三级指标及成本内涵

三级指标	成本内涵
社会保障成本	按照国家规定企业应负责给农业转移人口职工缴纳（实际缺失）的各项企业职工社会保险成本
技能培训成本	按照国家规定提取并有计划地对农业转移人口职工进行职业培训（实际缺失）所产生的成本
工资歧视成本	由户籍身份歧视所造成的，与实际劳动创造价值不对等的农业转移人口职工工资收入损失

3. 私人（显性和隐性）成本下的三级指标

在政府和企业分别履行各自在市民化推进和治理过程中的责任，补齐由二元经济社会制度所带来的外部成本之后，基于市民化意愿选择市民化的农业转移人口，将与西方人口市民化理论中界定的市民化人口保持一致；结合该背景从公共治理理论视角来看，具有市民化意愿的农业转移人口在实现市民化过程中，应支付由一般意义上人口市民化进程所带来的，用于推动职业、身份、生活方式等向城镇居民转变所新增的私人成本（即内部成本），内部成本指标细化应结合市民化相关理论并关注成本显隐性特点。

市民化的一般过程是农业转移人口从常住农村转变为常住城镇，在职业、身份、生活方式等方面发生转变并达到市民（城镇居民）标准的过程。首先，在地域转变过程中，农村居民的居住地点发生迁移，居住环境发生改变，因此产生了相应的城镇住房成本。其次，职业的非农化使农业转移人口成了城镇企业职工，因此其社会保险相应转变为企业职工社会保险。再次，农村居民的社会（户籍）身份发生变化，相应地，其在农村由土地"三权"带来的收入将会受到影响，因此会产生放弃土地机会成本。最后，生活方式的变化将导致维持农业转移人口生存、发展的支出发生改变，即生活成本和智力成本。

以上成本变化相对明显，属于农业转移人口市民化内部成本中的显性成本。还有一些成本较为隐蔽、难以识别和度量，却是现阶段深刻影响市民化的成本。①社会资本匮乏是制约农业转移人口市民化的关键因素，农业转移人口边缘地位的改善、社会融入的加速、城市化的塑造都需要城镇社会资本的积累和扩大（刘传江、周玲，2004），这也是其市民化资本的关键构成与实现市民化的关键因素，因此用于日常社会交往的开支也会发生改变（王竹林，2015），故而需要对社会交往成本予以重点考虑。②使子女接受城市高水平教育是吸引农业转移人口迁移与市民化的关键因素[①]，

---

① 西安交通大学"新型城镇化与可持续发展"课题组 2018 年前后针对全国 11 省区"农村外出务工和流动人员综合社会调查"数据显示，选择"教育水平高"是城镇生活最具吸引力的农业转移人口占比为 18.37%，仅次于"就业好、收入高"（45.10%）与"生活更丰富"（21.90%）两因素；选择"教育质量低"作为农村生活不好因素的人数占比为 19.70%，仅次于"就业选择少"（32.42%）；选择"孩子上学"是购买城镇住房最大原因的人数占比为 35.92%，位列第一，显著高于"结婚需要"（23.69%）、"工作需要"（16.78%）等其他因素。

但是相比于中小城镇和农村教育市场选择小的情况，通过地理迁移改变常住地来到较大规模城市，农业转移人口所面对的教育选择度提高和教育选择机会成本明显增多，用于一系列教育相关费用的开支也可能增加，为了促进子女受教育水平的提高，保证其尽快拥有并有效提升城镇生活、发展与融入水平，需要对教育资源、教育产品进行筛选和投资，因此产生了子女教育机会成本（邬志辉、李静美，2016）。③农业转移人口成为城镇居民之后，将完全进入城镇劳动力市场，面临相应的竞争和失业风险，而如果没有转变户籍身份并实现市民化，则在城镇失业之后还能够返乡务农，因此市民化将会给农业转移人口带来相应的失业风险成本。总之，社会交往成本、子女教育机会成本与失业风险成本的发生均为概率事件，具有机会成本属性，但此三项成本又是市民化过程中发生概率较高，且发生时需要农业转移人口直接支付从而保证市民化进程所产生的成本（杜海峰等，2015），因此必须予以考虑和分析。由于这些成本的隐性特点，官方统计数据并未对其进行相应测量，本书主要使用调查数据并结合相应实证研究，通过测算模型对其予以计算。

基于市民化相关理论分析市民化进程进而揭示相应成本产生原因，在考虑成本显隐性特点基础上，将内部成本划分为私人显性成本和私人隐性成本。其中，私人显性成本下的三级指标包括生活成本、智力成本、住房成本、社会保障成本、放弃土地机会成本；私人隐性成本下的三级指标包括社会交往成本、子女教育机会成本、失业风险成本（见表3-7）。由于数据项相对较多，且部分数据需要通过模型测算获得，故指标与数据项的对应情况见第四章模型设计部分。

表 3-7 农业转移人口市民化私人显性成本与私人隐性成本下的三级指标

三级指标	市民化进程	成本产生原因	成本显隐性
住房成本	常住地改变	居住地点从农村转变为城镇，居住环境同步发生变化	私人显性成本
子女教育机会成本		城市可供选择的教育资源和教育产品增加，需要对其进行筛选与投资	私人隐性成本

三级指标	市民化进程	成本产生原因	成本显隐性
社会保障成本	职业转变	农民转变为城镇企业职工，居民社会保险转变为企业职工社会保险	私人显性成本
放弃土地机会成本	户籍身份变化	由农村居民转变为城镇居民，土地"三权"带来的收入随之变化	私人显性成本
失业风险成本		户籍身份变化将导致土地承包权的收回，其在城镇失业后将不能返乡务农	私人隐性成本
生活成本	生活方式改变	维持基本生存所需的基本支出发生变化	私人显性成本
智力成本		保证城镇发展所需的基本支出发生变化	私人显性成本
社会交往成本		维持社会关系、扩大社会资本、促进社会融入所需成本发生变化	私人隐性成本

三 农业转移人口市民化成本三级指标体系的说明

在揭示了二元经济社会制度造成农业转移人口市民化过程存在外部性，且其不同于西方一般人口城市化进程的前提下，本章论证了农业转移人口市民化不仅包括一般意义上的人口城市化过程，还包括农业转移人口公共服务和薪资福利分配中外部性的矫正过程（依据城镇居民标准补齐农业转移人口社会发展权利和经济发展权利损失的过程）。据此结合社会成本下的相关理论，将农业转移人口市民化成本内涵从"保障城市发展的新增公共成本，以及维持城市生活的新增私人成本"修正为"补齐公共服务和薪资福利损失的外部成本，以及推动职业、身份、生活方式等向城镇居民转变的内部成本"，从而将市民化成本一级指标调整为内部成本和外部成本，增进了指标对中国实际情境的拟合。

在论证农业转移人口市民化及成本支付是公共治理问题的基础上，以公共治理理论为切入点，阐述了政府、企业以支付公共成本和企业成本为治理手段，用于补齐农业转移人口社会发展权利和经济发展权利的缺失，农业转移人口通过支付私人显性成本和私人隐性成本的治理手段，推动职业、身份、生活方式等向城镇居民转变，最终达到消除市民化外部性、推动市民化进程这一治理目标，由此明确了二级指标细化思路，并在考虑成本显隐性特点的基础上，构建了三级指标。最终结合各级指标设计过程中的理论与实践意义，赋予了一级指标考量外部性、二级指标考量各主体成本支付情况、三级指标考量重点支出项目的理论与现实功能，形成了农业转移人口市民化成本指标体系（见图3-3）。

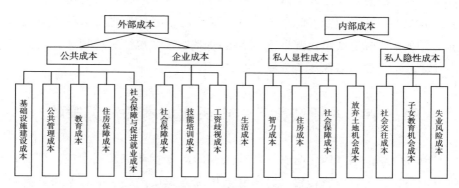

图3-3　农业转移人口市民化成本指标体系

　　与学界已有研究相比，该指标体系的构建过程更加注重理论分析，以及各级指标理论与现实功能的明确，并着重考虑了二元经济社会制度对中国市民化进程及成本的影响。①基于社会成本理论与中国现实情境，在对市民化成本内涵进行本土化修正基础上，同步对一级指标进行了本土化修正，并揭示了成本多主体支付的原因；②通过公共治理的引入，剖析每个成本支付主体在市民化与成本支付过程中的权责，推导出二级指标细化的理论原因与具体依据，弥补了以往研究在宏观指标细化过程中理论依据不明的缺陷；③结合各二级指标细化理论，并关注成本的显隐性特点，完成了三级指标体系的构建，为市民化成本支付主体确定及支付项目界定提供了理论借鉴，实现了对既有三大经典思路的整合、衔接与创新。本书基本实现了市民化成本指标体系构建的理论化，由此在较大概率上避免了成本项目之间的重复、遗漏和偏误现象，总体具有一定的创新性。

　　需要指出的是，本书所构建的农业转移人口市民化成本指标体系（见图3-3）中，一级、二级指标是基于中国二元经济社会制度现状以及城镇化和市民化的推进背景，结合社会成本、公共治理理论所形成的。而无论在何种城镇化类型下，城乡之间各方面制度安排的"二元"特性均将存在，制度改革和公共治理过程中所涉及的相关主体也会保持一致。但是，不同城镇化类型之间在具体社会经济情境、路径机制等方面的不同，会使市民化过程中的制度改革方式、社会转变模式、经济变革路径等产生较大差异，一些较为具体的成本指标与数据项目金额和构成将会有所变化，且主要集中于三级指标。因此，图3-3所显示的指标体系主要适用于异地城镇化；在就地就近城镇化背景下，需要对部分三级指标进行调整，具体指标调整思路及最终指标体系见第五章。

第三节　农业转移人口市民化成本的测算策略

通过梳理中国城镇化与农业转移人口的新老特征与发展状况，剖析目前与未来城镇化、农业转移人口的基本情况与发展趋势；结合本书研究目标及市民化成本各级指标理论含义，提出农业转移人口市民化成本测算的思路、维度、前提假设及测算框架。

一　中国城镇化特点与农业转移人口特征

中国城镇化发展至今，虽取得了一系列成绩，但也带来了诸多深层次问题。与此同时，许多区域出现了一些新的城镇化现象和趋势，农业转移人口内部也展现出一些新特征。这些"老特点"与"新特征"不仅深刻影响着城镇化和市民化，也深刻影响着市民化成本的测算。本书对此进行系统梳理，为后续测算策略的形成奠定基础。

1. 中国城镇化的特点与未来发展趋势

改革开放以来，中国城镇化率从1978年的17.92%提高到2017年的58.52%，城镇人口达到7.11亿人，形成了一批具有国际竞争力的中心城市和城市圈，解决了大量农村剩余劳动力就业问题，有力推动了国家现代化进程。然而，由于城乡二元结构和二元体制的存在，加之其他一系列制度政策安排，中国城镇化在快速发展过程中也产生了诸多问题。

（1）区域间城镇化发展不平衡，异地城镇化背景下市民化进展较缓

改革开放后实行的"先富带动后富"政策，虽使广大东部沿海地区

和小部分内陆中心城市率先得到发展，由此形成了农业转移人口从中西部地区向东部沿海地区，从偏远落后农村向大型城市，长距离跨省、跨市流动的异地城镇化，但异地城镇化发展至今也带来了严重的不平衡与极化问题，中国东部与中西部地区之间的城镇化发展程度存在显著差异。本书整理了2008~2017年国家统计局数据，绘制了中国各省份近十年城镇化率平均速度和城镇化率情况简图，从中可发现城镇化率较高的省份多数处于东部沿海地区，城镇化率超过或即将达到70.00%，中西部省份城镇化率则多处于50.00%左右，其中西藏尚未达到30.00%（见图3-4）。

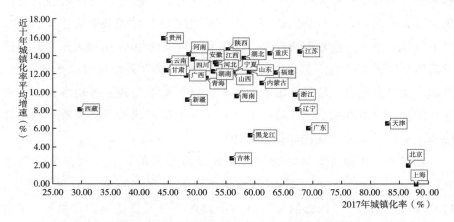

图3-4　中国各省份2017年城镇化率与2008~2017年城镇化率平均增速情况

异地城镇化背景下，仅有约10%的农业转移人口选择举家进城务工，且多数农业转移人口不能实现市民化，这不仅带来了东部地区严重的"大城市病"问题，还造成了广大农村"三留"问题（廖永伦，2015）。此外，农业转移人口的大量流出极大改变了乡镇、农村的人口数量和人口结构，使这些地区产生了严重的"空心化""原子化""内卷化"现象，对基层治理和可持续发展产生了显著负影响（杜海峰、顾东东，2017）。国家统计局数据显示，2017年中国大陆有约2.26亿人属于尚未实现市民化的农业转移人口。有学者指出，农业转移人口异地长距离流动不利于工作、生活的稳定，大型城市的多重限制也导致市民化进展的缓慢，如果长期在城镇没有工作和居所，不仅不利于城市管理，还将会有"游民化"倾向，给社会稳定带来一定风险（刘洪银，2013b）。当前，农业转移人口已成为中国城市工业、服务业的重要劳动力，在人口红利逐渐消失的背景下，大量农业转移人口如果依然无法留居城镇，将会造成城镇产业缺乏稳定基础，影响城镇化发展的综合稳健性。

（2）中西部中小城镇就地就近城镇化趋势明显

绝大多数农业转移人口具有明显的家乡情结，其内心更加倾向于"离土不离乡"的工作、生活模式，但受工作机会、职业限制、工资收入等因素的影响，被"推"到了"他乡"，一旦比较优势不再明显，将会有大量返乡务工的农业转移人口（杜巍等，2018）。金三林（2015）通过调查发现，跨省流动的农业转移人口中，约50%愿意在户籍地长期居住，约60%以上打算将来回户籍地周边购房、建房和养老，约40%明确表示愿意回到户籍地县城或乡镇购房、建房，约50%愿意回到户籍地县城或乡镇养老。然而，受家乡城镇户籍制度因素的影响，城乡基本公共服务均等化的实现存在困难，故而导致了农业转移人口在家乡城镇就地就近实现市民化的意愿和比率同样偏低（沈滨、赵蕾，2014）。

近年来，中西部地区加快了对东部沿海地区的产业承接，农业转移人口的工资、福利、用工环境得到了改善，为农业转移人口返乡务工、创业提供了条件。《国务院关于进一步推进户籍制度改革的意见》（国发〔2014〕25号）、《国家发展改革委关于实施2018年推进新型城镇化建设重点任务的通知》等文件明确提出，全面放开中小城市和建制镇落户限制，中西部中小城镇吸引了越来越多异地农业转移人口返乡务工，就地就近城镇化现象越发明显。国家统计局数据显示，2017年全国农业转移人口中，就地就近流动就业的人口占总人数的55.3%，比2012年提高了2.1个百分点。其中，中部地区农业转移人口就地就近就业比例从2012年的33.8%上升到2017年的38.7%，上升了4.9个百分点；西部地区从2012年的43.4%上升到2017年的49.0%，上升了5.6个百分点。

有学者研究发现，农业转移人口群体的生存现状伴随经济社会发展得到不断改善，但相比于城镇居民依然存在明显不足，群体内部产生了明显的相对剥夺感，故而群体的福利诉求已经从早期的收入水平提升、得到基本社会保障，转变为对平等就业权、平等公共服务享有权等平等公民权利的诉求，高收入农业转移人口群体和低龄化群体（第二代农业转移人口）对于福利的诉求更加强烈也更加敏感（齐红倩等，2018）。但在短期内，城市特别是大型城市依然存在福利与户籍相挂钩的制度，农业转移人口在异地大城市实现市民化十分困难；农业转移人口在中小城镇实现市民化的难度相对较低，而市民化又能满足其对公平福利的诉求。因此，就地就近城镇化不仅会逐渐成为中国城镇化当前和未来的主要类型，而且在就地就近城镇化类型下实现市民化的"新市民"，其生活整体满意度也高于异地城镇化（Chen et al.，2015b）。

2. 农业转移人口的特征与变化

中国农业转移人口市民化分为"迁出农村"和"定居城镇"两个阶段，在完成第一阶段后，第二阶段较难实现（章铮，2006），由此导致了农业转移人口在城乡间的"钟摆式"迁移，也促使城乡形成"二元结构"。农业转移人口被迫"就业在城市，户籍在农村；工作在城市，家属在农村；收入在城市，积累在农村；生活在城市，根基在农村"，体现了农业转移人口迁移过程中存在不包容、不均衡和不可持续问题，具体表现为定居落户难、公共服务享受难、社会融合度低、区域流动不均衡、大城市和小城镇分布不协调（赵继颖等，2014）。段成荣等（2008）曾将农业转移人口的流动特征总结为流动普遍化、原因经济化、时间长期化、流入地沿海集中化、年龄结构成年化、性别构成均衡化、女性人口流动自主化等。当前，上述特征有些依然存在，有些已发生变化，一些新的现象相继出现。

（1）流动务工模式发生改变

"农转非"曾是中国农业人口的普遍愿望，一些由于拆迁、规划等因素实现被动市民化的农民曾因此十分欣喜。然而，当前农民内部对"农转非"的认识和态度却差异很大。随着一系列制度改革，农村"三权"不断溢值，"农转非"后，农民虽然能享受社保和公共服务等福利，但仅靠社保等福利所带来的利益，实际上其成了城镇最低收入阶层，远不如"承包地、宅基地"甚至不如"房前屋后，种瓜种豆"的利益实在，加之部分大中城市严格的户籍限制，由此降低了农业转移人口市民化甚至是外出流动务工的动机，使农业转移人口的务工流动模式产生分化（李强，2013）。

市民化意愿较强的中青年农业转移人口，依然较多采取异地流动模式在东部沿海大城市务工，并像城镇居民一样长期在城市工作和生活，其务工平均时间为 8 年，在同一城市就业和居住的平均时间为 5.3 年（相征、赵鑫，2013）。而一些市民化意愿不强，但期望在农闲时期提高收入或不愿继续从事过多农业劳动的农业转移人口，则较多采取就地就近流动模式在附近县、镇辖区内务工，这部分群体流动性大、就业短工化明显；还有一部分农业转移人口市民化意愿较强，但受到故土情结、社会歧视、照看子女和老人等文化与家庭因素影响，也在家乡附近县、镇辖区内务工，这部分群体则流动性小、就业长期化明显（蔡泽昊、俞贺楠，2014）。

总体上，当前农业转移人口的流动务工模式，既有长期稳定在城市就业生活的，也有仅在农闲季节进城务工的，还有尚处于流动状态未确定今后工作、生活地点的，但总的趋势是第三种类型正不断向第一种类型转化（郑功成、黄黎若莲，2006）；同时，长距离异地迁移务工和短距离就地就近务工的模式将长期并存，就地就近流动迁移过程中夫妻化、家庭化现象更加明显且不断增多（辜胜阻等，2014）。

（2）群体内部产生显著分化

农业转移人口历经 30 余年的发展，其内部已经发生了诸多变化，主要体现在人口结构、代际差异两个方面。

第一，人口结构逐步从以中青年劳动力年龄段为主，向低龄化、老龄化两极化发展，且异地就业和就地就近就业模式下的农业转移人口年龄差异较大。农业转移人口主要由农村人口转变而来，而不同省份的农村人口和中国总人口一样，已经来到或即将来到"人口拐点"。国家统计局数据显示，2013~2017 年，农业转移人口的平均年龄总体在提高，50 岁以上的农业转移人口所占比重快速增加的同时，新生代农业转移人口（1980 年之后出生）逐渐成为农业转移人口的主体，2017 年占总人数的 50.5%（见表3-8）；与此同时，从农业转移人口的流动与就业地看，就地就近就业的农业转移人口平均年龄为 44.8 岁，异地就业的农业转移人口平均年龄为

34.3 岁，均呈逐年上升态势。

表 3-8　中国农业转移人口的年龄分布变化

单位：%

	2013 年	2014 年	2015 年	2016 年	2017 年
16～20 岁	4.7	3.5	3.7	3.3	2.6
21～30 岁	30.8	30.2	29.2	28.6	27.3
31～40 岁	22.9	22.8	22.3	22.0	22.5
41～50 岁	26.4	26.4	26.9	27.0	26.3
50 岁以上	15.2	17.1	17.9	19.1	21.3
新生代	46.6	47.0	48.5	49.7	50.5

　　第二，农业转移人口群体在阶层、市民化意愿、能力、诉求等多方面产生分化，突出表现为新生代与上一代之间的差异。伴随城镇化推进，中国市场转型和权力转变共同作用于农业转移人口群体，群体内部社会阶层结构和再分配秩序受到多种因素共同影响，处于不断变化和再塑过程中。一方面，农业转移人口历经多年打拼，实现了阶层的整体向上流动，一部分人群已通过阶层流动获得较高社会地位，多数群体从事非农化职业，属于雇员阶层和蓝领阶层，阶层结构已呈"金字塔形"。另一方面，新生代农业转移人口普遍实现了阶层代际的提升，农业转移人口群体已经产生层级分化（见图 3-5）（顾东东等，2016）。与上一代相比，新生代的受教育程度、职业技术水平较高，迁移和务工动机较倾向于"见世面""学手艺""实现个人理想"，对农村、土地的依赖相对较小，融入城镇的意愿较强，在城镇长时间的工作、生活也使其在态度、习惯、价值观方面与城镇居民趋同，未来返乡务农概率较小（杜海峰等，2015）。同时，新生代农业转移人口比上一代具有更强的公平诉求和权利意识（公民权意识），对公共服务均等化、工资和福利保障一致化等的渴望十分强烈，公平感知度则对其留城和市民化意愿具有显著影响（钱文荣、李宝值，2013）。

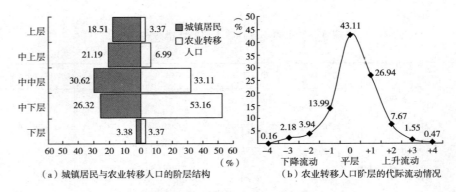

图3-5　城镇居民与农业转移人口的阶层结构和
农业转移人口阶层的代际流动情况

二　异地城镇化与就地就近城镇化的界定

新型城镇化战略实施以来，农业转移人口在向东部沿海地区大中城市集聚的同时，中西部地区农业转移人口就地就近在市县内务工就业的比例明显增加，这意味着中国在传统异地城镇化之外，形成了人口的就地就近城镇化（靳小怡、段朱清，2017）。目前，越来越多的农业转移人口能够基于意愿，灵活选择异地和就地就近两种城镇化路径实现市民化，两种城镇化类型的协调发展也解决了诸多中国城镇化推进过程中产生的问题（宋艳姣，2017）。本节通过梳理对比这两种城镇化的核心特征与发展路径，对其进行相应界定。

1. 异地城镇化的核心特征与发展路径

《国家新型城镇化规划（2014—2020 年）》将城镇化明确定义为，伴随工业化发展，非农产业在城镇集聚、农村人口向城镇集中的自然历史过程。西方一般的城镇化过程与市民化过程是同步进行的，农业转移人口从农村地区迁入城镇居住、生产和生活（张培刚、张建华，2009）。但由于特殊的时代背景以及社会经济发展条件限制，中国通过户籍、土地的制度安排，实行了"先富带动后富"政策，使广大东部沿海地区和小部分内陆中心城市率先得到发展，由此形成了以农业转移人口从中西部地区向东部沿海地区，从偏远落后农村向大型城市，长距离跨省、跨市流动为主要特点的异地城镇化（应婉云等，2015）。该模式发展至今，在东部沿海地区培育了一批具有国际竞争力的城市并形成了城市群，其中"珠三角"与"长三角"最具代表性（徐绍史，2016）。这些城市群综合发展水平高于全国平均水平，是重要的人口流入地，吸引了大量农业转移人口跨省、跨市迁移务工。

然而，从发达国家和区域的城镇化发展经验来看，成熟、健康与可持续的城镇化模式应是中心大城市、外围中小城镇、广大农村地区形成具有紧密联系的有机整体，并通过以农业转移人口为主的劳动力在区域内的经济活动把整个区域城镇体系整合起来实现一体化。但是，中国的异地城镇化模式较难实现该一体化模式，农业转移人口的远距离跨省、跨市流动造成人力等多种资源无法较好地在人口流出地和人口流入地之间交流，健康的城镇发展体系与自我运转的有活力的经济社会协作链难以形成，区域间协调发展、城乡一体化和城镇反哺农村较难实现（李强等，2017）。与此同时，异地城镇化背景下农业转移人口在就业过程中存在普遍的就业歧视和一定的地域歧视情况，农业转移人口在社会融入的诸多方面存在困难（Zhang and Wu，2016），而较高的迁移成本与落户条件还造成了严峻的"三留"问题，流出地和流入地的地方政府之间也存在财税体制和转移支付的限制（戴琼瑶、张启文，2018），造成了农业转移人口权益保障的困难。

从长期来看，对于作为人口流入地的大型城市来讲，囿于城市承载力以及产业发展高端化，短时间内很难大规模放开户籍限制，对农业转移人口的需求也逐步向小批量、高层次、年轻化转变，故而多数农业转移人口实现市民化的难度依然较大，相应城镇社会权利和公共服务享受存在缺失，多方面的歧视也将并存（Wu and Zhang，2018）。另外，中国目前的社会保障体系统筹层次相对偏低，在短时间内实现省内和全国统筹难度较大，农业转移人口长距离流动迁移意味着要退保并再次参保，面临统筹账户的利益损失（沈燕、邓大松，2015）。此外，长距离异地迁移导致农业转移人口既有土地及房屋长时间闲置，与之对应的是其在城市住房问题的突出，以及农村建设用地的实际荒废和城镇建设用地的相对紧缺（李飞、杜云素，

2013)。总之，异地城镇化模式导致农业转移人口大量长距离流出，造成了人口流出区域劳动力的缺失以及"空心化"、多群体留守等问题，并催生了流入地"大城市病"等问题（Shen et al., 2018）。

2. 就地就近城镇化的核心特征与发展路径

就地就近城镇化是相对于异地城镇化的另一种城镇化类型，其理论渊源可以追溯到费孝通先生所提出的小城镇发展理论（费孝通，1984）。此后，伴随中国城镇化的不断发展，先后有学者指出，农业转移人口异地转移模式应与就地就近转移模式相互补充（宋舍平、陈成忠，1997），农业转移人口以往过高比例的长距离异地流动给当前带来了沉重的社会经济代价，应在经济社会与城镇化发展到一定水平后，逐步推进就地就近城镇化模式以引导农村剩余劳动力就近就地转移（辜胜阻、杨威，2012），作为农业转移人口重要流出地的中西部地区，即使无法完全复制东部地区的先发经验，但产业转移能够成为中西部地区就地就近城镇化的动力来源（裴新生，2013）。在此基础上，Zhu（2010）首次提出了相对清晰的就地就近城镇化概念，即大量乡村聚落和农村人口在没有经过大规模空间转移的前提下，实现了向城镇转移与向市民转化的现象。此后，学者从空间和内涵两个角度进行了补充，在空间上补充了农业转移人口在市内、县内依托县城和中小城镇进行市民化，在内涵上则补充了农业转移人口职业转变、生活方式转变、公共服务城乡一体化等内容。

对于农业转移人口来讲，就地就近城镇化能够在最大限度上实现其"离土不离乡、就业不离家、举家进城镇、就地市民化"的意愿，有利于消除由人口长距离跨区域流动所带来的诸多问题；对于国家和政府来讲，就地就近城镇化有利于统筹区域间协调发展、促进大中小城市合理布局、减少城镇化制度障碍、保障中国农业与乡村可持续发展（Su et al., 2015）。因此，就地就近城镇化符合农业转移人口"离土不离乡"的普遍愿望，契合中国人故土难离的情结，不仅是解决中国目前城镇化问题的有效途径，也是实现"以人为核心的城镇化"的必然要求。

当前，就地就近城镇化主要集中于中西部地区的中小城镇，这些城镇曾是典型的人口流出地，城镇化率相对较低。新型城镇化战略实施以来，受益于多方面的政策支持，这些中西部地区的中小城镇通过承接东部地区的劳动密集型产业,对农业转移人口的需求日渐旺盛,逐步成为城镇人口增长与城镇化率提升的主要城镇。已有研究表明,只有城镇人口达到一定规模,才能保证城镇经济有效率运行,低于 25 万人的城市的发展是低效的,这一标准正好是中国多数县域城市的人口平均标准(牛文,2003)。而以农业转移人口家乡居住地附近具备一定人口规模和基础的县域作为就地就近城镇化的核心,不仅能够创造更多就业机会,避免人口长距离迁移,还有利于农业转移人口市民化后的文化认同、习俗认同、生活认同与社会融入(李强等,2015)。因此,中西部地区的县级城市是就地就近城镇化模式的主要城市,对该类型城市的研究可以较好反映就地就近城镇化背景下农业转移人口市民化的基本情况。

3. 两种城镇化类型的界定标准

总结两种城镇化类型的研究及实践,结合城镇化相关理论及前文数据梳理结果,可以发现两种城镇化类型均强调了农业转移人口市民化、公共服务均等化,但不同城镇化类型所分布的地理区位、所处的发展阶段、所辖的农业转移人口流动特点等并不相同(熊雯,2016)。本书通过总结这些核心特征,得到两种城镇化类型的界定标准,如表 3-9 所示。

表 3-9 两种城镇化类型的界定标准

项目	异地城镇化	就地就近城镇化
地理区位	东部地区	中西部地区
城镇化阶段	成熟阶段	快速发展阶段
城镇规模类型	大中型及以上城市	县城及中小城镇
人口流动特点	跨省、跨市异地流动	市内、县内就地就近流动
劳动力需求特点	高层次、年轻化	稳定化、大批量

第一,异地城镇化类型。农业转移人口的流动迁移以跨省、跨市异地长距离流动为主,多存在于东部沿海地区省份的大中型及以上城市,区域内城市差异较小且基本达到或即将达到城镇化的成熟阶段,当前及未来区域内的城镇化率增速将逐步放缓,经济主导产业模式向创新型转变,对农业转移人口的需求逐渐向高层次、年轻化的劳动力阶段人口转变,农业转

移人口市民化难度更大但人口发展"天花板"更高。

第二，就地就近城镇化类型。农业转移人口流动迁移以市内、县内的短距离就地就近流动为主，多存在于中西部地区的县城及中小城镇，区域内城市间差异较大且尚处于快速发展阶段的前半段和中段，当前及未来城镇化率提高速度较快，区域内中小城镇将积极承接要素型驱动的相关产业，对农业转移人口的需求以稳定化、大批量为主，农业转移人口市民化难度较小且发展潜力较大。

根据城市发展阶段理论、区域发展不平衡理论和梯度理论可知，处于不同城镇化阶段和模式的地区，地区间的人口聚集程度、工业化和现代化水平均不相同，相应的政府财政、政府税收、居民收入、居民消费等多个经济社会指标值也会存在差异，由此产生的市民化成本也将不同。

三 基于不同城镇化类型的市民化成本测算及预测方案

本节针对中国城镇化的特点与农业转移人口特征，提出基于异地城镇化背景和就地就近城镇化背景分别测算市民化成本，以及就地就近城镇化背景下静态测算与动态预测相结合的市民化成本测算思路，并对测算思路的合理性和必要性进行论证和说明。

1. 基于异地和就地就近城镇化背景分别测算市民化成本

根据前文理论回顾和特征分析发现，中国城镇化发展和农业转移人口内部情况已发生深刻变化，这些变化决定了无论是在实践意义上还是在学术需求上，都需要农业转移人口市民化成本测算研究基于不同城镇化背景分别讨论。

第一，从城镇化发展历程、趋势、需求和农业转移人口变化特点看，中国以往的城镇化发展模式对于人的城镇化关注较少，人口在大量流向东部和大城市的同时，区域和人群之间各方面的差距也不断扩大（刘嘉汉、罗蓉，2011）。如果按照目前的城镇化状况继续发展至2030年，届时中国城镇化率排名将在前20%和后20%的城市之间，城镇化率差距将至少达到30个百分点（EIU，2014），而只有使城镇化长期作用于市民化，差距才会逐步缩小（吴先华，2011）。考虑到人口城镇化受阻、城市承载力的客观限制、农业转移人口内部分化、不同区域和城市产业对劳动力需求的差异，国家提出了新型城镇化战略，通过"三个 1 亿人"的带动，推动大中小城市和小城镇协调发展，东部、中部、西部均衡发展（高宏伟、张艺术，2015），促进中国城镇化从数量型增长向质量型增长转变（盛广耀，2013），让中国新型城镇化从异地城镇化"一条腿走路"，变为与就地就近城镇化一同的"两条腿走路"（钟顺昌，2013）。伴随上述制度政策的变化，国家对中西部地区县城、集镇的财政投资和政策倾斜加大，区域内的基础设施建设、综合服务水平、整体居住环境不断改善，相应入户门槛也不断降低，加之区域内对产业的积极承接，且与城镇居民属于同一文化圈，就地就近城镇化背景下的农业转移人口市民化比例正在不断提升。

第二，从市民化成本与测算研究角度看，就地就近城镇化是依托本地、周边和返乡农业转移人口在家乡及附近城镇（特别是中小城镇）创业、就业，逐步在户籍地实现职业、身份、生活方式等各方面的市民化（许经勇，2003；张秀娥，2013；Chen et al.，2015a）。由于社会经济情境、模式机理、路径机制均与异地城镇化不同，就地就近城镇化背景下的农业转移人口市民化过程中的户籍管理、社会保障、土地流转等制度改革成本，社会接纳、文化适应、网络构建等社会转变成本，资源占有、福利分配、转移支付等经济变革成本，均会发生较大改变，成本指标体系、成本具体金额都将有所变化，传统城乡二元概念框架和聚落分类基础之上的人口异地城镇化研究、市民化成本与测算研究均难以充分适用（Liu et al.，2014；Chen and Ye，2014；周鹏、王卫琴，2015）。加之中国农业转移人口市民化和西方人口城市化的天然差别，相应成本研究的方法和关注点不同，可供直接借鉴的国外理论比较有限（王晓丽，2013；Wang et al.，2015）；国内的市民化成本与测算研究多基于异地城镇化背景，虽有学者指出不同区域及不同规模城镇的市民化成本具有差异，但所使用的指标、算法、模型与异地城镇化背景下的相同，较难客观反映就地就近城镇化背景下的农业转移人口市民化成本真实情况（王桂新等，2008；Gu et al.，2012）。因此，基于异地城镇化和就地就近城镇化背景下的农业转移人口市民化成本与测算研究具有较大不同，相应测算指标与测算模型差异较大，需分别考虑和设计。

总之，国家城镇化政策的丰富，不同城镇市场对劳动力需求的差异，农业转移人口内部多方面的分化，使农业转移人口市民化的地点选择多样化；而不同城镇化阶段、不同城镇化类型，又会引起农业转移人口市民化成本的不同。因此，对农业转移人口市民化成本与测算的研究应基于不同城镇化背景分别讨论。

2. 就地就近城镇化背景下静态测算与动态预测相结合的市民化成本思路

学界目前使用的市民化成本测算模型的基本思想是依据成本指标层级，通过数据项金额的加总，最终得到各成本指标的实际金额（冯俏彬，2014）。该方法在实践中便于操作，在学术上也有较强适用性，学界多使用这一模型并取得了一系列成果（单菁菁，2015）。然而，既有方法受限于自身的"静态"特性，使其在城镇化率快速提高、家庭化迁移增加、市民化人口结构逐渐多元化的就地就近城镇化中，应用范围受到局限。其主要原因在于以下方面。

第一，既有成本指标和测算模型主要针对劳动力年龄人口进行设计，通过使用历年数据测算市民化成本，并根据测算结果判定市民化成本的基本特征与变化规律，最终得出相关结论。人口指标（人口总数、人口结构）和人均成本是测算成本总额的关键，在两项指标不发生较大变化的前提下，测算所得结果及结论具有较强指导价值和现实意义。但是，在家庭化迁移逐渐增加的情况下，农业转移人口市民化人口的年龄结构将逐渐多元化，而非全部或绝大部分集中于劳动力年龄段，由此将使人口指标与人均成本发生变化，并进一步导致既有成本指标和测算模型的适用性降低、相关结果和结论存疑。

第二，依据城镇化相关理论，高城镇化率（城镇化率接近或超过70%）地区的城镇建设与发展模式基本定型，历年市民化人口数量变动小、人口年龄集中，以劳动力阶段人口为主，因此人均成本与人口指标变化呈现稳定性和规律性（欧阳力胜，2013），静态测算模型所得结果在未来变化概率相对较小；城镇化率快速变化（城镇化率在30%~70%变化）地区的城镇建设与发展模式变化较大，相应人均成本的变化规律并不稳定，加之家庭化迁移模式的逐渐兴起，将导致未来市民化人口数量变化的不规律、非劳动力阶段市民化人口的增加、人口年龄差异显著（Williamson，

1965；Vernon，1966），静态测算模型所得结果在未来变化概率相对较大。

在高城镇化率地区（城镇化率增速趋缓），静态测算模型所得相关结论对当前和未来均有借鉴价值。在城镇化率快速变化地区，囿于当前测算方法以及人均成本和人口指标的变化特征，测算结果与结论对未来的可用性受到局限。这就需要通过方法创新构建动态预测模型，在实际预测分析未来成本基本情况的基础上，总结相关规律和结论，并对既有结论进行对比验证，以此提高测算结果和预测结论的准确性。根据前文分析，城镇化率较高地区多存在于异地城镇化地区，城镇化率变化较快地区则多存在于就地就近城镇化地区。

因此对异地城镇化背景下的市民化成本测算采用静态模型即可有效分析成本现状并给出相关结论，市民化人口结构的较小变化将保证这些结论在未来同样适用；对就地就近城镇化背景下的市民化成本测算首先设计静态模型作为基准模型，在此基础上考虑未来市民化人口结构多元化的影响对模型进行动态优化，进而通过静态测算与动态预测相结合的手段，实现对当前成本和未来成本的准确计量。

3. 农业转移人口市民化成本的测算标准

农业转移人口市民化既是个人行为也是家庭综合决策，相应市民化成本测算标准既可以以个人为单位，也可以以家庭为单位。学界目前对于这一测算标准的处理与选择多是在指标设计过程中考虑家庭的影响因素，但在最后模型构建与测算结果中以全社会新增一名市民化人口所需的人均成本形式予以呈现（姚明明，2015）。其原因在于，农业转移人口的家庭结构并不一致，在市民化进程中也并非尽数实现迁移和市民化，而相应测算所使用的统计数据又缺乏对于市民化人口家庭结构的测量指标；但是，通过将家庭结构进行标准化处理，即通过区域内市民化总成本除以区域内市民化人数的方式，求得区域内新增一名市民化人口需要的"标准"成本，不仅有利于消除家庭结构差异带来的测算干扰，同时由于指标体系中包含家庭因素，又在一定程度上反映了家庭影响。

基于上述优点，本书在农业转移人口市民化成本测算标准上，与学界主流研究保持一致，主要测算区域内历年新增一名市民化人口所需的"标准"成本。

四 农业转移人口市民化成本的测算维度

在测算维度选择上，主要基于研究目标、结合各级指标理论内涵进行。首先，测算各级指标年人均成本，并计算一级、二级指标年人均成本在年人均总成本中的占比情况；其次，结合历年市民化人口总数，重点测算区域内政府和企业每年所需支付的公共成本和企业成本总额；最后，通过计算公共成本总额、企业成本总额、内部年人均成本分别占区域内政府财政支出、区域内城镇职工工资总支出、区域内城镇职工年均工资的比例，评估每年三大成本支付主体的市民化成本支付压力。

第一，农业转移人口市民化年人均成本是成本测算的基础，是学界在测算研究中的主流测算维度，指每年新增加一名农业转移人口各指标需要增加的成本。之所以使用边际概念而非使用累加概念测算市民化前和市民化后数年的总成本，是因为农业转移人口一旦实现市民化，那么农业转移人口将会消失并被城镇"新市民"所代替，政府和企业就应按照城镇居民水平一视同仁地对该群体投入相关费用，以保证"新市民"各项福利待遇的公平享有，这也符合法律制度对人口身份的界定和要求。与之对应，"新市民"也会以城镇居民身份向政府按章纳税、为企业创造收益，并且其在市民化后带来的总收益呈逐年增加趋势（周春山、杨高，2015；卫龙宝、王文亭，2018），所以相关成本增加的同时"新市民"对社会各方的贡献同步增加，两者将在市民化后的历年中相互抵消，故不宜将持续性成本视为政府和企业的"负担"，因此将其纳入市民化成本进行计算（孙永正，2016）。此外，由于并不清楚相关人口的详细情况，所以无法确认持续性成本产生和结束的周期，如果贸然进行计算会有较大概率导致相关成本测算结果偏误的产生。

第二，对市民化成本结构的测算是另一主要维度，通过计算一级、二级指标年人均成本在年人均总成本中的占比实现。在农业转移人口市民化成本指标体系构建过程中，一级指标主要从社会成本理论入手，侧重于对市民化外部性的考量；二级指标主要从公共治理理论入手，重点揭示各成本支付主体在成本支付过程中的角色。虽然各级指标的理论内涵不同，但对于一级、二级指标理论内涵的揭示，均可通过指标年人均成本在年人均总成本中的占比实现，即通过观测一级、二级各指标的年人均成本基本结构实现。需要指出的是，三级指标重点在于对市民化成本支出过程中关键成本项目的识别，通过指标间的层级包含关系可以明确其所属的成本支付主体，而通过对比各三级指标的年人均成本大小，即可直接明确各主体在成本支付过程中的主要成本支出项目，故而对其不再进一步进行比例分析。

第三，测算政府、企业及农业转移人口历年的成本支付压力是成本测算的第三个主要维度。农业转移人口市民化成本能够长期持续支付是推动市民化的关键，而对政府、企业及农业转移人口三方历年成本支付压力的测算分析是前提。对于成本支付压力的概念化操作，可根据本书在指标体系构建中对三方主体的公共治理责任和支付范围开展：公共成本主要由政府财政集中支付，企业成本则主要由企业通过工资形式（计入企业工资账目）予以支付，私人显性和隐性成本则由农业转移人口个人支付。所以，对政府市民化成本支付压力的测算评估，可以通过市民化公共成本总额（每年人均公共成本与每年市民化人数之积）占区域内政府财政支出的比例判断；企业成本支付压力可通过企业成本总额（每年人均公共成本与每年市民化人数之积）占区域内城镇职工工资总支出的比例来判断。农业转移人口以个人为单位支付成本，而城镇职工工资是农业转移人口市民化后在城镇的主要收入，故其成本支付压力评估可通过年人均成本占区域内城镇职工年均工资的比例来判断。

综上，测算各级指标的年人均成本以及年支出总额，分析各级指标的人均成本构成情况以及不同条件下的占比情况，是揭示市民化成本内部结构与指标理论内涵的基础；通过多年数据的分析，则能清晰观测成本的现状及变化规律，继而发现市民化成本的外部性情况、各成本支付主体在成本支付过程中的作用与压力，以及成本支出的关键项目。因此，本书以各指标年人均成本、一级与二级指标的年人均成本结构、各主体的成本支付压力三个维度为基础，对农业转移人口市民化成本进行综合测量。

五　农业转移人口市民化成本测算的前提假设与框架

本书首先设定测算的前提假设，在此基础上结合上文分析提出市民化成本测算的基本方案，并形成最终测算框架。

1. 市民化成本测算的前提假设

城镇化是一个集合多概念、多路径的复杂过程，一方面有诸多因素会对其产生影响，另一方面基于不同社会经济情境下的测算又会使成本产生较大差距。本书基于研究目标，重点讨论"人的城镇化"，即农业转移人口市民化的相关成本并对其进行预测。此外，市民化成本测算精度除受自身研究科学性影响外，还受诸多外部因素影响，其影响可通过样本筛选等技术手段予以减小，但前提是这些因素不发生重大变化。因此，本书为重点凸显研究目的，结合学界研究的普遍惯例，做如下假设。

第一，假设货币在不同年份及不同区域之间具有相同的购买力，即不考虑不同年份间由通胀等因素引起的货币购买力变化，同时基于全域和平均成本思想，不考虑由区位差异、城镇规模、城市发展程度等因素造成的不同区域之间货币购买力的差异。这一假设也是学界当前主流研究所采取的普遍做法（谌新民、周文良，2013；傅晨，2013；李小敏等，2016；李为、伍世代，2015；黄静晗、郑传芳，2015；陈广桂，2004；韩立达、谢鑫，2015；张继良、马洪福，2015；纪春艳、张学浪，2016；许玉明，2011；张欣炜、宁越敏，2018；张国胜，2008；国务院发展研究中心课题组，2011b）。

第二，假设制度和政策因素具有连贯性和平稳性，不会发生重大的突变。中国制度政策的引导和资源配置作用较为明显，不同的户籍、城镇化、市民化等政策会使区域间产生不同"推力"和"拉力"，使农业转移人口形成不同的迁移意愿和迁移流动特点，本书研究是基于当前政策现状及发展趋势开展的，如果相关制度政策发生重大变化，那么人口的迁移及市民化将受到巨大影响，相应的测算方法与结果也将发生变化。

第三，假设自然和经济社会环境维持当前的发展趋势，不发生较大的突变。自然因素主要指城镇的地质基础、地形地貌、气候条件、水温状况、土壤及植被等，这些要素是决定城镇发展的先天禀赋；城镇区域内经济社会发展程度则是长期发展积累的体现，这些因素是决定城镇发展的基础要素。一般情况下的人力作用不会使其发生变化，但如果发生重大自然灾害、经济危机或社会动乱，那么会导致测算结果有较大的偏离。

2. 市民化成本测算的框架

基于前文分析，中国城镇化已形成异地城镇化和就地就近城镇化两种类型并存的基本现状，这不仅是国家针对城镇化"不均衡"问题提出的解决思路，也是农业转移人口务工迁移模式和群体内部产生深刻变化后所做出的理性选择。不同城镇化类型之间，农业转移人口市民化成本测算指标体系、模型算法均有差异，需要分别设计和调整；与此同时，依据各级指标的理论内涵与研究目的，本书以各指标年人均成本、历年支出总成本、不同条件下的占比情况为基础，测算历年成本的现状、结构及变化规律，继而发现市民化成本外部性情况、各成本支付主体在成本支付过程中的作用与压力，以及成本支出的关键项目。据此，本节提出如下具体市民化成本测算方案。

第一，异地城镇化背景下农业转移人口市民化成本的测算。首先，优化成本测算静态模型。以市民化相关理论为主，结合其他理论和政策分析，修正市民化成本真实值的测算思路，对已有测算总模型进行改进。在此基础上，优化已有研究中的成本分类加总法，并设计每个指标的测算模型。其次，测算异地城镇化背景下农业转移人口市民化的成本。选取典型地区的多年数据，通过测算模型计算出内部成本、外部成本及其各二级、三级指标的金额。最后，结合市民化成本测算结果，综合分析各级指标的主要特点和变化趋势，验证已有理论推断并总结相关规律，同时计算各成本支付主体的成本支付压力，最终得出研究结论。

第二，就地就近城镇化背景下农业转移人口市民化成本的测算。首先，调整就地就近城镇化背景下的成本指标体系和测算模型。依据就地就近城镇化的特征和实践发现，结合公共治理理论和市民化相关理论，对已有指标体系进行调整，并对改变的指标项的成本算法进行调整和修正。其次，测算就地就近城镇化背景下农业转移人口市民化的成本。选取典型地区的多年数据，通过测算模型计算出内部成本、外部成本及其各二级、三级指标的金额。最后，结合市民化成本测算结果，综合分析各级指标成本的主要特点和变化趋势，验证已有理论推断并总结相关规律，同时计算各成本支付主体的成本支付压力，初步得出相应结论。

第三，就地就近城镇化背景下农业转移人口市民化成本的预测。首先，对比分析不同城镇化背景下市民化成本及人口变化趋势，明确就地就近城镇化背景下进行进一步市民化成本预测研究的必要性。其次，设计就地就近城镇化背景下的成本预测模型。基于就地就近城镇化背景下家庭化迁移模式增加的趋势，结合劳动力的生命周期特点与法律规定，对农业转移人口进行年龄别分类并总结各年龄别特点，从而确定各年龄别群体市民化成本指标；引入人口预测模型，考虑家庭化迁移的影响因素，设计分年龄别农业转移人口市民化人口预测模型，通过其与成本测算模型的嵌套，形成成本测算模型。最后，预测并分析未来就地就近城镇化背景下农业转移人口市民化成本。针对不同家庭化迁移方案，从多角度预测并分析不同测算地每一种方案下的市民化成本金额、结构及变化趋势与各成本支付主体的成本支出压力，从时间维度综合对比当前成本与未来成本，验证已有理论推断并总结成本变化规律，最终得出研究结论。

基于以上分析，本书提出了农业转移人口市民化成本的测算框架（见图3-6）。与以往研究相比，该测算框架在继承已有重要理论和方法成果基础上，还有如下改进。

第一，整合了既有研究，提出并细化了"指标体系设计→测算模型构建→测算地与数据选取→测算维度与分析重点确定"的农业转移人口市民化成本测算策略。

第二，提出了基于异地和就地就近两种不同城镇化类型分别进行研究设计和成本测算的思路，丰富了农业转移人口市民化成本测算研究的视角。

第三，针对既有测算模型对市民化过程关注不足导致模型存在缺陷的情况，指出了模型改进的必要性与优化方法，提高了测算模型的精度。

第四，明确了就地就近城镇化背景下，市民化成本指标与测算模型的调整依据及调整内容，完善了该城镇化类型下成本测算的具体方法。

第五，关注了就地就近城镇化背景下人口城乡迁移模式，即由单一劳动力阶段人口迁移逐渐向家庭化迁移模式的转变，指出了这一模式转变将导致市民化人口结构多元化并使既有测算模型失效的情况，据此提出了在市民化人口结构多元化情况下市民化人口的预测方案。

第六，提出了考虑家庭化迁移因素影响下的市民化成本预测模型设计

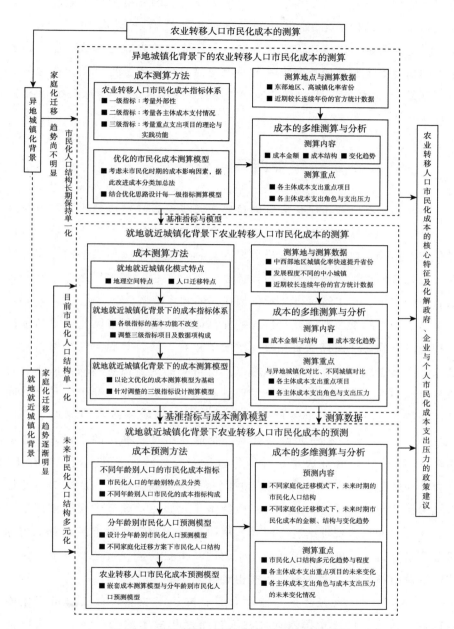

图 3-6　农业转移人口市民化成本的测算框架

思路，实现了数理人口学与市民化成本测算研究的有机融合，通过方法创新填补了人口结构多元化情境下市民化成本预测方法的缺失。

第七，明晰了市民化成本各级指标的具体理论内涵与实践功能，确定了不同情境下市民化成本测算的主要内容以及后续的分析重点，在增强成本测算结果学术与实践意义指向性的同时，提升了分析的系统性和针对性。

第四节　小结

本章在归纳既有市民化成本内涵界定及指标设计经典思路基础上，基于中国二元经济社会制度背景，结合社会成本理论修正了农业转移人口市民化成本内涵，以公共治理理论为切入点，阐述了市民化成本指标设计思路，细化并构建了市民化成本指标体系，提出了包括基本思路、标准、维度、前提假设、样本选择方法及框架在内的测算策略。

首先，在归纳经典研究共识与差异基础上，明晰了市民化成本指标体系构建的空间。从研究本质和研究发展历程看，从公共服务供给思路到社会成本支出思路再到多元分担思路，其所持有的观点虽有不同，但研究对象具有相似性、研究内容和研究发现具有递进性、多数指标构成具有共同性，因此相互之间存在必然联系。之所以在指标构建研究中存在二元论（公共、私人成本）和三元论（公共、企业、私人成本）的争议，在成本指标特别是私人、企业成本指标细化过程中分歧较大，其主要原因在于：在对农业转移人口市民化成本产生原因、成本内涵明晰中，缺少对二元经济社会制度影响的关注，成本内涵亟待本土化修正；缺乏中观层面理论将宏观成本内涵与微观理论进行衔接，从而未能形成完整的市民化成本指标机理联系分析来明确各级指标的产生原因及主要功能，致使在成本支付主体明确及指标细化过程中理论依据相对缺乏。

其次，针对二元经济社会制度背景，修正了农业转移人口市民化成本内涵，改进了测度中国农业转移人口市民化成本的指标体系。从社会成本理论出发，针对中国二元经济社会制度背景，将市民化成本内涵修正为"政府与企业为补齐农业转移人口公共服务和薪资福利新增的外部成本与农业转移人口为推动职业、身份、生活方式向城镇居民转变新增的内部成本之和"；结合公共治理理论，通过剖析每个成本支付主体在市民化与成本支付过程中的权责，在对二级指标进一步细化的基础上形成了三级指标，从而构建了适用于中国情境的农业转移人口市民化成本指标体系。在解释了市民化成本多主体划分原因的同时，弥补了以往研究在宏观指标细化过程中依据不明的缺陷，赋予了一级指标考量外部性、二级指标考量各主体成本支付情况、三级指标考量重点支出项目的理论与实践功能。

最后，提出了农业转移人口市民化成本测算策略与框架。基于中国城镇化与农业转移人口现状与发展趋势，给出了异地和就地就近两种城镇化类型的界定标准与方式，结合城镇化、市民化相关理论与实践数据，在论证必要性的基础上，提出了基于异地、就地就近城镇化背景分别测算农业转移人口市民化成本的策略；从算法机理角度论证了既有模型的静态特征及在人口结构多元化情境下的应用局限性，并指出了未来就地就近城镇化背景下的人口变化趋势，进而提出就地就近城镇化背景下静态测算与动态预测相结合的策略；根据市民化成本各级指标的理论与实践功能，结合已有研究的主要共识，形成了从成本金额、结构、变化趋势及支出压力状况四个方面，系统评估市民化成本指标主要特征的分析策略。整合上述三点策略，形成市民化成本测算框架，明确了农业转移人口市民化成本测算的基本思路、维度、前提假设及样本选择方法，为后续研究奠定了基础。

异地城镇化背景下农业转移
人口市民化成本的测算

　　基于第三章构建的农业转移人口市民化成本测算框架，首先，对已有成本测算模型设计思路进行评述，结合人口迁移及市民化相关理论指出既有思路中的不足，进而修正市民化成本真实值测度思路，改进分类加总法并优化各级指标测算模型；其次，依据研究目的和异地城镇化特点选择相应测算地和测算数据，并根据测算地政策和数据情况对部分测算模型进行相应调整；再次，从多角度测算并分析各级指标不同时期成本的金额、结构、变化趋势与成本支付主体的成本支付压力，明晰异地城镇化背景下农业转移人口市民化成本的主要状况及重要特征；最后，总结归纳本章主要发现与结论。

第一节　农业转移人口市民化成本测算
模型的改进及构建

　　市民化成本指标体系的构建是对市民化成本内涵的细化与操作化，而测算模型的构建则是实现指标定量测量的工具。本节重点评述已有模型构建方法和思路，针对目前模型设计中的空间，借鉴经典理论和方法对总模型进行改进；依据总模型调整思路，结合市民化成本指标体系，对各级指标测算模型进行优化；根据模型的本质特点，对其可用范围与情境、测算结果适用情况进行扼要说明。

一　市民化成本测算总模型的优化

回顾学界已有测算模型构建思路，归纳主要优点与改进空间；结合经典人口迁移理论与模型，修正市民化成本真实值测度思路，并对测算总模型进行优化。

1. 已有模型的构建思路

有关人口迁移所带来成本变动的讨论由来已久，本节重点总结近期国内外的两种测算方法。

第一种测算方法主要是统计计量法。国外如 Borjas（1994）、Huddle（1995）、Greenwood 和 McDowell（2011）等学者使用不同的回归等计量方法，发现了诸多关于移民国民化后相关成本变化与变动的趋势性结论。国内如姚毅和明亮（2015）通过建立财政支出、CPI 与城乡人口变动关系的 OLS 回归模型，测算了四川多市的农业转移人口市民化成本。国外学者重点关注的是公共成本支出，因此对该方法使用较多；而国内研究则关注较为广泛，故该方法主要在宏观预测和公共成本预测中使用。

第二种测算方法主要是成本模型法和分类加总法，之后学者对成本模型法在一定程度上进行优化，得到分类加总法，两者一脉相承（万大珂，2017）。如张国胜（2009）最早借鉴人口城市化模型，结合社会成本思想构建了市民化社会成本模型，在确定模型的各个构成部分后，列出求和方程对成本进行计算。申兵（2012）则在此基础上，融入了会计学思想，按照成本支出的主体和对象，先将总体分解为各个成本项目指标，之后分别测算每个指标的金额，最后进行加总。该方法是当前研究领域内使用最多的方法，也是相对较为成熟的方法，在国内被广泛使用。

2. 模型优化空间与理论分析

国内外两种模型构建方法中，统计计量法的优点是操作简便、工作量小，以及测算结果随数据丰富而准确，但该方法的测算结果仅能显示宏观支出总额，且受模型属性和数据制约的影响，对私人、企业成本的测量相对困难。成本模型法的优点在于，该方法是通过宏观理论分析，确定高层级成本项目的具体构成，进而依据理论在明晰宏观指标关系基础上，设计相应测算方法，因此高层级指标之间的重叠或遗漏情况较少出现，但由于该方法对指标模型设计的前提是严格依据人口城市化或某一理论确定各个成本项目，而市民化成本支付主体的多元性，使该方法对成本的再次分类、相应指标的细化能力略显不足。分类加总法则对成本项目的展示最清晰，且能够较好实现指标项、数据项的连接，但该方法的工具性较强，实现成本精确测算有赖于指标选取的科学性。

另外，无论是上述何种方法，模型在构建过程中所遵循的思路均是"城镇新增一人"所增加的成本测度，其代表模型可见式（2-7）、式（2-8）。然而，根据经典的市民化相关理论，在考虑人口迁移与市民化过程中，均应考虑迁移前（或农村时期）的情况所带来的影响。如 Schults（1960）的人口迁移成本收益分析模型中，迁移净收益的数学表达式为：

$$MR = L_j - L_i - G_{ij} \tag{4-1}$$

式中：MR 表示迁移净收益；L_j 表示迁移后的预期收入；L_i 表示迁移前的收入；G_{ij} 表示迁移成本。又如 Harris 和 Todaro（1970）的"预期收入"理论中，预期城乡收入差异的数学表达式为：

$$d = W\pi - C - R \tag{4-2}$$

式中：d 表示预期城乡收入差异；W 表示预期城镇实际工资；π 表示城镇就业概率；C 表示迁移总成本；R 表示农村实际收入。

由于统计计量法与本书研究需求匹配程度较低，故不予重点考虑。成本分类加总法从成本支出主体及其支付项目出发，能够较为清晰地呈现各级成本情况，实现指标项之间、指标项与数据项之间的连接，但如果指标构建过程中缺少理论支撑，使用该方法容易导致重复计算或漏算。本书的指标体系设计是在理论分析基础上构建的，相对清晰地界定了各成本、指标、数据项与成本支付主体间的关系，且在分析过程中需要使用尽量详细的微观层面的成本项目进行计算，从而识别市民化成本支出的关键项目，因此本书主要结合成本分类加总法对测算模型进行设计。

3. 基于成本分类加总法的优化

农业转移人口从农村来到城镇并实现市民化，不是"城镇新增一人"，而是"城镇新增一人"的同时"农村减少一人"，是一个转换和转移的过程，也是政府、企业对其有所缺少的公共服务、薪资福利进行补齐的过程。农业转移人口在实现市民化之前，并非没有任何成本支出，反而无论是政府、企业还是个人，对不同成本项目均有一定支出，只是相应支出与城镇居民的支出标准不一致。通过市民化，农业转移人口的职业、身份、生活方式等将彻底与市民趋同，政府、企业、农业转移人口在各个指标项目中所支付的成本，将从农业转移人口（农村居民）的标准转变为市民（城镇居民）标准，而这些改变的各项成本之和即为农业转移人口市民化的总成本。

因此，农业转移人口市民化成本真实值是各指标市民化前后成本金额的差值。市民化总成本即为政府、企业与农业转移人口在市民化前后对各成本指标所支付成本的改变之和，数学模型为：

$$TC = F_C(C_G, C_E, C_X, C_I) - F_F(C_G, C_E, C_X, C_I) \tag{4-3}$$

式中：TC 表示农业转移人口市民化成本；F_C 表示农业转移人口市民化后的成本函数；F_F 表示农业转移人口市民化前的成本函数；C_G 表示公共成本；C_E 表示企业成本；C_X 表示私人显性成本；C_I 表示私人隐性成本。

另外，本书构建的市民化各成本指标体系中，成本、指标及数据项之间具有层次性与包含关系；分类加总法的本质是将各成本通过类别的不同，进行成本归集并加总计算，因此可以较好实现层级维度上的计算与汇总。但市民化成本的本质是市民化引起的成本变动之差，在测算各级指标的过程中，需要计算各级成本所有指标市民化前后的变动值，并通过加总获得。因此，在指标层级维度的基础上，还需要考虑"城－乡"这一空间维度，即在测算过程中对市民化前后各指标金额进行差值计算。

据此，本书首先将各成本项目按层次性与包含关系划分为不同层级的账户，其次将各级账户归入城、乡两个部分，再次按照从低到高的顺序逐级归集、汇总并计算城乡差值，最后通过均分得到农业转移人口市民化的年人均成本。由此，在结合成本分类加总法考虑了成本指标层级维度的同时，还实现了对成本空间维度的呼应，基于这一测算思路，本书将该方法称为"成本分类分步结转法"，其思想如图 4-1 所示。

通过使用成本分类分步结转法，式（4-3）可变形为式（4-4），其中指标意义与式（4-3）一致。由此得到优化后的市民化成本测算总模型：

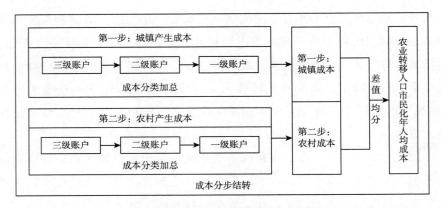

图 4-1 农业转移人口市民化成本测算的"成本分类分步结转法"

$$TC = C_G(F_C - F_F) + C_E(F_C - F_F) + C_X(F_C - F_F) + C_I(F_C - F_F) \qquad (4-4)$$

二 二级与三级指标的测算模型设计

三级指标的测算模型在基本计算原理上与总模型保持一致，但要依据指标的具体含义，结合社会经济与人口等数据项情况进行细化，二级指标则是对三级指标的综合与加总。根据本书构建的农业转移人口市民化成本指标体系（见图 3-3），结合式（4-4）与成本分类分步结转法，设计农业转移人口市民化二级、三级成本的测算模型并予以详述说明。模型中的数据项与参数来自成熟的相关统计年鉴，故本书不再介绍其基本内涵。

1. 公共成本

公共成本由基础设施建设成本、公共管理成本、教育成本、住房保障成本、社会保障与促进就业成本组成，其测算模型如下：

$$C_G = \sum_{i=1}^{5} C_i(t) = C_1(t) + C_2(t) + C_3(t) + C_4(t) + C_5(t) \qquad (4-5)$$

式中：$C_1(t)$ 表示基础设施建设成本；$C_2(t)$ 表示公共管理成本；$C_3(t)$ 表示教育成本；$C_4(t)$ 表示住房保障成本；$C_5(t)$ 表示社会保障与促进就业成本。

（1）基础设施建设成本

基础设施建设成本指政府为保障农业转移人口市民化后，城镇主体设施正常运行、物质生产与劳动力再生产及相关经济社会活动较市民化前所增加的成本，不包括房地产投资成本。用基础设施投资在固定资产投资中所占的比重，乘以年人均固定资产投资成本的城乡差额，得到农业转移人口市民化基础设施建设成本，测算模型为：

$$C_1(t) = \frac{\sum_{t=i}^{n} FF_t}{\sum_{t=i}^{n} (F_t + F_t')} \left(\frac{\sum_{t=i}^{n} F_t}{\sum_{t=i}^{n} P_t} - \frac{\sum_{t=i}^{n} F_t'}{\sum_{t=i}^{n} P_t'} \right) \tag{4-6}$$

式中：t 表示数据年份；FF_t 表示基础设施投资额；F_t 表示城镇固定资产投资额；F_t' 表示农村固定资产投资额；P_t 表示年末城镇户籍人口数；P_t' 表示年末农村户籍人口数。

（2）公共管理成本

公共管理成本包括一般公共服务、公共安全、环境保护三个方面，选取各数据项的财政支出之和表征公共管理成本，测算模型为：

$$C_2(t) = \frac{\sum_{t=i}^{n} (G_t + S_t + E_t)}{\sum_{t=i}^{n} P_t} - \frac{\sum_{t=i}^{n} (G_t' + S_t' + E_t')}{\sum_{t=i}^{n} P_t'} \tag{4-7}$$

式中：G_t 表示城镇一般公共服务财政支出；S_t 表示城镇公共安全财政支出；E_t 表示城镇环境保护财政支出；G_t' 表示农村一般公共服务财政支出；S_t' 表示农村公共安全财政支出；E_t' 表示农村环境保护财政支出。然而，由于农村的基层组织自治属性，相关公共管理的开支极低，且国家在各类公报和统计数据中，也均未将三类数据分城乡列支，故式（4-7）可调整为：

$$C_2(t) = \frac{\sum_{t=i}^{n} (G_t + S_t + E_t + G_t' + S_t' + E_t')}{\sum_{t=i}^{n} (P_t + P_t')} \tag{4-8}$$

（3）教育成本

教育成本指相较于市民化前，农业转移人口市民化后，政府在其教育方面所增加的成本，测算模型为：

$$C_3(t) = \frac{\sum_{t=i}^{n} Edu_t}{\sum_{t=i}^{n} P_t} - \frac{\sum_{t=i}^{n} Edu_t'}{\sum_{t=i}^{n} P_t'} \tag{4-9}$$

式中：Edu_t 表示城镇教育财政支出；Edu_t' 表示农村教育财政支出。

（4）住房保障成本

由于住房保障成本主要包括廉租房、公租房等相关建设和维护成本，几乎全部发生在省辖区城镇地区而非农村地区，且农业转移人口在农村时期，宅基地住房的建设和维护一般由其个人支付，政府支出较少，故在实际测算中将农村地区住房保障成本设置为零，则测算模型为：

$$C_4(t) = \left(\sum_{t=i}^{n} H_t \right) \Big/ \left(\sum_{t=i}^{n} P_t \right) \tag{4-10}$$

式中：H_t 表示城镇住房保障财政支出。

（5）社会保障与促进就业成本

社会保障与促进就业成本指政府为农业转移人口缴纳社会保障资金、促进其充分就业而较市民化前所增加的成本，包括养老保险、医疗保险、促进就业三类，但在财政支出中体现为社会保障与就业支出，测算模型为：

$$C_5(t) = \frac{\sum_{t=i}^{n} SS_t}{\sum_{t=i}^{n} P_t} - \frac{\sum_{t=i}^{n} SS_t'}{\sum_{t=i}^{n} P_t'} \tag{4-11}$$

式中：SS_t 表示城镇社会保障与就业支出；SS_t' 表示农村社会保障与就业支出。

2. 企业成本

企业成本由社会保障成本、技能培训成本、工资歧视成本组成，其测算模型如下：

$$C_E = \sum_{i=6}^{8} C_i(t) = C_6(t) + C_7(t) + C_8(t) \tag{4-12}$$

式中：$C_6(t)$ 表示社会保障成本；$C_7(t)$ 表示技能培训成本；$C_8(t)$ 表示工资歧视成本。

（1）社会保障成本

企业为农业转移人口所缴纳的较市民化前所增加的社会保障资金，包括企业职工养老保险、医疗保险、失业保险、工伤保险、生育保险五类，由于市民化前企业极少对农业转移人口开支该成本，故设为零，测算模型为：

$$C_6(t) = \frac{\sum_{t=i}^{n} EI_t}{\sum_{t=i}^{n} Pe_t} + \frac{\sum_{t=i}^{n} MI_t}{\sum_{t=i}^{n} Pe_t} + \frac{\sum_{t=i}^{n} UI_t}{\sum_{t=i}^{n} Pe_t} + \frac{\sum_{t=i}^{n} WI_t}{\sum_{t=i}^{n} Pe_t} + \frac{\sum_{t=i}^{n} BI_t}{\sum_{t=i}^{n} Pe_t} \qquad (4-13)$$

式中：EI_t 表示养老保险的企业年缴费；MI_t 表示医疗保险的企业年缴费；UI_t 表示失业保险的企业年缴费；WI_t 表示工伤保险的企业年缴费；BI_t 表示生育保险的企业年缴费；Pe_t 表示企业单位职工人数。

（2）技能培训成本

受制于社会（户籍）身份，市民化前企业与农业转移人口签订劳动合同，并实施技能培训或缴纳技能培训费用的情况极少，故设为零。由此，技能培训成本可通过核算农业转移人口市民化后企业负担的该成本获得，测算模型为：

$$C_7(t) = \frac{\sum_{t=i}^{n} (TW_t \, Pe_t)}{\sum_{t=i}^{n} Pe_t} \cdot \delta \qquad (4-14)$$

式中：TW_t 表示城镇单位职工人均年工资；δ 表示技能培训经费提取比例。《中华人民共和国企业所得税法实施条例》第四十二条规定，除国务院财政、税务主管部门另有规定外，企业发生的职工教育经费支出，不超过工资薪金总额 2.5% 的部分，准予扣除；超过部分，准予在以后纳税年度结转扣除，故取 $\delta = 2.5\%$。

（3）工资歧视成本

市民化前企业通常存在就业的工资歧视现象，市民化后需补发此部分资金，因此农业转移人口市民化的工资歧视成本为歧视因素消除而补发的资金，测算模型为：

$$C_8(t) = \frac{\sum_{t=i}^{n} \left[(TW_t - FW_t) \cdot Pe_t \right]}{\sum_{t=i}^{n} Pe_t} \cdot \theta \qquad (4-15)$$

式中：TW_t 表示城镇单位职工人均年工资；FW_t 表示农业转移人口人均

年工资；θ 表示工资歧视系数。其中，工资歧视系数是衡量由就业歧视所造成的城镇职工与农业转移人口的工资差距程度，根据已有研究结论（姚先国、赖普清，2004），取 θ 为 0.25。

3. 私人显性成本与隐性成本

农业转移人口市民化的私人成本由私人显性成本和私人隐性成本组成，分别包括生活成本、智力成本等，其测算模型为：

$$C_x + C_I = \sum_{i=9}^{16} C_i(t) = C_9(t) + C_{10}(t) + \cdots + C_{15}(t) + C_{16}(t) \qquad (4-16)$$

式中：C_x 表示私人显性成本；C_I 表示私人隐性成本；$C_9(t)$ 表示生活成本；$C_{10}(t)$ 表示智力成本；$C_{11}(t)$ 表示住房成本；$C_{12}(t)$ 表示社会保障成本；$C_{13}(t)$ 表示放弃土地机会成本；$C_{14}(t)$ 表示社会交往成本；$C_{15}(t)$ 表示子女教育机会成本；$C_{16}(t)$ 表示失业风险成本。

（1）生活成本

生活成本指农业转移人口市民化后为维持自身生理需求、延续生命而较市民化前所增加的成本，包括食品、衣着、生活用品及服务、医疗保健、交通和通信等，本书将以上数据项统一合并为生活成本，测算模型为：

$$C_9(t) = \frac{\sum_{t=i}^{n}(L_t \cdot P_t)}{\sum_{t=i}^{n} P_t} - \frac{\sum_{t=i}^{n}(L_t{}' \cdot P_t{}')}{\sum_{t=i}^{n} P_t{}'} \qquad (4-17)$$

式中：L_t 表示城镇居民人均年生活支出；$L_t{}'$ 表示农村居民人均年生活支出。

（2）智力成本

智力成本是农业转移人口生活和发展的重要投资，主要指农业转移人口市民化后为缩小与市民智力教育差距，提高自身文化水平、职业素质而较市民化前所增加的成本，测算模型为：

$$C_{10}(t) = \frac{\sum_{t=i}^{n}(E_t \cdot P_t)}{\sum_{t=i}^{n} P_t} - \frac{\sum_{t=i}^{n}(E_t{}' \cdot P_t{}')}{\sum_{t=i}^{n} P_t{}'} \qquad (4-18)$$

式中：E_t 表示城镇居民人均年教育支出；$E_t{}'$ 表示农村居民人均年教育

支出。

（3）住房成本

住房成本指农业转移人口市民化后，在城镇居住所产生的一系列较农村居住时期增加的成本，测算模型为：

$$C_{11}(t) = \frac{\sum_{t=i}^{n}(D_t \cdot P_t)}{\sum_{t=i}^{n} P_t} - \frac{\sum_{t=i}^{n}(D_t' \cdot P_t')}{\sum_{t=i}^{n} P_t'} \qquad (4-19)$$

式中：D_t 表示城镇居民人均年住房支出；D_t' 表示农村居民人均年住房支出。

（4）社会保障成本

社会保障成本主要指农业转移人口市民化后为缴纳社会保障资金而较市民化前所增加的成本，是农业转移人口提供风险防范的关键成本投入，需要农业转移人口个人缴费的主要是养老保险、医疗保险、失业保险三项，测算模型为：

$$C_{12}(t) = \frac{\sum_{t=i}^{n}(EI_t' \cdot Pe_t)}{\sum_{t=i}^{n} Pe_t} + \frac{\sum_{t=i}^{n}(MI_t' \cdot Pe_t)}{\sum_{t=i}^{n} Pe_t} + \frac{\sum_{t=i}^{n}(UI_t' \cdot Pe_t)}{\sum_{t=i}^{n} Pe_t} -$$

$$\frac{\sum_{t=i}^{n}(EIF_t' \cdot P_t')}{\sum_{t=i}^{n} P_t'} - \frac{\sum_{t=i}^{n}(MIF_t' \cdot P_t')}{\sum_{t=i}^{n} P_t'} - \frac{\sum_{t=i}^{n}(UIF_t' \cdot P_t')}{\sum_{t=i}^{n} P_t'} \qquad (4-20)$$

式中：EI_t' 表示城镇职工养老保险的个人年缴费；MI_t' 表示城镇职工医疗保险的个人年缴费；UI_t' 表示城镇职工失业保险的个人年缴费；EIF_t' 表示农村居民养老保险的个人年缴费；MIF_t' 表示农村居民医疗保险的个人年缴费；UIF_t' 表示农村居民失业保险的个人年缴费。

（5）放弃土地机会成本

放弃土地机会成本主要指市民化后农业转移人口在农村"三权"方面收益的减少，最主要的是农林牧渔等生产种植经营类的收入减少和农村集体经济组织收益分配的减少，此外还包括政府对农村居民的人均转移性纯收入，测算模型为：

$$C_{13}(t) = \frac{\sum_{t=i}^{n} (A_t \cdot P_t' + T_t \cdot P_t')}{\sum_{t=i}^{n} P_t'} + \frac{\sum_{t=i}^{n} V_t}{P_t'} \qquad (4-21)$$

式中：A_t 表示农村居民人均年农林牧渔业经营收入；T_t 表示农村居民人均年转移性纯收入；V_t 表示农村集体经济组织（集体资产）的分红收入。

（6）社会交往成本

社会交往成本是市民化后为新建、维持和发展基于亲缘、友缘和业缘的社会网络而较市民化前所增加的成本，包括用于社会交往费用、寄给和带给在外人口现金、赠送亲友的现金等，测算模型为：

$$C_{14}(t) = \frac{\sum_{t=i}^{n} (SC_t \cdot P_t)}{\sum_{t=i}^{n} P_t} - \frac{\sum_{t=i}^{n} (SC_t' \cdot P_t')}{\sum_{t=i}^{n} P_t'} \qquad (4-22)$$

式中：SC_t 表示城镇居民人均年社会交往支出；SC_t' 表示农村居民人均年社会交往支出。

（7）子女教育机会成本

子女教育机会成本指农业转移人口市民化后在城镇面临较多和可选择弹性较大的教育产品时，为子女选择性开支而较市民化前所增加的成本，如择校费、培训班学费等，测算模型为：

$$C_{15}(t) = \frac{\sum_{t=i}^{n} (EC_t \cdot P_t)}{\sum_{t=i}^{n} P_t} - \frac{\sum_{t=i}^{n} (EC_t' \cdot P_t')}{\sum_{t=i}^{n} P_t'} \qquad (4-23)$$

式中：EC_t 表示城镇居民人均年子女教育机会成本支出；EC_t' 表示农村居民人均年子女教育机会成本支出。

（8）失业风险成本

农业转移人口市民化后由于土地相关权益的失去将面临一定比例的失业风险，失业生活的维持需依靠国家的失业保险金，当失业保险金低于生活支出时，生活维持将出现较大风险，本书用农业转移人口市民化后的消费性支出减去失业保险金，用差值乘以城市平均失业率，计算农业转移人口市民化的失业风险成本，测算模型为：

$$C_{16}(t) = \frac{\sum_{t=i}^{n} \left[(CE_t - UIB_t) \cdot \mu \right]}{n - i + 1} \tag{4-24}$$

式中：CE_t 表示城镇居民最低收入户年消费性支出；UIB_t 表示城镇单位职工年失业保险金；μ 表示城镇居民平均失业率。

三　异地城镇化背景下模型及测算结果的时效性

本书所构建的农业转移人口市民化成本测算模型与既有模型均基于农业转移人口当前数量、增量及人口结构所设计。异地城镇化背景下，市民化的人口数量与结构未来发生较大变化的概率较小，故相应测算模型与结果时效性能够有效保证。

第一，在高城镇化率地区，市民化人口数量与结构在未来发生较大变化的概率较小。在高城镇化率地区，经济发展模式已从依靠要素空间集聚带来的规模效应、投资效应推动，向依靠信息化、技术化等创新要素推动转变，内部产业的转型升级已基本完成，从城镇化梯度理论来看，高城镇化率地区的主导产业已经处于较高阶段，相关产业部门也将围绕高阶段的主导产业进行分工和生产，因此对于劳动力的选择门槛较高；同时，高城镇化率地区的城镇人口比例已经较高，自然环境和城市的承载力也趋于饱和，对于新增城镇人口的容纳力相对有限，国家对高城镇化率地区的城市功能定位及城市带建设思路，加之高城镇化率地区的落户政策均限制了城镇人口的增加。

第二，静态测算模型适用于高城镇化率地区市民化成本的测算与分析，而高城镇化率地区又多属于异地城镇化区域。本书构建的成本测算静态模型的核心方法是成本分类分步结转法，该方法能够较为准确地测算数据年份内的市民化成本，且随着数据年份的增加，能够发现成本长期变化规律，进而有效排除部分年份特殊事件（如自然灾害）给成本发展趋势带来的影响，提高成本测算与预测的精度。而中国高城镇化率地区目前主要集中于东部沿海省份和内陆大型城市，其是全国主要的人口流入地，属于较为典型的异地城镇化区域，因此能够保证未来时期市民化人口数量与结构的稳定性，从而使测算结论具有较强时效性。

综合上述因素，异地城镇化背景下既有测算模型所得测算结果与结论在未来的适用性和指导借鉴价值依然较高。

第二节　异地城镇化背景下市民化成本
测算数据与模型调整

基于本书研究的主要目标及测算模型的适用情况，选择测算地并对相关数据基本情况进行简介；根据测算地的数据情况和政策要求，对相关模型进行调整，以更好匹配实际情况。

一　测算地与测算数据选取

1. 测算地的选择

2017 年国家统计局数据显示，中国城镇化率较高的省市依次为上海市、北京市、天津市和广东省，城镇化率分别达到 87.79%、86.52%、82.91%和 69.20%，这些省市的城镇化类型均以异地城镇化为主。考虑到"京津沪"地区虽然在行政级别上与其他省份相同，但受辖区面积、人口总规模、自然条件承载力、直辖市身份等条件约束，其与中国绝大多数异地城镇化省份和地区情况不同，故测算结果对其他省份的指导意义相对有限。

选择广东省作为测算试点，一方面避免了使用全国数据所造成的"平均"现象，另一方面广东省内不同人口规模城市较多且大多具有良好的发展基础和较高的城镇化率，能够作为城市群有效代表人口流入地的省份。而广东农村除了珠江三角洲和部分东部地区发展较好之外，粤西、粤北等地区依然面临诸多发展问题，区域内农村的发展情况差异较大且城乡差距明显，农村人口多跨市流向东部深圳、广州等超大型城市，这与全国农村的基本情况较好吻合。因此，广东省数据与异地城镇化背景下的市民化成本测算数据有极高的契合度。

第一，广东省长期以来都是中国经济总量最大省份，省内地级城市基本为中型及以上城市，各城市发展情况相对较好，具有较为明显的区域优势，是中国城镇化发展较好的标志省份。其中，深圳、广州为超大型城市（人口规模在 1000 万人以上），佛山、东莞为特大型城市（人口规模在 500

万~1000万人），中山、惠州、珠海、江门、汕头等11座城市为大型城市（人口规模在100万~500万人）。

第二，广东省吸引了省内、省外大量农业转移人口进城务工，省内诸多城市长期以来始终是重要的人口流入目的地，而广东省也是中国最典型的人口异地城镇化主导省份，经过多年发展，各城市的城镇化率已提升到较高水平。

第三，广东省内农村数量较多，省内农村之间的差距依然明显，经济社会发展程度存在明显差异，城乡之间不平衡、不协调问题依旧突出，粤西和粤北等地区农村面临较多发展瓶颈，区域内农村人口多跨市流向广州、深圳东部地区超大型城市（张效军等，2009；左艳，2018）。

第四，广东省针对农业转移人口户籍、就业、社保、教育、住房等方面的政策制定较早、相对完备（如1984年广东省政府就制定了《关于农民自理口粮到集镇落户的意见》），政府部门对相关数据的收集较容易、管理水平也较高，数据质量普遍较好、真实度较高。

2. 测算数据情况简介

本书所使用的数据主要来源于《广东统计年鉴》《广东农村统计年鉴》，以及政府部门的公报数据和政策规定数据。使用官方数据测算，一方面有利于测算模型的应用推广和检验修正，另一方面也保证了数据的真实性、可靠性和权威性。同时，为了充分提升模型测算的精度、有效揭示市民化成本的变化规律，本书选择了2008~2017年十年的数据进行测算。长期数据的比对和测试，不仅可以检验模型的稳健性，还能够发现成本发展的规律，可以对本书提出的测算思路和测算框架进行佐证，对相关理论进行验证。由于部分数据官方并未全部提供，故采用西安交通大学"新型城镇化与可持续发展"课题组调查数据作为补充，同时对部分数据进行缺失值推测。

第一，全国和省内各地关于新农保与新农合的个人缴费标准不同，故2015年及之前取平均值进行计算，即新农保和新农合人均缴费385.12元；2016年及之后使用广东省社会保险基金管理局①数据，即新农保和新农合

---

① 广东省社会保险基金管理局官方网站：http://www.gdsi.gov.cn/bsdh_sbzs_zh/20120307/2848.html。

人均缴费 468.66 元。第二，由于社会网络中的社会资源数量不会在市民化后短期内剧烈变化，加之农业转移人口职业地位的提升也需要时间积累，故在式（4-22）中以农业转移人口的社会交往费用近似替代省辖区最低收入水平城镇居民的社会交往费用，2015 年及之前取 625.03 元，2016 年及之后结合 CPI 使用趋势外推法和灰色预测法，得到该费用约为 653.68 元。第三，广东省规定城镇职工失业保险金以其失业前 12 个月的月平均缴费工资的 12% 发放，因此式（4-24）中采用城镇单位职工每人每年的平均工资作为各种社会保险的企业缴费基数。

由于数据量相对较大，本书使用的数据项基本情况详见文后附录。

二 基于测算地数据与测算地政策的模型调整

根据测算试点（广东省）的政策规定，结合数据的基本情况，本书对部分指标的测算模型进行相应调整，涉及指标及具体说明如下。

1. 公共成本下的社会保障与促进就业成本

《中华人民共和国社会保险法》规定，政府支付的居民社会保障成本主要包括养老保险和医疗保险。《广东省城乡居民社会养老保险实施办法》（2013 年）第二章第八条规定，政府每年向参保者提供不低于 30 元的补助；各级人民政府共同出资建立基础养老金，广东省的基础养老金标准为每人每月 65 元。故政府用于农村居民和城镇非从业居民养老保险的支出共年人均 810 元。2014 年新农合财政补助为年人均 320 元，2017 年及之后新农合财政补助为每年人均 450 元（国卫基层发〔2017〕20 号）。由此选取新农保和新农合作为省辖区农村社会保险支出，测算模型调整为：

$$C_5(t) = \frac{\sum_{t=i}^{n}(SS_t + SS')}{\sum_{t=i}^{n}(P_t + P_t')} - 2 \times \frac{\sum_{t=i}^{n}P_t'}{\sum_{t=i}^{n}(P_t + P_t')} \times \tau \qquad (4-25)$$

式中：τ 表示省辖区农村社会保险支出。

2. 企业成本下的社会保障成本

由于农业转移人口社会（户籍）身份问题，市民化前企业极少对农业转移人口缴纳社会保险，故设为零。市民化后，企业负担的社会保障成本是各项社会保险缴费之和。2015 年及之前，根据广东省社会保险基金管理局的相关规定，广东省城镇企业职工养老保险、医疗保险、失业保险、工伤保险、生育保险的企业缴费比例分别为 18%、8%、2%、0.8%、0.4%。此后，根据《关于进一步统一全省企业职工基本养老保险单位缴费比例的通知》《广东省降低制造业企业成本支持实体经济发展的若干政策措施》等政策规定，广东省城镇单位职工基本养老保险、失业保险、生育保险的企业缴费比例分别调整为 14%、0.8%、0.7%。与此同时，由于不同险种的缴费基数不同，本书采用广东省辖区城镇单位职工每人每年的平均工资作为各种社会保险的企业缴费基数，测算模型调整为：

$$C_6(t) = \frac{\sum_{t=i}^{n}(TW_t Pe_t)}{\sum_{t=i}^{n} Pe_t} \cdot \sum_{k=1}^{5} \varphi_{ki} \qquad (4-26)$$

式中：φ 表示企业职工社会保险的企业缴费比例；k 表示企业职工社会保险缴费项目。

3. 私人显性成本下的社会保障成本

广东省社会保险基金管理局规定，2015 年及之前广东省企业职工养老保险、医疗保险、失业保险的个人缴费比例分别为 8%、2%、1%，2016 年及之后医疗保险、失业保险的个人缴费比例调整为 1.5%、0.2%，市民化后居民社会保险转变为企业职工社会保险，测算模型调整为：

$$C_{12}(t) = \frac{\sum_{t=i}^{n}(TW_t Pe_t)}{\sum_{t=i}^{n} Pe_t} \cdot \sum_{k=1}^{3} \varepsilon_{ki} - \vartheta_i \qquad (4-27)$$

式中：ε 表示企业职工社会保险的个人缴费比例；ϑ 表示新农保与新农合缴费资金。

第三节 异地城镇化背景下市民化成本的测算结果分析

基于本书构建的指标体系，结合数据和测算模型，使用 Matlab 7.0 和 Stata 12.0 软件，测算 2008~2017 年异地城镇化背景下，农业转移人口市民化成本金额，并依据第三章形成的方案和框架，结合各级指标理论内涵，从多角度对相关结果进行分析讨论。

一　市民化人均总成本及其基本结构

结合市民化成本一级指标的理论内涵，通过分析历年农业转移人口市民化人均总成本及其内部成本、外部成本的金额变化趋势，对比不同成本之间的结构变化情况，对异地城镇化背景下的市民化外部性进行初步判断。

1. 市民化人均总成本

农业转移人口市民化人均总成本是各相关利益者为推动市民化进程所支付的人均成本之和。随着时间的推移和经济社会的发展，市民化人均总成本呈逐年上升趋势（见图 4-2），由 2008 年的 4.61 万元增长至 2017 年的 8.59 万元，上升了 0.86 倍，年均增长率约为 7.16%；根据中国人民银行和国家统计局公布的数据可知，市民化人均总成本年均增长率介于全国通货膨胀率和 CPI 指数年均增长率之间，与经济自然增长所呈现的规律基本保持一致。从不同阶段来看，2008~2010 年的市民化人均总成本年均增长率最高（12.36%），2010~2015 年放缓至 5.87%，2015~2017 年进一步降低至 5.35%，特别是 2016~2017 年仅为 0.82%；与之对应，测算地城镇化率年均增长率在上述三个阶段分别为 1.50%、0.40%、0.01%。

根据城镇化相关理论，伴随广东省的城镇化率（2017 年为 69.20%）逐步趋近于城镇化发展的成熟阶段（70.00%），人口变化数量和城镇化率的增长越发平稳，与之密切相关的市民化人均总成本增长幅度也伴随城镇化率提升速度的降低而减小，本书测算所得结果与该论点保持高度一致。该测算结果在验证本书测算指标与模型有效性的同时，还说明异地城镇化背景下的城镇化建设已向内涵式深层次发展过渡，相关利益主体对市民化的投入在未来的变化将更为稳定，故而测算模型与结果的有效性将得到保证。

2. 市民化人均总成本的基本结构

农业转移人口市民化成本一级指标包括外部成本和内部成本，两者的占比情况反映了由二元经济社会制度引起的市民化外部性程度。2008~2017 年，内部成本与外部成本的金额均总体呈现上升趋势，但占比情况由于两者增速的不同而产生变化；以 2013 年为界，外部成本占比在近十年中总体呈现先降

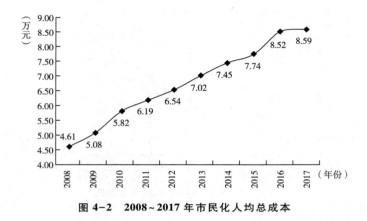

图 4-2 2008~2017 年市民化人均总成本

后升的趋势。其中，外部成本从 2008 年的 2.13 万元上升至 2017 年的 4.35 万元，年均增长率为 8.26%；内部成本由 2008 年的 2.48 万元增长至 2017 年的 4.24 万元，年均上涨 6.14%（见图 4-3）。进一步从二级指标观测市民化人均总成本的构成及变化情况（见图 4-4）。2008~2017 年，公共成本的占比总体呈增加趋势但年均增幅较小，其所占比重也最低；企业成本占比总体最高，且占比的最大波动基本保持在 3 个百分点以内，相对较为稳定；私人显性成本经历了先升后降再升的过程，私人隐性成本则最为稳定，仅在 2017 年出现了明显下滑。

从一级指标构成看，农业转移人口市民化的外部成本与内部成本占比相差不大，且外部成本呈现更为明显的增长态势；从二级指标构成看，公共成本虽总体呈现稳定较缓的增长趋势，但企业成本、私人显性成本和私人隐性成本目前依然明显大于公共成本。私人隐性成本在人均总成本中占比基本超过 1/5，也在一定程度上证明了本书设计该指标的合理性。这说明，异地城镇化背景下，由二元经济社会制度政策所带来的市民化外部性现象较为明显，且主要通过企业成本得到体现，企业内的就业歧视及薪资福利分配不公平问题亟待解决；政府虽是农业转移人口市民化的重要推动者，却是成本的最小支付方；农业转移人口个人需要支付相对较高比例的市民化成本，而私人隐性成本的较大占比很可能成为影响农业转移人口市民化意愿与行为的因素。

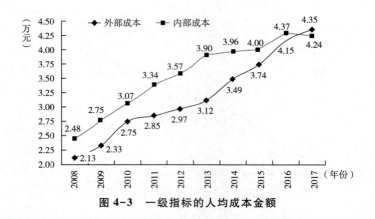

图 4-3 一级指标的人均成本金额

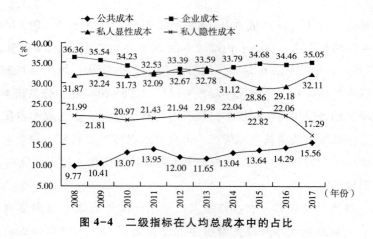

图 4-4 二级指标在人均总成本中的占比

二 外部成本下各级成本的金额、结构与变化趋势

本节分析人均公共成本、企业成本及其各三级子成本的基本情况与发展态势，结合社会经济情况讨论成本变化的规律，找出影响市民化的关键成本因素。

1. 公共成本及其子成本

政府作为市民化进程的重要推动者，其所支出的公共成本对市民化的有序推进至关重要，了解历年公共成本及其子成本的构成与变化情况是设计市民化相应财政方案的前提。2008~2017 年，公共成本虽是市民化人均总成本中占比最小的二级成本（占比约为 12.74%），但其除在 2012 年和 2013 年经历了小幅回落外，其余年份均呈明显的同比上升趋势。公共成本从 2008 年的 0.45 万元/人上升到 2017 年的 1.34 万元/人，年均增长率为 12.89%（见表 4-1）。

表 4-1　异地城镇化背景下农业转移人口市民化公共成本测算结果

单位:%，万元/人

成本项目	年均增长率	测算年份									
		2008	2009	2010	2011	2012	2013	2014	2015	2016	2017
基础设施建设	11.34	0.35	0.41	0.63	0.69	0.58	0.58	0.69	0.76	0.88	0.92
公共管理	10.99	0.09	0.11	0.11	0.14	0.15	0.17	0.18	0.18	0.20	0.23
教育	16.65	0.02	0.02	0.02	0.03	0.04	0.05	0.06	0.06	0.07	0.08
住房保障	44.22	—	—	—	0.01	0.02	0.03	0.04	0.04	0.05	0.09
社会保障与促进就业	25.99	—	—	—	—	—	0.01	0.01	0.02	0.02
总计	12.89	0.45	0.53	0.76	0.86	0.78	0.82	0.97	1.05	1.22	1.34

注："—"表示在 2008~2017 年统计年鉴中缺乏相关数据项，故计算未纳入，下同。

从三级指标来看，基础设施建设成本在公共成本中占比最大，10 年间的平均占比为 74.77%，其成本金额的变化轨迹与公共成本最为相似，从侧面说明了基础设施建设成本对公共成本具有重要的影响；公共管理成本在公共成本中占比第二，10 年间平均占比为 18.08%，其基本呈现线性增长趋势，年均增长率为 10.99%。与此同时，教育成本、住房保障成本、社会保障与促进就业成本在公共成本中的占比相对较小，三者的平均占比分别为 4.92%（用 10 年数据计算）、3.59%（用 7 年数据计算）和 1.28%（用 4 年数据计算），但是其年均增长率分别达到 16.65%、44.22% 和 25.99%，显著高于公共成本年均增长率。

基础设施建设成本和公共管理成本虽然是公共成本中最为重要的两项，但它们的占比正以相对较缓的趋势下降，短期内对公共成本基本结构产生的影响并不明显；教育成本、住房保障成本、社会保障与促进就业成本，特别是住房保障成本虽目前占比较小，但其增长趋势十分明显。这说明，异地城镇化十年来的发展过程中，城镇基础设施建设依然是政府发展城镇化的重点，由市民化带来的城镇人口增加所引起的公共管理成本也相对较多，不过随着城镇化水平的不断提升，城镇基础设施建设越发完善、公共管理水平不断提升，相应的成本开支规模效应得到释放，人均成本同比增幅趋势相对平缓，略有下降；另外，随着市民化的不断推进和深入，教育、住房保障、社会保障与促进就业等民生问题逐渐凸显，政府相应的投资也有所增加，特别是住房保障的投入增幅最大，这在一定程度上反映新型城镇化"以人为本"特点的同时，也为未来市民化的推进找到了主要着力点。

2. 企业成本及其子成本

企业是为"新市民"提供工作场所与直接经济收入的重要组织，市民化企业成本的多少在很大程度上反映了农业转移人口的就业歧视情况，而成本的变化趋势则体现了歧视情况的改变态势。2008~2017年，企业成本总体上是人均总成本中占比最高的二级指标，平均约占总成本的34.24%，企业成本从2008年的1.68万元/人增加到2017年的3.01万元/人，年均增长率为6.69%（见表4-2）。

表4-2 异地城镇化背景下农业转移人口市民化企业成本测算结果

单位:%，万元/人

成本项目	年均增长率	测算年份									
		2008	2009	2010	2011	2012	2013	2014	2015	2016	2017
社会保障	6.64	0.97	1.04	1.16	1.08	1.21	1.27	1.43	1.59	1.73	1.73
技能培训	10.09	0.08	0.09	0.10	0.11	0.13	0.13	0.15	0.17	0.18	0.19
工资歧视	6.58	0.62	0.67	0.73	0.80	0.85	0.89	0.94	0.93	1.02	1.10
总计	6.69	1.68	1.80	1.99	1.99	2.18	2.30	2.52	2.68	2.94	3.01

各三级指标中，社会保障成本在企业成本中占比最大，10年间的平均占比为57.12%，年均增长率为6.64%；工资歧视成本在企业成本中占比第二，10年间的平均占比为37.19%，年均增长率为6.58%。上述两个指标的年均增长率与企业成本的年均增长率基本持平。技能培训成本在企业成本中占比最小，10年间的平均占比为5.67%，但年均增长率达到10.09%，明显高于企业成本的年均增长率，上升趋势明显。

社会保障成本是企业为农业转移人口市民化支付最多的成本，工资歧视成本紧随其后，但两者所占比重正缓慢下降；而占比最小的技能培训成本总体上则以相对较快的速度增加，由于其基数较小，三大成本在较短时间内占比情况的变动幅度有限。这说明，社会保障缴纳和劳动工资的无歧视足量发放依然是企业在市民化过程中所需要支出的主要成本，同时技能培训方面的支出正在快速增加。因此，应重点督促企业首先按照城镇职工标准，对"新市民"的社保、工资进行补齐，兼顾"新市民"对企业技能培训权利的享受。

三　内部成本下各级成本的金额、结构与变化趋势

内部成本是在排除二元经济社会制度带来的市民化外部性之后，由农业转移人口自身支付的用于推动市民化的成本，根据成本的特点和对市民化的不同作用，将之分为私人显性和隐性成本。本节对内部成本及其子成本金额和结构的分析，能够明晰农业转移人口需支付的各项成本的重要程度与变化趋势，为后续研究与政策制定奠定基础。

1. 私人显性成本及其子成本

私人显性成本是人均总成本中占比仅次于企业成本的二级指标，10 年间的平均占比达到 31.59%，且波动相对较小。该成本是市民化进程中农业转移人口需要自行支付的成本，在很大程度上影响着市民化的推进。如表 4-3 所示，2008~2017 年，私人显性成本从 1.47 万元/人上升到 2.76 万元/人，年均增长率为 7.25%。

表 4-3　异地城镇化背景下农业转移人口市民化私人显性成本测算结果

单位：%，万元/人

成本项目	年均增长率	测算年份									
		2008	2009	2010	2011	2012	2013	2014	2015	2016	2017
生活	2.28	0.80	0.84	0.96	1.04	1.09	1.21	1.01	0.85	0.88	0.98
智力	2.51	0.16	0.16	0.19	0.21	0.22	0.25	0.18	0.16	0.17	0.20
住房	19.96	0.07	0.07	0.09	0.09	0.08	0.09	0.27	0.31	0.32	0.36
社会保障	9.57	0.29	0.33	0.36	0.40	0.46	0.51	0.52	0.54	0.60	0.66
放弃土地	15.76	0.15	0.24	0.25	0.27	0.29	0.29	0.34	0.38	0.51	0.56
总计	7.25	1.47	1.64	1.84	2.01	2.14	2.36	2.32	2.23	2.49	2.76

三级指标中，生活成本是私人显性成本中占比最大的成本，10年间的平均占比为46.43%，其后分别是社会保障成本、放弃土地机会成本、智力成本和住房成本，10年间的平均占比分别为21.71%、15.02%、9.13%和7.74%。在年均增长趋势方面，住房成本和放弃土地机会成本上升最快，年均增长率分别达到19.96%和15.76%；社会保障成本增速相对较快，年均增长率达到9.57%；生活成本和智力成本增速最慢，年均增长率分别为2.28%和2.51%。

在短期内生活成本和社会保障成本依然是重要的私人显性成本，而未来时期应对住房成本和放弃土地机会成本予以重点关注。①作为与农业转移人口市民化后生活、发展密切相关的"刚需"成本，生活、智力和社会保障成本的增长变化主要受市场和供需关系影响，十年来的波动特征与其所处区域的市场经济发展态势相似，显示出增长较缓、略微提升的基本状况。这说明政府在控制城乡物价、缩小城乡差距方面的工作成果明显，但因这些成本绝对值一直偏高，故其成本占比也相对较高。②住房成本、放弃土地机会成本不仅受市场影响，还对相关政策的变化较为敏感，异地城镇化背景下高城镇化率地区的城镇承载力逐渐饱和，住房市场与住房政策逐步收紧，使城镇住房成本不断增加，而农村土地政策的改革和生产技术的提升，又使得农业转移人口市民化所放弃土地带来的机会成本不断增加。如果按照目前发展趋势，上述两个指标在未来有可能逐步成为异地城镇化背景下市民化进程中的城镇"阻力"和农村"拉力"。

2. 私人隐性成本及其子成本

私人隐性成本是内部成本中较为隐蔽、难以识别和度量，却深刻影响市民化的成本。所有二级指标之中，私人隐性成本占人均总成本的比例排名第三且高于公共成本。2008~2017年私人隐性成本平均占比达到21.43%，从1.01万元/人增加到1.49万元/人，年均增长率为4.41%（见表4-4）。私人隐性成本下的三级成本项目中，社会交往成本、子女教育机会成本占比相对较高，年均占比分别达到51.15%和48.55%，但其年均增长率相对较小；失业风险成本年均占比最小，但年均增长率相对较高，达到18.92%。

表 4-4 异地城镇化背景下农业转移人口市民化私人隐性成本测算结果

单位:%，万元/人

成本项目	年均增长率	测算年份									
		2008	2009	2010	2011	2012	2013	2014	2015	2016	2017
社会交往	4.31	0.52	0.56	0.62	0.68	0.73	0.79	0.84	0.91	0.97	0.76
子女教育	4.21	0.49	0.55	0.60	0.65	0.70	0.75	0.79	0.85	0.90	0.71
失业风险	18.92	—	—	—	—	—	0.01	0.01	0.01	0.01	0.02
总计	4.41	1.01	1.11	1.22	1.33	1.43	1.54	1.64	1.77	1.88	1.49

数据结果证实了农业转移人口市民化过程中，用于社会交往和子女教育方面的隐性开支的确存在，且在农业转移人口的市民化成本支出中占比较大；失业风险成本虽上升势头明显，但其总量相对较小，在短期内并不是需要重点关注的成本。这说明考虑私人隐性成本以及对该成本下指标的选取具有一定的合理性和必要性；同时，社会交往成本和子女教育机会成本的较高金额与占比，使其可能成为影响市民化推进的重要因素；此外，失业风险成本的较低金额与占比也表明，当前农业转移人口的失业风险较小，就业总体形势较好。

与学界已有研究相比，本书与张国胜（2009）在指标设计的理论依据上最为一致，均在宏观指标构建过程中参考了社会成本理论，其测算得到东部沿海地区年均市民化成本为 9.2 万元/人，但该研究并未考虑企业在市民化成本支付过程中的作用。傅晨（2013）与本书在指标划分方面最为接近，所选用的样本也同样为广东省，测算得到年均市民化成本为 7.41 万元/人，但并未说明成本拆分为三元结构以及公共、企业与私人成本子指标的选择理论依据。此外，上述两个经典研究所使用的方法分别为成本模型法和分类加总法，与本书使用的成本分类分步结转法有区别，主要体现在上述两个经典研究未过多考虑市民化前成本支出的情况，而且在一定程度上重复计算了市民化成本。

在统一量纲（测算结果以年人均成本表示）并将测算结果根据历年经济发展和物价水平做调整后，本书测算所得的市民化人均总成本及各级指标人均成本结果多数处于上述两个经典研究的测算结果之间。如果在已有研究中加入私人隐性成本指标完善成本构成，去除重复计算的农村成本，已有结果将与本书测算结果基本保持一致。这表明本书在与已有经典研究保持良好继承关系基础上，测算结果进一步逼近了成本的真实值，历年测算结果也基本符合成本逐年变化的规律。

四 政府、企业及农业转移人口的市民化成本支付

政府、企业和农业转移人口三方是市民化成本支付的主体，化解各方支付压力、保证各方成本支出，是农业转移人口市民化持续健康推进的重要前提。本节首先明确并计算各主体需要支付的成本总额；其次明晰各主体支付成本的出资来源，并以其作为成本支付能力的评判标准，通过计算成本支付额占出资来源最大值的比例，评估各主体成本支付的压力状况；最后结合成本变化趋势与各主体历年成本支付的基本情况，明确各主体成本支付的重点，为后续研究和政策制定奠定基础。

1. 政府及其支付的市民化成本

市民化公共成本总额取决于历年人均公共成本和市民化人口数的情况，由政府财政资金进行支付。本书首先依据历年城镇化率和总人口数，估算每年城镇新增人口数，以此作为历年市民化人口数；在此基础上，用各级指标历年人均公共成本乘以市民化人口数，得到市民化公共成本总额；之后通过比较每年各指标公共成本总额在政府财政支出中占比的情况，明晰公共成本及各三级指标的支付现状及压力。需要指出的是，由于政府财政支出是根据不同用途分条目、分类别支出的，故本书在计算三级指标在财政支出中的占比时，使用该指标当年成本总额除以该指标所属的财政支出条目的当年金额，以此观测不同指标项目的成本支付状况；而公共成本总金额的财政占比，其分母为当年财政支出总金额。按照这一思路，本节计算得到 2008~2017 年公共成本及其在财政支出中的占比（见表4-5）。

2008~2017 年，公共成本年均总金额为 144.50 亿元，平均每年占政府财政总支出的比例约为 2.25%。其中，基础设施建设成本金额最高，年均达到 108.50 亿元；公共管理成本紧随其后，年均为 24.87 亿元；教育、住房保障和社会保障与促进就业的年均成本金额相对较小。另外，公共管理

成本占公共管理财政支出的年均比例为 1.59%，其次为住房保障成本的
1.18% 和基础设施建设成本的 1.00%，其他成本年均比例均不足 1.00%。
由城镇化相关理论可知，在城镇化进程不断加快且即将进入成熟阶段时，
未来诸年的市民化人口增长趋势将趋于平稳。因此，公共成本总金额在未
来时期的变化轨迹在很大概率上不会有较大波动。

表 4-5　异地城镇化背景下市民化公共成本及其在财政支出中的占比

成本项目	测算内容	测算年份									
		2008	2009	2010	2011	2012	2013	2014	2015	2016	2017
基础设施建设	金额（亿元）	50.62	69.23	97.39	336.62	43.76	89.93	49.39	60.66	142.93	144.48
	占比（%）	0.99	1.16	1.29	3.62	0.36	0.67	0.31	0.33	0.66	0.63
公共管理	金额（亿元）	13.45	18.43	17.72	66.08	11.64	25.52	13.22	14.28	32.49	35.83
	占比（%）	1.51	1.72	1.53	4.65	0.72	1.46	0.68	0.75	1.49	1.43
教育	金额（亿元）	2.29	3.24	3.29	13.88	2.93	7.62	4.19	4.85	11.40	12.70
	占比（%）	0.40	0.46	0.41	1.51	0.24	0.51	0.24	0.27	0.56	0.55
住房保障	金额（亿元）	—	—	—	4.86	1.59	3.90	2.06	2.90	7.77	13.67
	占比（%）				2.26	1.09	2.16	1.00	1.10	2.17	2.06
社会保障与促进就业	金额（亿元）	—	—	—	—	—	0.67	1.06	1.75	2.63	3.14
	占比（%）						0.10	0.14	0.22	0.25	0.27
总计	金额（亿元）	66.36	90.9	118.4	421.44	59.92	127.64	69.93	84.44	197.22	209.82
	占比（%）	2.13	2.43	2.75	7.73	0.89	1.71	0.83	0.92	1.54	1.56

注：占比指该成本项目占该项目政府财政支出的比例，各成本项目占比情况的分母不同。

考虑到每年需要政府支付的公共成本仅占当年财政总支出的 2.25%，
且总体呈现下降趋势，各项子成本占其所属财政支出条目的比例也相对较
低；加之相关政策、经济社会环境和政府财政收入及支出情况发生重大变
化的概率较小，在较长时期内，政府的市民化成本支付压力相对较小，有
利于政府对市民化的推进。

2. 企业及其支付的市民化成本

市民化过程中产生的企业成本主要用于消除企业内部由就业歧视所带
来的农业转移人口薪资福利损失。结合财务会计学和《国家新型城镇化规

划（2014—2020年）》的意见分析，企业对社会保障成本、工资歧视成本的支出应计入企业的工资成本之中；而技能培训成本相对较小，且在一定程度上也属于企业为员工提供的工资福利的一种，故也将其视作企业的工资支出。此外，从区域视角来看，区域内所有企业需要支付的市民化成本均来自城镇单位就业人员工资总额。根据每年城镇新增人口数，结合历年企业成本各级指标的人均金额，计算得到2008～2017年市民化企业成本及下属指标的支付总额；在此基础上，通过计算企业成本各级指标总额占城镇单位就业人员工资总支出的情况，明晰企业成本各级指标支付的基本情况及压力。依据这一思路，本节计算得到异地城镇化背景下市民化企业成本及其在工资总支出中的占比（见表4-6）。

表4-6　异地城镇化背景下市民化企业成本及其在工资总支出中的占比

成本项目	测算内容	测算年份									
		2008	2009	2010	2011	2012	2013	2014	2015	2016	2017
社会保障	金额（亿元）	141.85	178.12	180.07	523.83	91.55	196.95	102.84	126.98	280.64	270.88
	占比（%）	4.97	5.27	4.74	11.68	1.64	3.00	0.98	1.08	2.17	1.91
技能培训	金额（亿元）	12.23	15.35	15.52	54.68	9.56	20.56	10.73	13.25	29.29	29.49
	占比（%）	0.43	0.45	0.41	1.22	0.17	0.31	0.10	0.11	0.23	0.21
工资歧视	金额（亿元）	90.41	114.24	112.67	386.20	64.77	138.05	67.66	74.39	165.74	172.34
	占比（%）	3.17	3.38	2.96	8.61	1.16	2.10	0.65	0.63	1.28	1.22
总计	金额（亿元）	244.49	307.71	308.26	964.71	165.87	355.56	181.24	214.62	475.67	472.71
	占比（%）	8.56	9.10	8.11	21.51	2.98	5.42	1.73	1.82	3.68	3.34

注：本表中的占比指各成本项目占当年城镇就业人员工资总额的比例，与表4-5略有不同。

2008～2017年，企业成本总额及占比情况呈阶段性变化特征：2008～2010年，企业成本总额占比相对稳定，市民化企业成本年均总额为286.82亿元，约占城镇就业人员工资总额的8.59%；2011～2015年，企业成本总额波动较大，总额和占比于2011年达到峰值后，在2012年急剧下降，之后历年呈波浪式变化；2016～2017年的变化趋于稳定，企业成本年均总额及占比分别为474.19亿元和3.51%。另外，各项子成本的总额变化情况与企业成本总额保持高度一致，而在占比情况中，社会保障成本最高，其后为工资歧视成本和技能培训成本。

总体上，企业每年支付的市民化成本约占工资总支出的 6.63%，但这一比例在近两年平均下降至 3.51%。虽然企业性质不同、规模不同，吸纳的农业转移人口数量不同，每年实现市民化的员工及由此引发的企业工资成本增加也不同，但从区域层面进行分析能够规避这一差异带来的影响。因此，按照现状来看，当前及未来时期区域内企业支付的市民化成本压力适中，但对于部分农业转移人口占比较大的企业，需要予以一定关注，其原因在于：企业作为"新市民"工作和收入的来源所在，支付相应成本不仅对市民化推进至关重要，同时也符合法律制度和企业社会责任的要求，能够以降低企业超额利润的方式促进社会的公平和歧视的消除，但市民化成本的支付毕竟会加重企业，特别是农业转移人口占比较大企业的成本负担，故而在做到一视同仁给予成本支付的基础上，还需注意避免因成本过高而影响企业正常生产经营活动情况的发生。

3. 农业转移人口及其支付的市民化成本

农业转移人口需要支付的市民化成本主要是内部成本，虽然依据其显性和隐性特点进行了区分，但在支付过程中均由农业转移人口承担，因此将其按支付主体进行合并，称之为私人成本。由于私人成本与公共成本、企业成本不同，其支付是以个人为单位而非大型组织，故结合历年市民化人口计算私人成本及其子成本的总额意义不大。此外，异地城镇化背景下，实现市民化的绝大多数农业转移人口处于劳动力年龄阶段，通过市民化其身份将转变为城镇单位职工，工资将成为主要收入来源和市民化成本支付来源。所以，本书通过比较人均私人成本及其子成本占城镇单位职工人均工资的情况，分析历年农业转移人口所支付市民化成本的现状、趋势与压力。依据这一思路，本节计算得到市民化人均私人成本及其子成本在城镇单位职工人均工资中的占比（见表4-7）。

2008~2017 年，人均私人成本占历年城镇单位职工人均工资的比例呈先升后降的变化趋势，2010 年是占比（85.07%）最高的年份，此后逐年下降至 2017 年 58.69% 的水平。在私人成本结构方面，生活成本、社会交往机会、子女教育机会成本和社会保障成本是占比相对较大的项目，智力成本、住房成本、放弃土地机会成本是占比相对较小的项目。从时间维度来看，生活成本、智力成本、社会交往成本、子女教育机会成本的占比总体呈现下降态势，社会保障成本、放弃土地机会成本和住房成本的占比总体呈现上升趋势。此外，失业风险成本是占比最小的项目，虽然总体呈现上升趋势，但年均占比仅为0.13%。在此基础上，分析历年人均私人成本与城镇单位职工人均工资增长情况，发现工资年均增幅大于私人成本年均增幅。

表4-7　异地城镇化背景下市民化人均私人成本及其子成本在
城镇单位职工人均工资中的占比

单位：%

成本项目	测算年份									
	2008	2009	2010	2011	2012	2013	2014	2015	2016	2017
生活	24.32	25.04	26.65	25.94	24.21	24.05	18.98	14.26	13.27	13.55
智力	4.86	4.77	5.27	5.24	4.89	4.97	3.38	2.68	2.56	2.77
住房	2.13	2.09	2.50	2.24	1.78	1.79	5.07	5.20	4.83	4.98
社会保障	8.71	9.84	9.92	10.03	10.13	10.22	9.77	9.05	9.11	9.16
放弃土地	4.65	7.07	6.87	6.77	6.44	5.83	6.35	6.29	7.72	7.69
社会交往	15.84	16.64	17.18	16.87	16.21	15.71	15.81	15.28	14.67	10.51
子女教育	14.98	16.31	16.60	16.11	15.55	14.81	14.90	14.19	13.50	9.82
失业风险	0.08	0.08	0.07	0.10	0.11	0.14	0.14	0.16	0.18	0.22
总计	75.57	81.84	85.07	83.30	79.32	77.51	74.40	67.11	65.83	58.69

私人成本在工资收入中的占比持续下降，有利于市民化的积极推进；但在短期内，农业转移人口实现市民化依然意味着工资收入中的一半以上需要用于支付私人成本，这一占比相对较高，在条件允许情况下应予以适度关注和政策倾斜。与此同时，各三级指标的占比变化情况说明，异地城镇化背景下，农业转移人口在市民化过程中用于解决基本生存所新增的成本在成本结构中的占比总体在下降，用于解决家庭发展等深层问题所新增的成本在成本结构中的占比总体在上升，市民化私人成本支出结构逐步由"生存导向"向"发展导向"过渡。此外，放弃土地机会成本和住房成本占比总体在提升，表明城镇住房问题显现的同时，农村土地正在增值、土

地改革红利开始释放。

第四节 小结

本章结合经典人口迁移模型理论，指出既有测算模型对人口迁移前与未市民化时期成本并未考虑的研究不足，将成本真实值修正为各项指标市民化前后金额的差值，据此明晰了测算过程中"城-乡"空间维度的重要性；依据该定义对成本分类加总法进行改进，形成了成本分类分步结转法，结合该方法改进了各级指标测算模型并形成了测算模型体系，由此不仅考虑了指标的层级维度，也兼顾了成本测算空间维度，避免了对未市民化时期成本考虑较少引起的重复计算。

在此基础上，本章使用以上模型并结合各级指标理论内涵，定量测算并分析了异地城镇化背景下农业转移人口市民化成本的金额、结构、变化规律及相关主体成本支付压力，得到如下主要研究结论。

第一，市民化人均总成本呈平稳较缓增长态势，市民化成本支出总额未来大幅变化概率较小。异地城镇化背景下城镇化率较高地区，其城镇化发展逐渐进入成熟阶段且城镇化率增速逐年减小，加之户籍等制度政策的限制及市场对人口的选择作用，未来时期人口数量和结构较当前不会有较大波动，故而市民化人均总成本增速将逐步趋于稳定，相关市民化成本支出总金额在未来大幅变化的概率较小。

第二，农业转移人口市民化过程具有明显外部性现象，企业成本的支付是减小外部性的关键。市民化外部成本与内部成本相差不大，但外部成本呈现更为明显的增长态势，而外部成本中企业成本占比最大，故而通过支付企业成本，化解就业歧视并补齐农业转移人口薪资福利，是减小市民化外部性的关键。

第三，在短期内，政府、企业及农业转移人口成本支付的重点项目相对集中，成本支出结构不会发生较大变化。①政府基础设施建设成本、公共管理成本，企业社会保障成本、工资歧视成本，农业转移人口生活成本、社会保障成本、社会交往成本和子女教育机会成本，是各主体成本支付中占比较大的项目，合计占比超过七成。②政府住房保障成本、农业转移人口住房成本和放弃土地机会成本，是成本金额增长较快的项目，但增速较高指标的金额合计占比不足总成本的一成，故而短期内成本结构不会发生较大改变。

第四，从长期看，政府、农业转移人口的成本支付重点项目逐步改变，成本支出结构有可能逐渐变化。①政府的成本支出重点有可能从基建管理领域向民生领域转移；高城镇化率地区的城镇基础设施建设越发完善、公共管理水平不断提升，相应的成本开支规模效应得到释放，而教育、住房保障、社会保障与促进就业等成本金额总体在增加，民生问题逐渐凸显。②农业转移人口支出重点以"生存导向"为主，但正在向"发展导向"过渡；用于解决基本生存所新增的生活、智力等成本在成本结构中的占比总体在下降，用于解决家庭发展等深层问题所新增的社会保障成本等在成本结构中的占比总体在上升。

第五，市民化成本支付主体中，农业转移人口是成本最大支付方，政府是最小支付方。①从市民化人均成本维度看，每增加一名"新市民"，政府、企业与农业转移人口需要支出的成本分别占总成本的13%、34%、53%左右；②这意味着，政府虽是农业转移人口市民化的重要推动者，却是成本的最小支付方，农业转移人口则是支付市民化成本最多的主体。

第六，结合各主体成本支付能力分析可知，政府的成本支付压力较小，企业支付压力适中，农业转移人口个人支付压力偏大。①政府每年支付的公共成本仅平均占当年财政总支出的2.25%，且仍在呈现下降趋势；②企业每年支付的市民化成本约占既有工资总支出的6.63%，该比例在近两年平均下降至3.51%，但这是区域内平均水平，对于农业转移人口占比较大的企业，仍需予以一定关注；③农业转移人口支付的私人成本金额占城镇单位职工人均工资的50%以上，虽然这一比例总体呈下降趋势，但由于降幅有限，其在较长时期内依然显著偏高，在条件允许情况下应予以适度关注和政策倾斜。

就地就近城镇化背景下农业转移人口市民化成本的测算

基于第三章构建的农业转移人口市民化成本测算框架，首先结合已有研究，通过与异地城镇化的比较，阐述不同城镇化类型的相关特点，归纳就地就近城镇化背景下农业转移人口市民化的主要特征，进而对第三章提出的市民化成本指标体系及第四章设计的测算模型进行部分调整；其次根据研究目标与社会政策实际情况选取测算地与测算数据，并对测算模型及结果的使用情境和适用范围进行说明；再次从多角度测算并分析各级指标不同时期的成本金额、结构、变化趋势与支付压力，识别就地就近城镇化背景下农业转移人口市民化成本的主要状况及重要特征；最后总结归纳本章主要结论。

第一节　就地就近城镇化背景下市民化成本指标与测算模型的调整

与异地城镇化背景下相比，处于就地就近城镇化背景下的农业转移人口市民化的具体进程以及相关成本产生的机理有所变化。因此，需要在总结就地就近城镇化主要特点，并与异地城镇化进行详细对比和分析阐述后，归纳出不同城镇化类型之间能够共同适用的成本指标与就地就近城镇化背景下需要调整的成本指标，进而调整相应指标并设计、优化与指标对应的成本测算模型。

一 就地就近城镇化的发展背景与主要特点

发展就地就近城镇化，既是国家城镇化的发展需要，也符合世界城镇化的发展规律，同时还具有相对较多的优势。本节对此予以明晰并通过与异地城镇化的对比，总结不同城镇化的核心特点，为后续指标体系和测算模型调整提供支撑。

1. 就地就近城镇化的发展背景

中国当前正处于城镇化建设快速发展期和关键建设期，城镇化发展在取得诸多成绩的同时，不平衡与不充分问题逐渐显现。基于这一背景，未来中国城镇化建设不仅要保持东部沿海和内陆部分发达地区城镇化的发展势头，推动大型城市现代化水平提高，还要保障规模巨大的农业转移人口逐步、稳定转化为城镇居民（宁登，1997）。然而，东部沿海及内陆部分大型城市经历长期异地城镇化发展后，城镇化率已接近成熟阶段，对于农业转移人口的吸纳能力即将饱和，且由人口急剧增长带来的交通、环境、住房问题十分突出（李国平，2013），故而上述地区及城市未来发展路径将从人口数量吸纳向质量发展转变（辜胜阻，2016）。与之相对的是，中西部地区目前正处于城镇化建设快速发展期，通过国家宏观调控和基层政策扶持，区域内中小城镇积极承接了东部沿海地区劳动密集型产业，城镇经济不断发展的同时，吸引了大量农业转移人口务工就业，且未来需求依旧旺盛。

从世界不同国家和地区城镇化发展历程来看，主流的发展类型有两种，第一种是以美国、英国、东欧和日本为代表的异地城镇化，即农村居民向大型城市迁移集聚，形成人口密度高、资源更集中的"中心-发散"型城镇化族群发展形态；第二种是以德国、法国、前南斯拉夫地区为代表的就地就近城镇化，即农村居民向居住地周边的中小城镇集聚，形成"网络状"城市化族群发展形态（胡小武，2011）。此外，联合国 2014 年针对世界各规模城市吸纳城镇人口的比例进行分析，发现生活在 50 万人以下城镇的人口占全部城镇人口的比例为 48.6%（见图 5-1）。所以，世界经验也证明了，就地就近城镇化及中小城镇发展，对城镇化推进和人口吸纳具有巨大作用（United Nations，2014）。

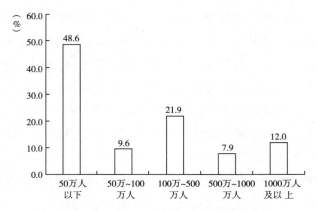

图 5-1　世界各规模城市吸纳城镇人口的比例

　　基于中国当前基本国情与城镇化基本现状，新型城镇化战略的推进需要在异地城镇化之外，加强中西部就地就近城镇化的建设，在合适地区走大型城市内涵发展、县城及中小城镇规模化快速发展的协调互补、相互促进的"二元城镇化"发展道路（见图 5-2）（武廷海等，2012），促进"三个 1 亿人"目标的实现。

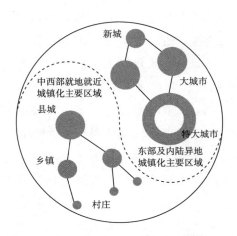

图 5-2　中国"二元城镇化"发展结构示意

2. 就地就近城镇化的优势与特点

异地城镇化背景下，农业转移人口在就业过程中存在普遍的就业歧视和一定的地域歧视情况（Zhang and Wu，2016），流出地和流入地地方政府之间也存在财税体制和转移支付的限制（戴琼瑶、张启文，2018），造成了农业转移人口权益保障的困难。一方面，对于作为人口流入地的大型城市，特别是超大规模城市来讲，囿于城市承载力，在较短时间内很难大规模放开户籍限制，故而农业转移人口实现市民化难度较大，相应城镇社会权利和公共服务享受存在缺失，并进一步引发就业、工作、生活等方面的歧视（Wu and Zhang，2018）。另一方面，中国目前的社会保障体系筹层次相对偏低，在短时间内实现省内和全国统筹难度较大，农业转移人口长距离流动迁移意味着要退保并再次参保，面临统筹账户的利益损失（沈燕、邓大松，2015）。此外，长距离异地迁移导致农业转移人口既有土地及房屋长时间闲置，与之对应的是，其在城市住房问题的突出，以及农村建设用地的实际荒废和城镇建设用地的相对紧缺（李飞、杜云素，2013）。而且农业转移人口的大量流出，造成了人口流出地劳动力的缺失以及"空心化""三留"等问题，也催生了流入地"大城市病"等问题（Shen et al.，2018）。

就地就近城镇化则围绕农业转移人口原住地的中心城镇，提升基础设施水平，优化产业结构，通过经济发展与政策调整为农业转移人口创造广泛的就业条件，进而为农业转移人口的市民化奠定扎实基础（杜巍等，2018）。对于农业转移人口来讲，就地就近城镇化能够在最大限度上实现其"离土不离乡、就业不离家、举家进城镇、就地市民化"的意愿，有利于消除由人口长距离跨区域流动所带来的诸多问题；对于国家和政府来讲，就地就近城镇化有利于统筹区域间协调发展、促进大中小城市合理布局、减少城镇化制度障碍、保障中国农业与乡村可持续发展（Su et al.，2015）。因此，就地就近城镇化符合农业转移人口"离土不离乡"的普遍愿望，契合中国人故土难离的情结，不仅是解决中国目前城镇化问题的有效途径，也是实现"以人为核心的城镇化"的必然要求。

综合上述分析并结合对已有研究及相关数据的梳理，本节阐述了发展就地就近城镇化的理论依据及相关优势，明晰了就地就近城镇化的相应特点，据此整理得到两种城镇化类型空间特点和迁移特点的对比情况（见表5-1），为后续研究提供支撑。

表 5-1 不同城镇化类型空间特点和迁移特点的对比情况

项目分类		城镇化类型	
		就地就近城镇化	异地城镇化
空间特点	地理区域	中西部地区	东部沿海及内陆部分地区
	城镇规模	县城及中小城镇	大中型及以上城市
	流动距离	市内、县内流动	跨省、跨市流动
	务工地点	户籍所在地周边城镇企业	户籍所在地以外城镇企业
迁移特点	家庭化迁移情况	较为普遍、实现难度小	相对较少、实现难度大
	城镇落户难度	全面放开、较为容易	有所限制、相对困难
	社会融入难度	文化差异较小、歧视情况较少	文化差异偏大、歧视情况偏多

二 就地就近城镇化背景下的市民化成本指标调整

由于不同城镇化类型之间既有相同又有差异，故而需要结合不同城镇化类型的主要特点及具体发展路径，在考虑政策与法规影响基础上，明晰可用指标并调整需调指标，形成就地就近城镇化背景下的农业转移人口市民化成本指标体系。

1. 原有指标体系的可用性分析

本书在第三章所构建的农业转移人口市民化成本指标体系，一级指标是基于中国社会经济情境并结合社会成本理论产生的，其将市民化成本分为内部成本和外部成本，如此划分的主要原因是：中国的二元经济社会制度使农业转移人口市民化不同于西方一般人口市民化进程；农业转移人口市民化不仅包括一般意义上的人口城市化过程，还包括对外部性的矫正过程。因此市民化成本包括政府、企业为补齐农业转移人口公共服务和薪资福利损失部分所投入的外部成本，以及农业转移人口为推动职业、身份、生活方式向城镇居民转变的内部成本。二级指标是基于公共治理理论，并在阐述政府、企业通过支付公共成本和企业成本，农业转移人口通过支付私人显性成本和私人隐性成本，从而实现消除市民化外部性、推动市民化进程这一治理目标的基础上所形成的。

与异地城镇化相比，就地就近城镇化虽有诸多不同，但在经济社会等领域广泛存在的"二元"特性依旧明显，在制度改革和公共治理过程中所涉及的相关主体保持一致，已有研究从不同角度对此判断给予了支持。有学者指出，就地就近城镇化的推进与异地城镇化类似，破解资金瓶颈依然是关键，特别是教育、医疗、养老、基建等方面的市民化成本投入，而构建政府、企业和农业转移人口共同参与的成本支付模式是关键（辜胜阻等，2014）。还有学者指出，就地就近城镇化与异地城镇化在市民化推进过程中机理相似，两者都存在显著外部性，但就地就近城镇化背景下成本更低，特别是政府、居民（包括农业转移人口）等相关主体所产生的消费成本（陈晓红、谭宇，2015）。然而需要注意的是，有不少研究证明，由于就地就近城镇化与异地城镇化在社会经济情境、路径机制等方面有所不同，市民化过程中的户籍管理、社会保障、土地流转等制度改革成本，社会接纳、文化适应、网络构建等社会转变成本，资源占有、福利分配、转移支付等经济变革成本，均会发生较大改变，一些较为具体的成本指标与数据项目金额和构成将会有所变化（Liu et al.，2014；Chen and Ye，2014；周鹏、王卫琴，2015）。

因此，就地就近城镇化和异地城镇化背景下，市民化过程中由制度安排所带来的外部性同样存在，市民化成本支付过程中涉及的主要成本支付主体没有变化，但在具体推进过程中的部分情境及路径、重点有所变化。既有指标体系中，一级、二级指标在不同城镇化类型之间同样适用，但三级指标及部分数据项需要基于就地就近城镇化进行相应调整。

2. 三级指标及数据项的调整

公共成本项目下三级指标的选取，主要依据市民化所在地提供的城镇公共服务类别。其中，基础设施建设、公共管理（包括一般公共服务、公共安全、环境保护）、住房保障、社会保障与促进就业方面的公共服务提供，无论城镇规模的大小或城镇化类别是否一致，其本身及所包含数据项基本保持一致（Zhou et al.，2018），这在《"十三五"推进基本公共服务均等化规划》《中华人民共和国国民经济和社会发展第十三个五年规划纲要》等政策文件中能够清晰发现。但是，构成教育成本指标的数据项包括学前教育、义务教育、高等教育，而就地就近城镇化主要集中于中西部地区的县城及中小城镇（见表 5-1），该区域内政府能够提供高等教育的概率几乎为零，加之学前及义务教育为政府提供的公共教育，相应成本由政府支付，而选择其他阶段和类别的教育产生的成本，应由选择者个人支付，这在中国绝大多数县级及以下政府发布的相关统计年鉴、统计公报等官方文件中均有说明。因此，在就地就近城镇化背景下，应去除高等教育数据项并将教育成本调整为学前及义务教育成本，以此更为贴合实际情况。

企业成本项目下三级指标的选取，主要基于劳动经济学范畴下认定的就业歧视判断标准，同时根据类型的不同，将其划分为社会保障成本、技能培训成本、工资歧视成本（周萍等，2010）。其中，社会保障成本和技能培训成本产生的主要原因之一是，农业转移人口与企业没有签订正式劳动合同，而这一情况虽然在就地就近城镇化背景下有一定程度的好转，但从国家统计局显示的 35.1% 的劳动合同签订率来看，该情况依然普遍存在（勒伟，2016）。然而，在就地就近城镇化背景下，当地的主导产业和农业转移人口从事工作所在的单位多数属于劳动密集型企业，对劳动力的需求较大，加之当地市场和政府对劳动力的需求程度较高、地域文化趋同，《国务院办公厅关于切实做好当前农民工工作的通知》（国办发〔2008〕130 号）和《国务院关于进一步做好为农民工服务工作的意见》（国发〔2014〕40 号）等政策文件的落实，由身份歧视和反向歧视（保护城镇职工）引起的工资歧视情况并不明显（曹信邦，2008）。相关调查研究也发现，中部地区县域内农业转移人口月均工资 2124.83 元，加班费占工资收入的 4.79%，城镇居民月均工资 2277.65 元，加班费占工资收入的 2.39%，两者基本持平，相应工资歧视系数也基本趋于零（顾东东等，2018）。因此，在就地就近城镇化背景下，重点考虑企业的社会保障成本和技能培训成本。

私人显性和隐性成本项目下三级指标的选择是基于市民化相关理论，

考虑市民化过程中地域、职业、身份、生活方式、思想意识和行为方面转变所产生的成本。其中，住房成本产生于地域转变过程中农村居民居住地的迁移和居住环境的改变，社会保障成本产生于职业非农化的转变和城镇企业职工身份的获得，这两项成本在不同城镇化背景下依然存在且没有发生较大变化。其他多项成本，在就地就近城镇化背景下，由于空间和迁移特点变化均需做出相应调整。首先，就地就近城镇化背景下，农业转移人口与家乡、亲友空间距离较近，交通通信成本大幅降低，已不再是农业转移人口为维持基本生活所必须支付的成本（Qian and Xue，2017）。其次，农业转移人口实现市民化的相应难度和用于满足基本生活需求的成本比例将会下降，用于文化生活方面的成本将有所提升，智力成本开支将不仅包括教育和培训，还包括用于素质提升和娱乐文化等方面的开支（陈晓红、谭宇，2015）。再次，市民化后社会关系网络能够得到有效继承、运用和扩大，农业转移人口的社会融入速度和意愿将会较快提升。这一方面会使他们在社会力作用下，意识、行为与生活方式加速重构；另一方面由于职业、身份和城镇社会生活的需要，其对非必需商品和服务的自主选择会隐性增加。同时，县城和中小城镇的学前及义务教育以公办学校为主且选拔机制相对公平，相关"影子教育"和民办教育也由于市场需求的有限而相对欠缺，教育选择度和教育选择机会成本相对较小，因此子女教育所带来的成本相对有限（邬志辉、李静美，2016）。此外，社会交往成本下如"寄给和带给在外人口现金"等数据项，在就地就近城镇化情境下适用程度有限，应将该数据项调整为捐赠与赡养、赠送亲友、交通通信等费用，以此提升数据项的准确性和代表性。最后，就地就近城镇化背景下农业转移人口多存在兼业行为，与异地城镇化时期将土地出租给农村亲友或撂荒不同，在未市民化之前其多自行打理土地，政府给予的农民救济、赔偿、粮食补贴是直接归其个人所有，但市民化后这一收入将会损失（潘鑫等，2015），故在放弃土地机会成本中应新增该数据项。

基于上文分析，结合不同城镇化类型下农业转移人口市民化的空间及迁移特点，对就地就近城镇化背景下农业转移人口市民化成本项目进行相应调整（见表5-2），最终形成的指标体系如图5-3所示。

表 5-2　基于就地就近城镇化背景下的市民化成本项目调整内容归纳

成本项目			调整内容
外部成本	公共成本	基础设施建设	未调整
		公共管理	未调整
		学前及义务教育	去除"非学前及义务教育"数据项
		住房保障	未调整
		社会保障与促进就业	未调整
	企业成本	社会保障	未调整
		技能培训	未调整
		工资歧视	去除"工资歧视"指标项
内部成本	私人显性成本	生活	去除"交通通信"数据项
		智力	增加"娱乐文化"数据项
		住房	未调整
		社会保障	未调整
		放弃土地	增加"农民救济、赔偿、粮食补贴"数据项
	私人隐性成本	社会交往	数据项调整为"捐赠与赡养、赠送亲友、交通通信等费用"
		非必需商品和服务	新增该指标，数据项与统计年鉴一致，由于较多不再罗列
		子女教育	去除"子女教育"指标项
		失业风险	未调整

三　就地就近城镇化背景下的市民化成本测算模型优化

就地就近城镇化背景下，市民化成本指标体系的一级、二级指标构成并未发生变化，成本的产生原因与异地城镇化类似。另外，各指标市民化成本的真实值是市民化前后成本支出的差值。同时，市民化各项成本与指标具有层次性，是包含与被包含的关系，故而模型的设计总思路依然采用"成本分类分步结转法"（见图 4-1），成本测算总模型与式（4-4）保持

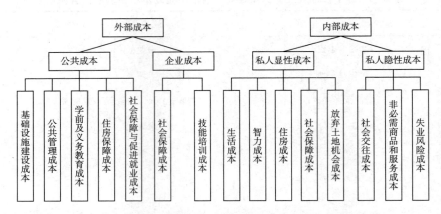

图5-3 就地就近城镇化背景下农业转移人口市民化成本指标体系

一致。但是，较多三级指标基于就地就近城镇化背景有所调整（见表5-2），相应模型算法也需要根据新的指标内涵进行优化，而模型中的相应数据项与参数均来自相关统计年鉴，故本书不再赘述。

据此，本书对涉及调整的指标项目的模型算法进行优化，未涉及的指标的算法与第四章保持一致。设 t 为数据年份，年末城镇户籍人口数为 P_t，年末农村户籍人口数为 P_t'，企业单位职工人数为 Pe_t，调整优化的三级指标测算模型如下。

1. 学前及义务教育成本

原有模型中，构成教育成本指标的数据项包括学前教育、义务教育和高等教育三项，但就地就近城镇化背景下中小城镇能够提供高等教育的概率几乎为零，加之学前及义务教育为政府提供的公共教育，相应成本由政府支付，而选择其他阶段和类别的教育产生的成本，应由选择者个人支付，这在中国绝大多数县级及以下政府发布的相关统计年鉴、统计公报等官方文件中均有说明。故而在教育成本中将高等教育的影响因素去除，以此契合实际情况，故测算模型调整为：

$$C_1'(t) = \left\{ [SS_e/(SS_f + SS_e)] \sum_{t=i}^{n} Edu_t \right\} / \sum_{t=i}^{n} (P_t + P_i') - $$

$$2\, Edu_t' / \sum_{t=i}^{n} P_t' \tag{5-1}$$

式中：$C_1{'}(t)$ 表示就地就近城镇化背景下农业转移人口市民化学前及义务教育成本；SS_c 表示年末学前及义务教育阶段师生数；SS_f 表示年末非学前及义务教育阶段师生数；Edu_t 表示城镇学前及义务教育财政支出；$Edu_t{'}$ 表示农村学前及义务教育财政支出。

2. 生活成本

生活成本主要是考量维持人口生存和工作必需项目在市民化前后的改变情况，在异地城镇化背景下，农业转移人口必须通过长距离"候鸟式"迁移获取工作并兼顾家庭，交通通信费用在该情境下是必要的开销。而在就地就近城镇化背景下，农业转移人口与家乡、亲友距离十分相近，由长距离"候鸟式"迁移及"两地分隔"所引起的高昂交通通信费用将大幅降低，该项目大部分支出所产生的功能已不再是维持基本生活（顾东东等，2018），故将生活成本测算模型调整为：

$$C_2{'}(t) = \sum_{t=i}^{n} [(SP_t + YZ_t + SB_t + YL_t)P_t] / \sum_{t=i}^{n} P_t -$$
$$\sum_{t=i}^{n} [(SP_t{'} + YZ_t{'} + SB_t{'} + YL_t{'})P_t{'}] / \sum_{t=i}^{n} P_t{'} \qquad (5-2)$$

式中：$C_2{'}(t)$ 表示就地就近城镇化背景下农业转移人口市民化生活成本；SP_t 表示城镇居民人均年食品支出；YZ_t 表示城镇居民人均年衣着支出；SB_t 表示城镇居民人均年家庭设备用品及服务支出；YL_t 表示城镇居民人均年医疗保健支出；$SP_t{'}$ 表示农村居民人均年食品支出；$YZ_t{'}$ 表示农村居民人均年衣着支出；$SB_t{'}$ 表示农村居民人均年家庭设备用品及服务支出；$YL_t{'}$ 表示农村居民人均年医疗保健支出。

3. 智力成本

就地就近城镇化背景下，农业转移人口市民化的相应难度和用于满足基本生活需求的成本比例将会下降，用于文化生活方面的成本将有所提升，智力成本的开支将不仅包括教育和培训，还将包括用于个人素质在更多方面和更高层次上的提升（陈晓红、谭宇，2015），即对应于统计年鉴之中的教育娱乐文化支出，据此测算模型调整为：

$$C_3{'}(t) = \left[\sum_{t=i}^{n} (E_t \cdot P_t) \right] / \sum_{t=i}^{n} P_t - \left[\sum_{t=i}^{n} (E_t{'} \cdot P_t{'}) \right] / \sum_{t=i}^{n} P_t{'} \qquad (5-3)$$

式中：$C_3{'}(t)$ 表示就地就近城镇化背景下农业转移人口市民化智力成

本；E_t 表示城镇居民人均年教育娱乐文化支出；$E_t{}'$ 表示农村居民人均年教育娱乐文化支出。

4. 放弃土地机会成本

异地城镇化背景下，由于受地理距离较远等现实问题的阻碍，农业转移人口的土地多出租给农村亲友或撂荒；但在就地就近城镇化背景下，农业转移人口多存在兼业行为，在未市民化之前其多自行打理土地，政府给予农民的救济、赔偿、粮食补贴是直接归其个人所有，但市民化后这一收入将会损失（潘鑫等，2015），故在放弃土地机会成本中应新增该数据项，据此测算模型调整为：

$$C_4{}'(t) = \left[\sum_{t=i}^{n}(A_t \cdot P_t{}' + T_t \cdot P_t{}') \right] / \sum_{t=i}^{n} P_t{}' \qquad (5\text{-}4)$$

式中：$C_4{}'(t)$ 表示就地就近城镇化背景下农业转移人口市民化放弃土地机会成本；A_t 表示农村居民人均农林牧渔业经营收入；T_t 表示农村居民人均年救济、赔偿、粮食补贴收入。

5. 社会交往成本

就地就近城镇化背景下，农业转移人口的社会关系网络受益于生活圈及地理圈的相似，在市民化后能够得到最大程度的有效继承、运用和扩大，异地城镇化背景下"寄给和带给在外人口现金"等数据项在这一背景下有些不再适用，有些有了新的变化，结合之前的研究成果将数据项调整为捐赠与赡养、赠送亲友、交通通信等费用，测算模型调整为：

$$C_5{}'(t) = \left[\sum_{t=i}^{n}(SC_t \cdot P_t + CC_t \cdot P_t) \right] / \sum_{t=i}^{n} P_t -$$
$$\left[\sum_{t=i}^{n}(SC_t{}' \cdot P_t{}' + CC_t{}' \cdot P_t{}') \right] / \sum_{t=i}^{n} P_t{}' \qquad (5\text{-}5)$$

式中：$C_5{}'(t)$ 表示就地就近城镇化背景下农业转移人口市民化社会交往成本；SC_t 表示城镇居民人均年捐赠与赡养、赠送亲友费用；CC_t 表示城镇居民人均年交通通信费用；$SC_t{}'$ 表示农村居民人均年捐赠与赡养、赠送亲友费用；$CC_t{}'$ 表示农村居民人均年交通通信费用。

6. 非必需商品和服务成本

就地就近城镇化背景下，受益于市民化后社会网络与资本的有效继承和扩大，农业转移人口的社会融入速度和意愿将会较快提升。这一方面会使他们在社会力作用下，意识、行为与生活方式加速重构；另一方面由于职业、身份和城镇社会生活的需要，相较于以往其对饰品、美容化妆、生活消费借贷等非必需商品和服务的自主选择会隐性增加，其测算模型为：

$$C_6'(t) = \sum_{t=i}^{n}(FC_t \cdot P_t)/\sum_{t=i}^{n}P_t - \sum_{t=i}^{n}(FC_t' \cdot P_t')/\sum_{t=i}^{n}P_t' \quad (5-6)$$

式中：$C_6'(t)$ 表示就地就近城镇化背景下农业转移人口市民化非必需商品和服务成本；FC_t 表示城镇居民人均年非必需商品和服务支出；FC_t' 表示农村居民人均年非必需商品和服务支出。

第二节　就地就近城镇化背景下市民化成本测算数据与模型适用情境

结合中国就地就近城镇化的实践特点与政策导向，分别从河南省和陕西省选取两个差异较大的县（市）作为测算地，以官方统计数据作为本书数据来源，并对选择依据做出充分说明；在此基础上，针对就地就近城镇化背景下城镇建设、社会经济发展和农业转移人口市民化的特点，结合成本静态测算模型的特征，说明该模型及测算结果的适用范围。

一　测算地与测算数据选取

就地就近城镇化与异地城镇化在诸多方面存在差异，故而需要基于研究目标与研究设计，结合就地就近城镇化与市民化特点做出相应调整，本节对此予以分析说明。

1. 测算地的选择

中国各地区的城镇化进程差异较大，东部地区已经进入城镇化发展的优化升级期，人口增长明显放缓，其核心问题已转变为建设宜居城市，促进城镇化可持续发展与农业转移人口社会融入；而中西部地区长期作为传统农业区，相对缺少非农产业支撑，虽然具有丰富的人口资源，但农业转移人口由于缺少务工机会，多长距离迁移至东部地区务工就业，仅有部分大城市吸纳了一定比例的农业转移人口，使中西部地区长期处于较低城镇化水平和发展阶段，城镇化任务较为艰巨（陈明星等，2016）。随着《国家新型城镇化规划（2014—2020 年）》《关于深入推进新型城镇化建设的若干意见》《推进"三个 1 亿人"城镇化实施方案》等政策文件的发布与执行，中西部地区积极承接了东部地区的劳动密集型产业及相关项目，吸引了大量农业转移人口回流至户籍地附近务工就业（Li et al., 2018）。

河南省是中国内陆地区人口规模最大省份与传统农业大省，陕西省是中国农业文明发源省份和西部地区最东端的"一带一路"枢纽省份。两省在历史上曾创造过辉煌农耕文明，但在近代、当代存在明显的二元经济社会结构与发展不平衡问题，农业部门与非农业部门之间衔接的不畅使广大农业转移人口被迫选择去东部地区务工就业。新型城镇化战略实施以来，河南省利用中原经济区和中原城市群建设的契机，在保障农民利益、发展现代农业、发展农村经济的基础上，积极推动新型城镇化的进程，以各区县产业集聚区的打造为引领，促进产业升级、民生改善，加快推动农村人口向城镇转移落户，实现了城镇化率的快速提升（宣超、陈甬军，2014）。陕西省依靠西部大开发、关中平原城市群和关中—天水经济区建设的红利，大力发展"三个经济"、优化城镇体系布局、发挥大西安的核心引领作用、打造历史文化高地、建设综合交通体系和协调保障机制，探索出了一条具有陕西特色的新型城镇化发展路径，城镇化、市民化工作取得长足进展。目前，河南省、陕西省已成为中西部地区发展较快的较低城镇化率地区，也是实现就地就近城镇化和"三个 1 亿人"目标的重点区域，两省不仅能够代表绝大多数中西部省份的基本情况，它们人口多、潜力大、文化厚重、区位优的基本省情也决定了其是整个中西部地区城镇化建设的重要区域。上述城镇化背景及特征与中国就地就近城镇化存在高度匹配。

与此同时，已有研究表明，只有城镇人口达到一定规模，才能保证城镇经济有效率运行，低于 25 万人城市的发展是相对低效的（牛文，2003）。县城作为中国农村行政、生产、流通、交通、服务中心，既是城市之"尾"又是农村与乡镇之"首"，是衔接城乡社会，实现新型城镇化健康可持续发展的重要支点（辜胜阻等，2014）。以农业转移人口家乡居住地附近具备一定人口规模和基础的县域作为就地就近城镇化的核心，不仅能够创造更多就业机会，避免人口长距离迁移，还有利于农业转移人口市民化后文化、习俗、生活认同与社会融入（李强等，2015）。故而从长期看，以县域作为中西部就地就近城镇化发展的重点，能够有效规避人口过度集中于大城市或过度分散于小城镇带来的各种弊端，其具有的经济、政治、文化资源与产业支撑能够形成一定竞争力，相当水平的居民公共服务也可以满足人口聚集的要求，对农业转移人口具有较强吸引力（李强等，2017）。

此外，考虑中国城镇化较强的空间差异特点，区域间及不同地区内部城镇化进程、道路、需求的不同，发展程度和类型不同的城镇，在就地就近城镇化过程中显现的特点并不相同，成本支出的侧重点也不相同，需要"对症下药"，做到"适用与限度"（唐丽萍、梁丽，2015）。综合以上因素，本书从河南省 105 个县与县级市（不含市辖区）以及陕西省 107 个县与县级市（不含市辖区）中，分别选取两个发展情况差异较大的县域作为主要研究对象，力图通过测算两县农业转移人口市民化成本，较为全面地揭示中西部地区就地就近城镇化背景下，不同发展程度的县域的市民化成本基本现状和主要问题，为就地就近城镇化相关政策的制定和实施提供借鉴。

汝州市是河南省委、省政府确定的省直管试点县（市）、对外开放重点市、加快城镇化建设重点市、中国中部经济实力 20 强县（市），第二产业发达，GDP 居于全省前列，2017 年常住人口达到 94.53 万人，城镇化率为 45.25%，代表基础相对雄厚且发展程度较高的较大规模县城。郏县在历史上长期以农业为主导产业，经济实力和 GDP 在全省处于中等偏下水平，但近年来受益于国家及省市相关利好政策，该县基于当地特色和自然禀赋以烟草加工、矿产开发、轻工制造、知青旅游、饮食推广等项目，积极布局三大产业，使经济得到快速发展、三产结构日趋合理，吸引了大量农业转移人口务工就业，2017 年常住人口达到 57.79 万人，城镇化率为 40.61%，代表基础相对薄弱但处于快速发展过程中的中小规模县城。城固县是陕西省汉中市副中心城市和汉中市人口第二大县，三线建设时期就被国家确定为重要军事工业建设基地，驻有中航工业陕飞公司和燎原公司、空军航测团等 20 多家军工单位，工业基础雄厚、经济实力较强，作为重点开发区域被列入《陕西省主体功能区规划》中，素有西北地区之"陕南明珠"美誉，2017 年常住人口达到 54.37 万人，城镇化率为 27.06%，代表基础较好、发展潜力较大且有待开发的中小规模县城。宁强县是一个南北交汇、襟陇带蜀的山区县，是大西北进入大西南的主要门户，是汉江的发源地，自然资源丰富但多数处于限制开发和严谨开发区域，区域内少数民族居民较多，是国家级贫困县和移民搬迁重点县，2017年常住人口达到32.63万人，城镇化率为18.66%，代表基础薄弱、发展空间有限的较小规模县城。

综合上述因素，本书选择基础相对雄厚且发展程度较高的较大规模县城河南省汝州市，基础相对薄弱但处于快速发展过程中的中小规模县城河南省郏县，基础较好、发展潜力较大且有待开发的中小规模县城陕西省城固县，基础薄弱、发展空间有限的较小规模县城陕西省宁强县作为就地就近城镇化背景下农业转移人口市民化成本测算地。

2. 测算数据选取

本书所使用的数据主要来源于历年《河南统计年鉴》《陕西统计年鉴》《河南农村统计年鉴》《陕西区域统计年鉴》《汝州年鉴》《郏县年鉴》《城固年鉴》《宁强年鉴》，以及国家与河南省、陕西省各级政府部门的公报数据、政策文件中的数据。使用官方数据测算，一方面有利于测算模型的应用推广和检验修正，另一方面也保证了数据的真实性、可靠性和权威性。同时，为了充分提升模型测算的精度、有效揭示市民化成本的变化规律，本书选择了2010~2017年的数据进行测算。

之所以没有和异地城镇化部分测算相同，选择更长时期的数据，其原因在于，2000年、2006年、2009年当地统计部门和调查队根据政策要求，对辖区内城镇、农村的范围和人口取样方法做出了较大调整，相应统计口径发生了较大变化，包括国家或地方统计局内网在内的官方数据并未对这些数据进行进一步修正和调整，故而本书为保障数据的一致性和结果的可比性，选择了2010~2017年共计8年的数据。以此通过长期数据的比对和测试，不仅可以检验模型的稳健性，还能够发现成本发展的规律，对本书提出的测算思路和测算框架进行佐证，对相关理论进行验证。

需要补充说明的是，本书在衡量"农村居民养老保险财政补贴"这一数据项时，是在城乡居民基本养老保险财政补贴的基础上进行估算的。其原因在于，2009年中国推行新型农村社会养老保险制度，彼时居民保险体系主要由城镇职工基本养老保险、城镇居民社会养老保险、新型农村社会养老保险构成；但 2014 年政府正式将城镇居民社会养老保险与新型农村社会养老保险合并为城乡居民基本养老保险，而数据显示 2013 年全国已有半数省份实行城乡居民养老保险制度，即不再区分城居保与新农保（王志章、韩佳丽，2015）。相应统计年鉴和统计部门内网的数据条目也发生了改变，相应数据产生了"断裂"，因此本书采用了这一方法。由于基础数据较多，具体数据请见附录。

二　测算模型的适用情境

农业转移人口市民化是一个复杂动态过程，伴随市民化不断推进，农业转移人口市民化成本总额会随历年市民化人口总量、人口结构的变化，产生相应动态变化。学界目前使用的市民化成本测算模型的基本思想是，依据成本指标的层级，通过数据项金额的加总，最终得到各成本指标的实际金额，该方法不仅有利于在实践中的操作，而且在学术上也有较强适用性。特别是该方法使用的数据为历年已发生的真实数据（统计数据），加之使用情境也多为异地城镇化背景下的高城镇化率地区，相应市民化人口总量、结构及人均成本的变动呈现规律性变化特点，故而成本测算和预测准确度较高。

然而，在就地就近城镇化背景下，县城等中小城镇目前正处于城镇化快速发展阶段，历年农业转移人口市民化的人口总量变化较大，加之近年来中西部中小城镇农业转移人口的家庭化迁移增多与市民化比例提高，使得区域内历年市民化人口结构从以劳动力年龄段人口为主向多元年龄别分布转变。与之对应的是，以成本分类分步结转法为核心思想设计的成本测算模型，在测算过程中使用的是已发生数据而非预测数据（王敬尧、叶成，2015）；此外，就地就近城镇化在户籍改革制度之前，迁移和市民化人口结构仍以劳动力阶段人口为主（王跃生，2013），故而对数据年份内市民化成本的估算偏差不会过大。但是，由于其自身的"静态"特性，在无法预见市民化人口数量、结构和人均成本在未来时期规律、稳定变化的情况下，研究无法保证相关测算结果和结论的准确性，因此仅依靠该方法较难实现对未来市民化成本发展趋势和变化特征的准确预测。

综合上述因素，就地就近城镇化背景下，静态测算模型对过往年份市民化成本测算较准，但由于受社会经济情境，特别是家庭化迁移增加的影响，测算结果在未来的适用性受到一定局限。据此，本章将重点测算和分析就地就近城镇化背景下农业转移人口市民化成本的现状，在第六章通过方法创新对未来市民化成本进行预测分析。

第三节　就地就近城镇化背景下市民化成本的测算结果分析

本节基于调整优化后的指标体系和测算模型，结合数据测算 2010~2017 年就地就近城镇化背景下农业转移人口市民化成本金额，并依据第三章形成的方案框架与各级指标理论内涵，从多角度对相关结果进行分析讨论。

需要说明的是，由于省份之间不同统计指标存在差异，加之数据可获性等问题，陕西省城固县、宁强县部分成本项目存在数据缺失情况，故在后续结果分析部分，以河南省汝州市、郏县的成本测算结果作为主要分析对象，陕西省城固县、宁强县的测算结果作为辅助支撑，仅在数据满足整体分析条件的小节进行分析。

一　市民化人均总成本及其基本结构

通过分析历年农业转移人口市民化人均总成本及其内部成本、外部成本的金额变化趋势，结合市民化成本一级指标的理论内涵，初步判断就地就近城镇化背景下，市民化人均总成本及市民化外部性情况。城固县、宁强县数据缺失导致测算结果不完整，无法满足本节分析需求，故仅对汝州市、郏县测算结果予以分析。

1. 市民化人均总成本

2010~2017 年，汝州市民化人均总成本呈现稳定上升趋势，由 3.00 万元增长至 6.65 万元，年均增长率为 12.04%（见图 5-4）；郏县市民化人均总成本则总体呈现先升后降趋势，由 3.22 万元增长至 4.30 万元，年均增长率为 4.22%（见图 5-5）。农业转移人口市民化总成本是各相关利益者在推动市民化进程中所支付的成本之和，是反映市民化成本变化规律和趋势的重要指标。通过对比央行和国家统计局公布的通货膨胀率、CPI 指数及 GDP 增速来看，汝州市民化人均总成本的增长率是高于社会经济平均发展水平的，而郏县则低于这一平均发展水平。

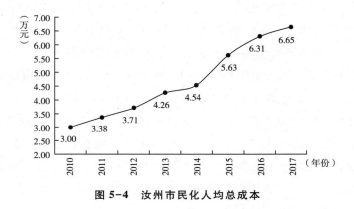

图 5-4　汝州市民化人均总成本

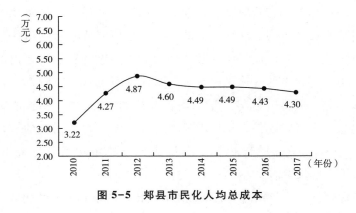

图 5-5　郏县市民化人均总成本

进一步观测两地市民化人均总成本增长趋势与特点可以发现，2014 年之后汝州的市民化人均总成本年均增长率从 10.91% 提升至 13.57%；郏县的市民化人均总成本年均增长率则以 2012 年为界，从 22.98% 下降至 -2.46%。与之对应的是，汝州在 2014 年作为城镇建设较好、综合实力较强的较大规模工业型县城，被河南省确定为全面实行"省直管"的 10 个县（市）之一，工业发展和产业建设得到了诸多政策倾斜，城镇建设速度进一步加快，城镇优势进一步显现。郏县作为传统农业大县，非农产业发展相对较弱，2012年之后随着中国经济进入"新常态"，县内煤矿、制造业加工等主导工业产业进入改革升级阶段，城镇发展和非农产业扩大速度进一步放缓，故而城市经济与农业经济、城镇居民与农村居民之间的差异并未扩大，而且在某种意义上有所缩小。市民化人均总成本在很大程度上是城乡建设差异与城乡居民差异情况的反映（Hansen and Lofstrom，2009），本节测算所得结果与两地城乡建设和发展情况基本吻合，证明了本书指标与测算模型的有效性，同时还揭示了不同类型城镇市民化成本特点具有明显差异，说明了本书在测算地选择方面的合理性。

与异地城镇化背景下相比，就地就近城镇化背景下农业转移人口市民化人均总成本更低。成本变化在很大程度上受政策和社会经济发展环境的影响，发展程度较高的城镇市民化人均总成本较高，发展程度一般的城镇市民化人均总成本较低且变化波动较大。

2. 市民化人均总成本的基本结构

从一级指标看，与异地城镇化背景下相比，就地就近城镇化背景下市民化外部成本占比更高，外部成本的高占比也使其成为影响市民化人均总成本变化的主要因素。汝州和郏县的外部成本金额均明显高于内部成本金额，但两地外部成本的变化规律有所不同（见图5-6、图5-7）。汝州地区的外部成本呈不断上升趋势，年均增长率达到14.89%；郏县地区外部成本总体呈现先升后降趋势，年均增长率为3.25%。与之对应的是，两地内部成本基本呈现平稳增长趋势，汝州7.64%的年均增长率略高于郏县6.01%的年均增长率。

从二级指标看，与异地城镇化背景下相比，就地就近城镇化背景下公共成本从占比最小变成总体上占比最大，私人显性成本超越企业成本成为占比第二的项目，私人隐性成本金额在大幅度减小的同时，其占比也下降至最低位次。汝州地区的公共成本自2012年之后迅速增长，在2015年超越私人显性成本成为占比最大的项目；郏县地区的公共成本始终占比最大，但2013年之后呈现明显下降趋势，依据成本金额占比大小，公共成本之后从高到低依次为私人显性成本、企业成本、私人隐性成本（见图5-8、图5-9）。

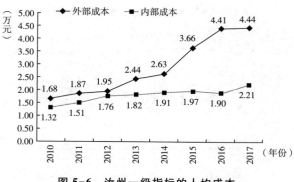

图 5-6　汝州一级指标的人均成本

图 5-7　郏县一级指标的人均成本

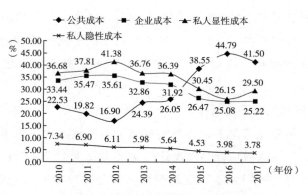

图 5-8　汝州二级指标在人均总成本中的占比

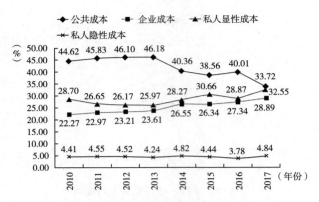

图5-9　郏县二级指标在人均总成本中的占比

综合来看，就地就近城镇化背景下，新增一名市民化人口需要支付的成本更少，但由制度政策所带来的外部性现象更为明显，且主要通过公共成本得到体现，农业转移人口与城镇居民公共服务享有水平不一致的问题亟待解决；政府不仅是农业转移人口市民化的重要推动者，还成了市民化成本的最大支付方，农业转移人口成了市民化成本最小支付方；能够反映社会融入难度的私人隐性成本大幅降低，说明就地就近城镇化更有利于深层次市民化的开展。

二　外部成本下各级成本的金额、结构与变化趋势

本节分析就地就近城镇化背景下人均公共成本、企业成本及其子成本的基本情况、发展态势，总结其与异地城镇化的不同；结合社会经济情况讨论成本变化的规律，找出不同发展程度城镇中影响市民化的关键成本因素。

1. 公共成本及其子成本

就地就近城镇化背景下，公共成本成了市民化人均总成本中占比最大的二级指标，意味着政府既是市民化的重要推动者，又是市民化成本的最大支付方。但是，不同发展程度城镇之间的公共成本变化趋势有所差异，发展基础较好的汝州地区，人均公共成本金额总体呈快速上升趋势，年均增长率达到22.25%；发展基础一般的郏县地区，人均公共成本金额则总

体呈先升后降态势，年均增长率仅为 0.15%；由于数据缺失问题，城固、宁强地区仅对有数据的部分三级指标的具体情况进行分析（见表5-3）。

表5-3 就地就近城镇化背景下农业转移人口市民化公共成本测算结果

单位:%，万元/人

成本项目		年均增长率	测算年份							
			2010	2011	2012	2013	2014	2015	2016	2017
汝州	基础设施建设	22.66	0.61	0.59	0.50	0.92	1.05	2.02	2.67	2.56
	公共管理	10.44	0.05	0.06	0.08	0.07	0.07	0.08	0.07	0.10
	学前及义务教育	33.38	0.01	0.02	0.03	0.04	0.04	0.04	0.04	0.05
	住房保障	15.10	0.01	0.01	0.01	0.01	0.01	0.02	0.03	0.03
	社会保障与促进就业	41.15	0.00	0.00	0.00	0.01	0.01	0.02	0.01	0.01
	总计	22.25	0.68	0.67	0.63	1.04	1.18	2.17	2.83	2.76
郏县	基础设施建设	-0.29	1.37	1.87	2.16	2.02	1.71	1.63	1.69	1.34
	公共管理	3.21	0.05	0.05	0.07	0.07	0.06	0.06	0.06	0.06
	学前及义务教育	22.34	0.00	0.00	0.00	0.00	0.01	0.01	0.01	0.01
	住房保障	9.88	0.01	0.01	0.01	0.02	0.02	0.02	0.02	0.02
	社会保障与促进就业	0.17	0.01	0.01	0.01	0.00	0.00	0.01	0.00	0.01
	总计	0.15	1.44	1.96	2.25	2.12	1.81	1.73	1.77	1.45
城固	基础设施建设	—	—	—	—	—	—	—	—	—
	公共管理	10.40	0.05	0.07	0.07	0.07	0.07	0.08	0.10	0.10
	学前及义务教育	—	—	—	—	—	—	—	—	—
	住房保障	5.74				0.04	0.04	0.05	0.03	0.05
	社会保障与促进就业	33.17	0.00	0.00	0.00	0.00	0.00	0.00	0.01	0.03
	总计	—	—	—	—	—	—	—	—	—
宁强	基础设施建设	—	—	—	—	—	—	—	—	—
	公共管理	7.63	—	—	0.09	0.08	0.10	0.11	0.11	0.13
	学前及义务教育	15.47	—	—				0.03	0.03	0.04
	住房保障	5.23	—	—	0.31	0.16	0.38	0.24	0.22	0.40
	社会保障与促进就业	5.87	—	—				0.00	0.01	0.03	0.04
	总计	—	—	—	—	—	—	—	—	—

注：表格内数据是四舍五入保留两位小数情况下的结果，显示为"0.00"其真实值并非为零，下同。

从三级指标看，对于数据齐备的汝州和郏县地区，基础设施建设成本是公共成本中占比最大的项目，汝州地区该指标平均占比为89.41%，郏县地区为94.86%；由于具有较高的占比，基础设施建设成本历年金额的变化显著影响公共成本总金额的变化。公共管理成本是公共成本中占比第二的项目，汝州平均占比为6.47%，郏县平均占比为3.34%。学前及义务教育、住房保障、社会保障与促进就业成本在公共成本中的占比相对较小，三项成本的平均占比之和在汝州和郏县均不足公共成本的5%，但总体上三项成本的年均增长率相对较高。对于城固和宁强地区，公共管理、学前及义务教育、住房保障、社会保障与促进就业成本的年均增长率、具体测算值及平均占比，与中部地区县（市）的情况基本一致，且城固和汝州、宁强和郏县的相似性更高，这与上述地区经济社会发展状况相似有关，在很大程度上也验证了本书指标体系的稳健性和科学性。从另一视角分析，与异地城镇化背景下相比，就地就近城镇化背景下公共成本的各三级指标的占比排序情况保持一致，但是基础设施建设成本的占比进一步增加、成本金额明显更高，其他成本的占比与金额明显下降。

总体来看，公共成本及其子成本的人均成本金额与城镇发展程度呈正相关关系，发展较好地区的人均公共成本金额较高；基础设施建设依然是市民化过程中的重点，且在就地就近城镇化背景下更为明显。这说明，发展程度一般的城镇由于基础设施建设水平和承载力有限，在城镇人口不断增加的市民化背景下，需要投入较多的成本用于城镇建设；发展程度较好城镇的基础设施建设水平较高，在城镇人口增长的前期并不需要投入较多基建成本，但随着人口的继续快速增长，其也需要投入较多基础设施建设成本，加之其城镇建设平均水平较高，同等条件下需要投入的成本也较多。因此，在市民化快速推进过程中，城镇基础设施建设成本随着城镇人口的增长呈现阶梯式上升趋势。

2. 企业成本及其子成本

与异地城镇化背景下相比，就地就近城镇化背景下人均企业成本及其子成本的金额更低。2010~2017年，汝州、郏县、宁强地区企业成本金额均总体呈稳步上升趋势，其中，汝州地区从1.00万元/人上升到1.68万元/人，年均增长率为7.71%；郏县地区从0.71万元/人上升到1.25万元/人，年均增长率为 8.38%；宁强地区从 1.00 万元/人上升到 1.68 万元/人，年均增长率为 7.65%（见表 5-4）。其中，社会保障成本占据了企业成本中的绝大部分，汝州地区该成本的年均占比达到 92.60%，年均增长率为 7.70%；郏县地区该成本的年均占比达到 92.62%，年均增长率为 8.30%；宁强地区该成本的年均占比达到 92.78%，年均增长率为 7.67%。技能培训成本占比相对较小，但年均增长率相对较高。由于城固地区数据缺失问题，本部分不再对其进行分析。

表 5-4 就地就近城镇化背景下农业转移人口市民化企业成本测算结果

单位:%，万元/人

成本项目		年均增长率	测算年份							
			2010	2011	2012	2013	2014	2015	2016	2017
汝州	社会保障	7.70	0.93	1.11	1.22	1.30	1.34	1.38	1.47	1.55
	技能培训	7.82	0.07	0.09	0.10	0.10	0.11	0.11	0.12	0.12
	总计	7.71	1.00	1.20	1.32	1.41	1.45	1.49	1.58	1.68
郏县	社会保障	8.30	0.66	0.91	1.05	1.00	1.10	1.10	1.12	1.15
	技能培训	9.43	0.05	0.07	0.08	0.08	0.09	0.09	0.09	0.09
	总计	8.38	0.71	0.98	1.13	1.09	1.19	1.18	1.21	1.25
城固	社会保障	—	—	—	—	—	—	—	—	—
	技能培训	—	—	—	—	—	—	—	—	—
	总计	—	—	—	—	—	—	—	—	—
宁强	社会保障	7.67	0.93	1.05	1.16	1.31	1.30	1.48	1.49	1.56
	技能培训	8.00	0.07	0.08	0.09	0.10	0.10	0.12	0.12	0.12
	总计	7.65	1.00	1.13	1.25	1.41	1.40	1.60	1.61	1.68

企业担负着为"新市民"提供工作场所和直接经济收入的重要责任，市民化企业成本的多少在很大程度上反映了农业转移人口的就业歧视情况，而成本的变化趋势则体现了歧视情况的改变态势。在就地就近城镇化背景下，企业成本总体占比有所下降，但是社会保障成本依然较大，这一情况在不同城镇之间基本相同。社会保险是农业转移人口市民化后，抵御风险和生活稳定的重要保障，企业作为职工保险支出的主体，有责任对相

应成本予以缴纳。社会保障成本目前的基本情况意味着在市民化推进过程中，由企业对社会保障进行补齐是企业成本支付中的第一要务，并且之后应按照城镇职工标准对所有职工进行技能培训。

三　内部成本下各级成本的金额、结构与变化趋势

内部成本是在排除二元经济社会制度带来的市民化外部性之后，由农业转移人口自身支付的用于推动市民化的成本。本节对内部成本及其子成本金额、结构的分析，能够明晰农业转移人口需支付的各项成本的重要程度与变化趋势，可为后续研究与政策制定奠定基础。

1. 私人显性成本及其子成本

2010~2017 年，私人显性成本是人均总成本中占比第二的二级指标，且该成本在汝州和郏县均总体呈现稳定增长态势，年均增长率分别为8.61%和6.13%（见表5-5）。在三级指标当中，生活成本、放弃土地机会成本、社会保障成本是占比较大的项目，三者之和约占人均私人显性成本的90%；住房成本虽然占比较小，但年均增长率最高。这一基本现象在中西部地区四县（市）间存在相似性。在汝州地区，住房成本平均占比仅为1.79%，但年均增长率达到30.79%，是该地区私人显性成本下唯一年均增长率超过人均总成本的三级指标；在郏县地区，住房成本平均占比为4.64%，但年均增长率高达73.38%；在城固和宁强地区，住房成本年均增长率分别达到21.90%、17.90%。总体来看，除放弃土地机会成本年均金额与占比大幅上升之外，私人显性成本以及其三级指标的年均金额和占比均比异地城镇化背景下有明显下降。

在就地就近城镇化背景下，私人显性成本及其子成本的人均金额更低，且发展一般城镇比发展较好城镇的金额更低；生活成本、放弃土地机会成本、社会保障成本是私人显性成本中最为重要的支出项目，而住房成本有可能成为未来重要的支出项目。①生活成本作为满足农业转移人口市民化后在城镇生存的"刚需"成本，在不同地区占比均相对较高；②社会保障成本和智力成本，在不同城镇化类型和不同发展程度之间的占比情况类似，住房成本增速明显，放弃土地机会成本明显高于异地城镇化背景下的测算结果；③不同城镇化类型间务农成本、农业优惠政策与财政投入均

有差异，这将对农业转移人口的迁移和市民化意愿产生显著影响（程名望等，2013），住房成本对市场和政策的反应最为敏感，随着城镇化的不断推进和城镇建设的标准逐渐升高，相应成本快速增加。

表 5-5　就地就近城镇化背景下农业转移人口市民化私人显性成本测算结果

单位：%，万元/人

成本项目		年均增长率	测算年份							
			2010	2011	2012	2013	2014	2015	2016	2017
汝州	生活	7.79	0.34	0.40	0.49	0.49	0.52	0.52	0.54	0.58
	智力	11.70	0.05	0.09	0.11	0.11	0.12	0.13	0.13	0.11
	住房	30.79	0.02	0.00	0.01	0.00	0.01	0.01	0.05	0.13
	社会保障	10.88	0.21	0.27	0.31	0.34	0.35	0.37	0.40	0.43
	放弃土地	5.87	0.48	0.52	0.62	0.63	0.65	0.68	0.54	0.72
	总计	8.61	1.10	1.28	1.54	1.57	1.65	1.71	1.65	1.96
郏县	生活	-1.32	0.40	0.48	0.54	0.56	0.59	0.59	0.23	0.36
	智力	6.11	0.05	0.07	0.09	0.10	0.10	0.10	0.09	0.08
	住房	73.38	0.01	-0.01	-0.02	-0.02	-0.02	-0.02	0.23	0.36
	社会保障	14.06	0.11	0.20	0.25	0.23	0.27	0.27	0.27	0.29
	放弃土地	-1.56	0.35	0.40	0.42	0.32	0.33	0.45	0.45	0.32
	总计	6.13	0.92	1.14	1.28	1.19	1.27	1.38	1.28	1.40
城固	生活	—	—	—	—	—	—	—	—	—
	智力	11.92	0.05	0.09	0.11	0.11	0.12	0.13	0.13	0.11
	住房	21.90	0.01	0.03	0.00	-0.02	—	0.02	0.03	0.04
	社会保障	10.78	0.21	0.27	0.31	0.34	0.35	0.37	0.40	0.43
	放弃土地	5.96	0.48	0.52	0.62	0.63	0.65	0.68	0.54	0.72
	总计	—	—	—	—	—	—	—	—	—
宁强	生活	—	—	—	—	—	—	—	—	—
	智力	—	—	—	—	—	—	—	—	—
	住房	17.90	0.06	0.06	0.07	0.12	0.17	0.20	0.21	0.19
	社会保障	10.78	0.21	0.25	0.29	0.34	0.34	0.40	0.41	0.43
	放弃土地	13.69	0.11	0.15	0.18	0.23	0.21	0.22	0.27	0.27
	总计	—	—	—	—	—	—	—	—	—

2. 私人隐性成本及其子成本

私人隐性成本在构成人均总成本的二级指标中占比最小。2010～2017年，汝州私人隐性成本在人均总成本中的年均占比为 5.53%，年均增长率为 1.88%，基本呈现静止态势；社会交往成本以 79.94% 的年均占比成为最大的私人隐性成本项目，非必需商品和服务成本以 17.67% 的年均占比位居第二，失业风险成本的年均占比很小（见表 5-6）。郏县、城固、宁强地区私人隐性成本在各三级指标的年均占比、增长态势等方面的相关情况与汝州地区大致相同，略有差异。其中，郏县、宁强社会交往成本年均增长率较高，这与两县近年来大规模实施易地搬迁政策有较大关系，多数居民在社会身份、生活环境发生变化后，社会网络需要重新构建、社会资本需要二次积累，在很大程度上会推高社会交往成本。

表 5-6　就地就近城镇化背景下农业转移人口市民化私人隐性成本测算结果

单位:%，万元/人

成本项目		年均增长率	测算年份							
			2010	2011	2012	2013	2014	2015	2016	2017
汝州	社会交往	0.19	0.19	0.19	0.19	0.21	0.20	0.19	0.19
	非必需商品和服务	8.90	0.03	0.04	0.03	0.04	0.05	0.05	0.05	0.05
	失业风险	8.76	0.00	0.00	0.01	0.01	0.01	0.01	0.01	0.01
	总计	1.88	0.22	0.23	0.23	0.26	0.26	0.26	0.25	0.25
郏县	社会交往	8.25	0.09	0.13	0.16	0.15	0.17	0.15	0.13	0.15
	非必需商品和服务	1.37	0.05	0.06	0.05	0.04	0.04	0.04	0.03	0.05
	失业风险	8.98	0.00	0.00	0.01	0.01	0.01	0.01	0.01	0.01
	总计	5.64	0.14	0.19	0.22	0.20	0.22	0.20	0.17	0.21
城固	社会交往	—	—	—	—	—	—	—	—	—
	非必需商品和服务	10.41	0.01	0.00	0.00	0.04	-0.01	0.03	0.00	0.02
	失业风险	—	—	—	—	—	—	—	—	—
	总计	—	—	—	—	—	—	—	—	—

续表

成本项目		年均增长率	测算年份							
			2010	2011	2012	2013	2014	2015	2016	2017
宁强	社会交往	9.57	0.29	0.34	0.34	0.14	0.18	0.30	0.38	0.55
	非必需商品和服务	0.01	0.03	0.03	0.03	0.05	0.03	0.03	0.02	0.03
	失业风险	7.57	0.03	0.03	0.02	0.03	0.03	0.04	0.04	0.05
	总计	8.42	0.35	0.40	0.40	0.22	0.24	0.37	0.44	0.62

就地就近城镇化背景下，私人隐性成本的金额及其在人均总成本中的占比，与异地城镇化背景下相比均有明显降低，同时发展较好的城镇比发展一般的城镇的成本更大，年均增长率更低。社会交往成本是最主要的私人隐性成本，说明市民化后用于社会融入和社会资本扩展进行的投入明显增加；而失业风险成本相对较低，证明了当前就业市场需求较为旺盛。

四 政府、企业及农业转移人口的市民化成本支付

为保持分析的可比性，本节采取与第三章和第四章相同的分析策略，首先明确并计算各主体需要支付的成本总额；其次明晰各主体支付成本的出资来源，并以其作为成本支付能力的评判标准，通过计算成本支付额占出资来源最大值的比例，评估各主体成本支付的压力状况；最后结合成本变化趋势与各主体历年成本支付的基本情况，明确各主体成本支付的重点，为后续研究和政策制定奠定基础。

1. 政府及其支付的市民化成本

就地就近城镇化背景下，政府支付的公共成本总体上是市民化人均总成本中占比最大的项目，主要由政府财政进行支付，而公共成本每年总金额的多少不仅取决于人均成本，还取决于市民化人数。依据2010~2017年当地的总人口数与城镇化率，估算每年的市民化人口数；在计算公共成本下各三级指标具体总金额的基础上，进一步分析各三级成本项目金额占当年该项目财政总支出的比例，明晰政府对各成本支付的具体压力。依据这一思路，计算得到汝州、郏县、城固、宁强2010~2017年市民化公共成本及其在财政支出中的占比，如表5-7所示。

表 5-7　就地就近城镇化背景下市民化公共成本及其在财政支出中的占比

成本项目		测算内容	测算年份							
			2010	2011	2012	2013	2014	2015	2016	2017
汝州	基础设施建设	金额（亿元）	0.62	1.17	1.00	1.04	1.71	2.89	6.23	5.73
		占比（%）	3.20	5.95	5.67	3.14	4.31	3.67	5.65	5.15
	公共管理	金额（亿元）	0.05	0.12	0.16	0.08	0.12	0.12	0.17	0.23
		占比（%）	1.09	2.14	2.16	1.22	1.74	1.55	2.49	2.37
	学前及义务教育	金额（亿元）	0.01	0.03	0.07	0.04	0.06	0.06	0.10	0.11
		占比（%）	0.16	0.66	0.94	0.54	0.74	0.64	1.12	1.13
	住房保障	金额（亿元）	0.00	0.01	0.02	0.01	0.01	0.02	0.06	0.07
		占比（%）	1.09	2.14	2.16	1.22	1.74	1.55	2.49	3.37
	社会保障与促进就业	金额（亿元）	0.00	0.00	0.01	0.01	0.02	0.02	0.03	0.03
		占比（%）	0.05	0.15	0.26	0.21	0.41	0.44	0.47	0.38
	总计	金额（亿元）	0.68	1.33	1.26	1.18	1.93	3.11	6.59	6.17
		占比（%）	2.98	5.51	3.64	3.64	5.35	6.89	13.26	12.11
郏县	基础设施建设	金额（亿元）	1.06	2.23	2.30	1.47	1.16	1.06	1.39	1.48
		占比（%）	3.80	5.95	5.08	3.38	3.05	2.91	3.57	4.55
	公共管理	金额（亿元）	0.04	0.06	0.07	0.05	0.04	0.04	0.05	0.07
		占比（%）	1.35	2.08	1.86	1.26	1.17	1.14	1.43	1.91
	学前及义务教育	金额（亿元）	0.00	0.00	0.01	0.01	0.01	0.01	0.01	0.01
		占比（%）	0.09	0.09	0.17	0.28	0.21	0.18	0.23	0.34
	住房保障	金额（亿元）	0.01	0.02	0.01	0.01	0.01	0.02	0.02	0.03
		占比（%）	1.60	1.58	1.98	1.68	1.18	1.36	2.20	4.77
	社会保障与促进就业	金额（亿元）	0.01	0.02	0.01	0.00	0.00	0.00	0.00	0.01
		占比（%）	0.53	0.64	0.28	0.05	0.08	0.13	-0.05	0.35
	总计	金额（亿元）	1.11	2.33	2.39	1.55	1.22	1.13	1.47	1.60
		占比（%）	7.32	12.46	10.89	5.82	4.52	4.08	5.87	6.09

续表

成本项目		测算内容	测算年份							
			2010	2011	2012	2013	2014	2015	2016	2017
城固	基础设施建设	金额（亿元）	—	—	—	—	—	—	—	—
		占比（%）	—	—	—	—	—	—	—	—
	公共管理	金额（亿元）	0.00	0.01	0.01	0.00	—	0.97	—	0.35
		占比（%）	0.13	0.39	0.21	0.13	—	21.53	—	6.42
	学前及义务教育	金额（亿元）	—	—	—	—	—	—	—	—
		占比（%）	—	—	—	—	—	—	—	—
	住房保障	金额（亿元）	—	—	—	0.00	—	0.64	—	0.16
		占比（%）	—	—	—	0.13	—	21.64	—	6.40
	社会保障与促进就业	金额（亿元）	—	0.00	—	—	—	—	—	—
		占比（%）	—	0.06	—	—	—	1.92	—	2.21
	总计	金额（亿元）	—	—	—	—	—	—	—	—
		占比（%）	—	—	—	—	—	—	—	—
宁强	基础设施建设	金额（亿元）	—	—	—	—	—	—	—	—
		占比（%）	—	—	—	—	—	—	—	—
	公共管理	金额（亿元）	—	—	—	—	—	0.42	—	0.21
		占比（%）	—	—	—	—	—	12.04	—	5.06
	学前及义务教育	金额（亿元）	—	—	—	—	—	0.12	—	0.06
		占比（%）	—	—	—	—	—	2.42	—	1.06
	住房保障	金额（亿元）	—	—	—	—	—	0.94	—	0.65
		占比（%）	—	—	—	—	—	54.80	—	27.09
	社会保障与促进就业	金额（亿元）	—	—	—	—	—	0.06	—	0.07
		占比（%）	—	—	—	—	—	3.21	—	2.02
	总计	金额（亿元）	—	—	—	—	—	—	—	—
		占比（%）	—	—	—	—	—	—	—	—

注：占比指该成本项目占该项目政府财政支出的比例，各成本项目占比情况的分母不同。

2010~2017 年，汝州地区公共成本支出金额总体呈现明显上升趋势，在财政支出中的占比从 2010 年的 2.98% 快速上升至 2016 年的 13.26%，在

2017 年回落至 12.11%，8 年来其在财政支出中的年均占比为 6.67%。郏县地区公共成本支出金额在财政支出中的占比则总体呈现先升后降再升的波浪式趋势，其中峰值为 2011 年的 12.46%，谷值为 2015 年的 4.08%，2017 年回升至 6.09%，8 年来其在财政支出中的年均占比为 7.13%。由于数据缺失问题，此处不再分析城固、宁强两县的总体情况。从三级指标来看，基础设施建设成本及公共管理成本是公共成本总支出中占比较大的三级指标，每年这两个项目用于市民化成本的支出约为总支出的 5%，而其他各项三级指标的成本总金额相对较小，在财政中的占比基本低于 5%。同时，住房保障成本的占比总体呈现相对明显的上升趋势，这也与国家易地搬迁和城镇化政策的推进引起城镇人口快速增长、住房需求不断升高有较大关联。

就地就近城镇化背景下，由农业转移人口市民化引起的公共成本总支出每年约占政府财政支出的比例在发展较好地区为 6.67%，在发展一般地区为 7.13%，均明显高于异地城镇化背景下的相应值。其中，基础设施建设成本是支出的最大项目，也是在财政支出中占比最高的项目；公共管理项目虽在部分地区、部分年份占比较高，但从长期看相对较低；而部分地区住房保障成本占比的总体增加需要有所关注。这说明，就地就近城镇化背景下，政府在市民化推进过程中的财政支出压力有所增加，基础设施建设的较高投入是带来财政支出压力的主要因素。

2. 企业及其支付的市民化成本

市民化过程中产生的企业成本，主要用于消除企业内部产生的由就业歧视所带来的农业转移人口薪资福利损失。在农业转移人口实现市民化并成为企业正式员工后，相关成本金额应由企业足额缴纳并计入历年工资成本之中。此外，从区域视角来看，区域内所有企业需要支付的市民化成本均来自城镇单位就业人员工资总额。根据每年城镇新增人口数，结合历年企业成本各级指标的人均金额，计算得到 2010~2017 年市民化企业成本及其下属指标的支付总额；在此基础上，通过计算企业成本各级指标总额占城镇单位就业人员工资总支出的情况，明晰企业成本各级指标支付的基本情况及压力。依据这一思路，本节计算得到就地就近城镇化背景下汝州、郏县、宁强市民化企业成本及其在工资总支出中的占比（见表 5-8），城固数据缺失无法测算。

表 5-8　就地就近城镇化背景下市民化企业成本及其在工资总支出中的占比

成本项目		测算内容	测算年份							
			2010	2011	2012	2013	2014	2015	2016	2017
汝州	社会保障	金额（亿元）	0.93	2.21	2.46	1.48	2.18	1.98	3.42	3.48
		占比（%）	6.35	11.02	11.07	5.71	8.44	7.64	11.64	10.73
	技能培训	金额（亿元）	0.07	0.18	0.20	0.12	0.17	0.16	0.27	0.28
		占比（%）	0.50	0.88	0.89	0.46	0.67	0.61	0.93	0.86
	总计	金额（亿元）	1.01	2.39	2.66	1.60	2.36	2.14	3.69	3.75
		占比（%）	6.86	11.91	11.96	6.16	9.11	8.26	12.57	11.59
郏县	社会保障	金额（亿元）	0.51	1.08	1.12	0.73	0.74	0.72	0.93	1.28
		占比（%）	10.23	18.39	16.84	8.46	6.48	6.49	7.37	9.42
	技能培训	金额（亿元）	0.04	0.09	0.09	0.06	0.06	0.06	0.07	0.10
		占比（%）	0.78	1.47	1.35	0.68	0.52	0.52	0.59	0.77
	总计	金额（亿元）	0.55	1.17	1.21	0.79	0.80	0.77	1.00	1.38
		占比（%）	11.01	19.86	18.19	9.13	7.00	7.01	7.96	10.18
城固	社会保障	金额（亿元）	—	—	—	—	—	—	—	—
		占比（%）	—	—	—	—	—	—	—	—
	技能培训	金额（亿元）	—	—	—	—	—	—	—	—
		占比（%）	—	—	—	—	—	—	—	—
	总计	金额（亿元）	—	—	—	—	—	—	—	—
		占比（%）	—	—	—	—	—	—	—	—
宁强	社会保障	金额（亿元）	0.02	—	—	—	—	5.83	—	2.57
		占比（%）	0.41	—	—	—	—	70.73	—	28.16
	技能培训	金额（亿元）	0.00	—	—	—	—	0.47	—	0.20
		占比（%）	0.03	—	—	—	—	5.73	—	2.17
	总计	金额（亿元）	0.02	—	—	—	—	6.30	—	2.77
		占比（%）	0.44	—	—	—	—	76.46	—	30.33

注：本表中的占比指各成本项目占当年城镇就业人员工资总额的比例，与表 5-7 略有不同。

2010~2017 年，企业成本总额及其在工资总支出中的占比总体呈波浪式变化特点，但在 2015 年之后，企业成本总额与其在工资总支出中的占比出现了较为明显的上升趋势，其中，汝州地区年均占比为 9.80%，郏县地区为 11.29%，宁强县数据存在断点情况，不再对其做趋势分析。从三级指标看，社会保障成本是目前企业成本之中支出占比较高的项目，其变化趋势与企业成本的高度相似也能反映这一情况。需要注意的是，由于市民化人群中还包括一定比例的非劳动力年龄人口，故表 5-8 的测算结果是历年企业成本的理论最大值。此外，考虑到就地就近城镇化背景下历年市民化人口变动并不稳定，故当前测算成本仅对当前状况具有较强解释力，在未来的适用性还需进一步验证。

总体来看，就地就近城镇化背景下，企业的市民化成本支付压力有所上升，总体上发展一般地区比发展较好地区的压力更高，其中社会保障成本支出是主要的压力来源。这说明，就地就近城镇化背景下，中小城镇企业员工构成中的农业转移人口占比更大、市民化人数更多，企业用于支付市民化成本的金额更多；同时，社会保障成本的缴纳是企业推进市民化的重点，这不仅符合法律及政策的规定，也是企业社会责任与社会公平正义的体现，但由于企业用于支付市民化成本的资金约占历年工资总支出的十分之一，故而在企业缴纳相关成本过程中，应注意相关方式方法，避免影响企业正常经营和长期发展。

3. 农业转移人口及其支付的市民化成本

农业转移人口需支付的市民化成本主要是私人显性成本和私人隐性成本（简称私人成本），成本支付主体为农业转移人口，成本支付来源与城镇生活来源均为工资收入，所以本书通过计算人均私人成本及其子成本在城镇单位职工人均工资中的占比（见表 5-9），分析各成本的支付现状与压力。

2010~2017 年，汝州地区农业转移人口市民化人均私人成本在历年城镇单位职工人均工资中的年均占比为 43.75%，郏县地区为 44.35%，两地私人成本占比围绕上述比例，随时间推移呈上下波动趋势，波动幅度相对较小，约为 5%；城固、宁强数据有所缺失，此处无法对其做趋势分析。从具体情况看，生活成本、放弃土地机会成本和社会保障成本是占比相对较大的项目,汝州地区三者年均占比分别为 11.75%、14.78% 和 8.02%,郏县地区三者年均占比分别为 14.77%、12.07% 和 7.19%,此外,除社会交往成本年均占比接近 5% 以外,其他三级指标年均占比均不足 3%;宁强地区的情况与汝州、郏县地区基本一致,但其社会交往成本年均占比更高,这与当地移民搬迁等政策环境有较大关系。与此同时,住房成本是占比上升最为明显的三级指标,其他三级指标的占比虽有不同程度的波动,但基本与私人成本占比的波动态势保持一致。在此基础上,结合历年人均私人成本与城镇单位职工人均工资增长情况分析发现,工资增长幅度高于成本增长幅度,人均私人成本在城镇单位职工人均工资中的占比将总体呈现下降趋势。

表 5-9 就地就近城镇化背景下市民化人均私人成本及其子成本在
城镇单位职工人均工资中的占比

单位:%

成本项目		测算年份							
		2010	2011	2012	2013	2014	2015	2016	2017
汝州	生活	11.50	11.24	12.41	11.81	12.11	11.81	11.49	11.64
	智力	1.68	2.54	2.81	2.65	2.79	2.94	2.74	2.18
	住房	0.67	0.03	0.26	0.12	0.23	0.33	1.08	2.63
	社会保障	6.96	7.62	7.94	8.11	8.21	8.28	8.44	8.58
	放弃土地	16.19	14.58	15.81	15.18	15.14	15.46	11.43	14.44
	社会交往	6.27	5.33	4.89	5.06	4.66	4.50	4.06	3.80
	非必需商品和服务	1.01	1.13	0.77	0.96	1.16	1.12	1.13	1.10
	失业风险	0.17	0.11	0.13	0.12	0.14	0.16	0.17	0.18
	总计	44.42	42.54	45.01	43.90	44.45	44.60	40.55	44.54
郏县	生活	18.72	16.38	16.07	17.42	16.72	16.74	6.30	9.83
	智力	2.40	2.48	2.61	3.11	2.83	2.73	2.50	2.09
	住房	0.36	-0.46	-0.69	-0.62	-0.57	-0.55	6.51	9.75
	社会保障	5.35	6.87	7.42	7.27	7.60	7.58	7.66	7.74
	放弃土地	16.66	13.88	12.63	9.95	9.35	12.78	12.67	8.60
	社会交往	4.07	4.61	4.82	4.66	4.82	4.41	3.62	4.09
	非必需商品和服务	2.36	1.94	1.61	1.24	1.13	1.08	0.82	1.49
	失业风险	0.19	0.14	0.15	0.16	0.17	0.20	0.22	0.24
	总计	50.17	45.84	44.63	43.19	42.05	44.96	40.30	43.67

成本项目		测算年份							
		2010	2011	2012	2013	2014	2015	2016	2017
城固	生活	—	—	—	—	—	—	—	—
	智力	—	—	—	—	—	—	—	—
	住房	—	—	—	—	—	—	—	—
	社会保障	—	—	—	—	—	—	—	—
	放弃土地	—	—	—	—	—	—	—	—
	社会交往	—	—	—	—	—	—	—	—
	非必需商品和服务	—	—	—	—	—	—	—	—
	失业风险	—	—	—	—	—	—	—	—
	总计	—	—	—	—	—	—	—	—
宁强	生活	—	—	—	—	—	—	—	—
	智力	—	—	—	—	—	—	—	—
	住房	2.02	1.79	1.88	2.86	4.09	4.23	4.40	3.82
	社会保障	7.07	7.46	7.80	8.11	8.17	8.45	8.59	8.64
	放弃土地	3.70	4.48	4.84	5.49	5.05	4.65	5.66	5.42
	社会交往	9.76	10.15	9.15	3.34	4.33	6.34	7.96	11.05
	非必需商品和服务	1.01	0.90	0.81	1.19	0.72	0.63	0.42	0.60
	失业风险	1.01	0.90	0.54	0.72	0.72	0.85	0.84	1.00
	总计	—	—	—	—	—	—	—	—

总体来看，就地就近城镇化背景下市民化私人成本在城镇单位职工人均工资中的占比明显低于异地城镇化，说明农业转移人口的成本支付压力更小；城镇单位职工人均工资增速高于人均私人成本增速，表明农业转移人口的成本支付压力将继续下降，有利于市民化的积极推进；发展较好城镇与发展一般城镇之中，农业转移人口的成本支付压力基本相同，但前者比后者所需支出的成本金额较大、工资收入也较多。此外，生活成本、放弃土地机会成本及社会保障成本的较高占比，说明就地就近城镇化背景下市民化私人成本的支出依然以"生存导向"为主，住房成本占比的不断提升预示着城镇住房问题的逐步凸显，放弃土地机会成本的高占比则意味着就地就近城镇化背景下土地对市民化具有更加重要的意义和价值。

第四节　小结

本章在梳理国内外就地就近城镇化类型主要特点、发展路径、相关优势基础上，明晰了基于就地就近城镇化背景开展农业转移人口市民化成本与测算研究的必要性，拓展了市民化成本研究视角和空间范围；通过与异地城镇化对比，归纳了不同城镇化类型下，农业转移人口空间分布及迁移特点，证明了市民化成本指标调整的必要性；结合上述特点及法律、政策、社会经济情境，在保证各级指标理论功能与总体测算思路一致的基础上，对 8 项三级指标和 6 个测算子模型进行调整优化，形成了基于就地就近城镇化背景下农业转移人口市民化成本与测算模型体系，保证了社会经济情境变化后市民化成本测算方法的有效性。

在此基础上，使用以上模型并结合各级指标理论内涵，定量测算并分析了就地就近城镇化背景下农业转移人口市民化成本的金额、结构、变化规律及相关主体成本支付压力，得到如下主要研究结论。

第一，就地就近城镇化背景下，农业转移人口市民化人均总成本更低；但不同发展基础的地区之间，市民化人均总成本与成本历年变化趋势有所差异。发展基础较好地区的人均总成本更高，并且其成本历年变化呈线性增长趋势；发展基础一般地区的人均总成本金额更低，成本历年变化呈非线性波动态势。

第二，就地就近城镇化背景下，农业转移人口市民化过程的外部性现象更为明显，公共成本的支付是减小外部性的关键。市民化外部成本明显高于内部成本，且发展基础较好城镇的外部成本增速较大；外部成本中，总体上公共成本的占比最高。因此通过支付公共成本，促进农业转移人口基本公共服务享有水平与城镇居民一致，是补齐其社会发展权利、减小市民化外部性的关键。

第三，就地就近城镇化背景下，政府、企业及农业转移人口成本支付的重点项目更为集中。①政府基础设施建设成本、企业社会保障成本，是政府和企业成本支付中占比最大的项目（基本达到 90%）。②农业转移人口的生活成本、社会保障成本、放弃土地机会成本，是私人支付的重点项目。

第四，就地就近城镇化背景下，政府、农业转移人口的成本支付重点项目不会发生较大变化，但从长期看应对个人住房问题予以关注。①政府的成本支出重点将长期集中于基础设施建设和公共管理领域；就地就近城镇化背景下中部中小城镇多处于城镇化建设快速发展期，按照较低城镇人口水平设置的公共服务产品随着市民化的快速推进，已较难满足当前和未来需要，而基础设施建设和公共管理是维持城镇运转的最基本项目。②农业转移人口发展重心仍以"生活导向"为主；就地就近城镇化背景下，农业转移人口的人力、社会等多项生计资本总体上低于异地城镇化背景下的农业转移人口，市民化过程中仍需优先解决基本生存和生活所新增成本（邬志辉、李静美，2016）。③农业转移人口个人住房成本虽然金额较小，但总体呈现快速增长态势，有可能成为未来又一个主要支出项目，这也预示着就地就近城镇化背景下城镇住房问题逐步凸显。

第五，就地就近城镇化背景下，政府成为市民化成本的最大支付方，农业转移人口则成为最小支付方。①从市民化人均成本维度看，每增加一名"新市民"，政府、企业与农业转移人口需要支出的成本分别占总成本的45%、30%、25%左右；②这意味着，政府在就地就近城镇化背景下的市民化推进过程中，扮演了更为重要的成本支付角色，而从经济理性角度考虑，农业转移人口的迁移动力和市民化意愿将会增强。

第六，就地就近城镇化背景下，结合各主体成本支付能力分析，政府的成本支付压力明显增高且相对较大；企业支付压力有所上升且相对适中；农业转移人口支付压力明显下降且相对较小。①政府每年支付的公共成本约占当年财政总支出的7%，且资金主要集中于基础设施建设项目；②企业每年支付的市民化成本约占既有工资总支出的10%，该比例总体有下降趋势；③农业转移人口支付的私人成本占城镇单位职工人均工资的45%以下，且这一比例呈现进一步降低趋势。

就地就近城镇化背景下农业
转移人口市民化成本的预测

基于第三章构建的农业转移人口市民化成本测算框架及第四章和第五章的研究结果，本章首先归纳不同城镇化下市民化成本主要特征，明晰就地就近城镇化背景下家庭化迁移增加的基本趋势及其对市民化成本研究的主要影响，进而明确基于该背景市民化成本预测研究的必要性；其次结合劳动力的生命周期特点与法律规定，对农业转移人口进行年龄别分类并确定各年龄别群体市民化成本的指标构成，基于分年龄别人口预测模型和分年龄别城镇化率预测模型，考虑家庭化迁移的影响因素，设计分年龄别市民化人口预测模型及成本预测模型；再次从多角度预测并分析就地就近城镇化背景下的未来时期，各种家庭化迁移方案下市民化成本的金额、结构及变化趋势与成本支付压力；最后总结主要结论。需要指出的是，由于人口数据获取及缺失问题，本章仅对汝州、郏县进行具体测算。

第一节　就地就近城镇化背景下市民化成本
预测研究的必要性

农业转移人口市民化成本以及市民化人口数量、结构与变化趋势，在不同城镇化类型之间具有明显不同，而这些不同将影响市民化成本与测算的研究路径与研究结论。据此，本节首先对比分析不同城镇化类型下市民化成本的主要特征；其次通过理论分析与数据比较，论证就地就近城镇化下未来家庭化迁移逐年增多的变化趋势；再次简介家庭化迁移增多对市民化人口结构及成本测算的影响；最后从现实需要和学术需求两方面，明确就地就近城镇化背景下农业转移人口市民化成本预测研究的必要性。

一 不同城镇化类型下市民化成本特征及预测研究的现实需求

第四章和第五章分别研究了异地城镇化与就地就近城镇化背景下，农业转移人口市民化成本的测算方法与测算结果，在充分证明测算指标与模型可用性的同时，本书发现了不同城镇化类型下农业转移人口市民化成本主要特征的显著差异（见表6-1）。

表6-1 不同城镇化类型下农业转移人口市民化成本主要特征的显著差异

类别		城镇化类型	
		异地城镇化	就地就近城镇化
成本金额与项目	人均成本	相对较高	相对较低
	外部性特征	比较明显	更为明显
	支出重点	生存导向为主	发展导向为主
成本支付角色	政府	最小支付方	最大支付方
	企业	第二支付方	第二支付方
	农业转移人口	最大支付方	最小支付方
成本支出压力	政府	较小	较大
	企业	较小	较大
	农业转移人口	较大	较小

第一，就地就近城镇化背景下，市民化成本的外部性现象更为明显，更加需要政府与企业支付相关成本予以消除。第二，就地就近城镇化背景下，政府和企业当前的市民化成本支付压力相对较大，需要进一步分析未来的情况，制定长期的成本支付方案对压力予以科学化解。第三，就地就近城镇化背景下，需要农业转移人口支付的市民化成本压力较小。第四，就地就近城镇化背景下政府支出重点集中于基础设施建设、企业集中于社会保障、农业转移人口集中于日常生活，该支出模式更加倾向于对市民化

人口基本生存的保障，而异地城镇化背景下，成本支出模式以"生存导向"为主，但正在向"发展导向"过渡。

　　结合人口迁移理论从微观层面来看，农业转移人口是典型的"经济理性"人，其迁移及市民化决策与就业机会、迁移成本的具体情况密切相关。当前，在中小城镇就地就近实现市民化的政策门槛不高、成本支出更低，加之多数农业转移人口自身的资本及能力并不能够坚实地支撑其在异地大城市实现市民化，所以未来就地就近城镇化下的农业转移人口市民化趋势将会更加明显。此外，已有研究证明，就地就近城镇化更加有利于农业转移人口生计资本的转换，能够有效保证他们既有利益较少损失的同时，提升其在城市的市民化及社会融入能力，但在市民化过程中涉及的各项资本、成本的转换更加复杂，需要进一步引导和优化（杜巍等，2018），这在某种程度上与就地就近城镇化背景下市民化成本外部性更为明显有关。

　　结合社会经济发展需求从宏观层面看，异地城镇化主要集中于东部沿海省份及内陆部分大型城市，这些区域的政府财政实力相对较强，而需要财政支付的市民化成本又相对较低，所以财政支出压力相对较小；区域内的企业正逐步向高端化、创新型转变，对农业转移人口的素质要求不断提高、总量需求不断降低，未来市民化成本支付压力呈下降趋势。故而政府与企业的市民化成本支付压力均较小。就地就近城镇化则主要集中于中西部地区的中小城镇，区域内政府财政收入较少，而财政需支付的市民化成本较高，所以财政支出压力较大；区域内企业多属于劳动密集型，对农业转移人口的大批量需求依然旺盛，农业转移人口在员工中的总占比也相对较高，未来市民化成本支付压力呈上升趋势。

　　综上，结合不同城镇化类型的市民化成本特征，通过分析农业转移人口与政府、企业的发展需求，本节发现有必要基于就地就近城镇化背景，对未来时期农业转移人口市民化成本测算研究进行更深层次的分析。这也与国家"促进约1亿农业转移人口落户城镇，引导约1亿人在中西部地区就近城镇化"的战略布局以及"增强中小城市和小城镇产业发展、公共服务、吸纳就业、人口集聚功能"的实践需求、政策引导保持一致。

二 不同城镇化类型下农业转移人口家庭化迁移的趋势分析

根据前文分析，农业转移人口市民化成本测算方法受市民化人口结构变化的影响相对较大，而家庭化迁移又会显著影响市民化人口结构。因此，本节梳理当前农业转移人口家庭化迁移的理论研究与实践情况，进而明晰家庭化迁移的主要模式及发展态势，在此基础上结合本书研究目标界定家庭化迁移的核心内涵及需要重点分析的家庭化模式；同时，从理论和数据两个维度，对比不同城镇化类型下未来家庭化迁移的变化趋势，并证明就地就近城镇化下未来家庭化迁移快速增多的趋势。

1. 农业转移人口家庭化迁移的核心内涵与主要模式

对于农业转移人口的家庭化迁移，不同学者对此称谓并不一致，如家庭式流动、举家迁移、家庭化迁居等（杨菊华、陈传波，2013a），但其核心内涵均是指具有姻缘、血缘（包含法律上的血缘关系）和供养关系的家庭一次性或分批次流入城市的现象，关注的家庭结构多在主干家庭范畴之内，这一点已基本达成共识（盛亦男，2013）。本书所研究的家庭化迁移核心内涵与此保持一致，指具有姻缘、血缘和供养关系的农业转移人口主干家庭（包含子代、本代和父代），一次性或分批次迁移至城镇。

与此同时，家庭化迁移涉及两个重要方面：一是迁移过程，强调不同家庭成员在迁移过程中以一种什么样的形式迁移；二是迁移结果，表示迁移人口是否完成了举家迁移，特别是迁移人口在流入地的家庭结构特点（杨菊华、陈传波，2013b）。迁移过程将决定迁移结果，农业转移人口不同的家庭化迁移模式，将使其家庭在流入地具有不同的家庭结构，在不同的家庭结构下家庭的成员并不相同，具有不同特征的家庭成员的职业生涯、社会交往、福利诉求等并不一致，这不仅会对城镇化进程产生深远影响，还会促使政策和资源的配置格局产生差异（吴帆，2016），由此导致市民化成本发生变化。本书针对这一状况，根据当前农业转移人口家庭化迁移趋势的实践特征，确定未来需要重点分析的家庭化迁移模式，在此基础上通过数理手段模拟其迁移过程，并以年为单位对其结果予以预测，最终在市民化成本预测模型中对其加以考虑。

改革开放初期，经济原因是中国农业转移人口流动迁移的主要动因，经济活动能力较强的个体率先离开农村家庭并迁移至务工城市，迁移模式以男性单人外出务工的个体化迁移为主（扈新强、赵玉峰，2017）。此后随着经济水平的提升、制度的调整、人口内部的分化及家庭生活的需要，大量投亲靠友的迁移流动出现了，先行迁移者开始逐步将家庭成员接到迁入地，部分经济能力较强或者所依赖的外部资源与社会网络较强的成员可能同时到达迁入地（周皓，2004）。全国第五次人口普查（简称"五普"）数据显示，配偶与户主共同迁移的比例达到 64.36%；全国第六次人口普查（简称"六普"）数据显示，独自一人流动者只占家庭户的 26.76%，两代户（子代与户主共同迁移）以及三代户（子代、父代与户主共同迁移）分别占 38.52%、5.04%（段成荣等，2013）。2014 年《全国流动人口动态监测数据集》显示，配偶与户主共同迁移的比例达到 90.9%，两代户共同迁移的比例达到 64.7%，且 45 岁以上农业转移人口比例达到 12.7%，这在一定程度上也预示着三代户的增加。因此，农业转移人口夫妻共同迁移已极为普遍，子代随迁、子代父代随迁正在增多。

但是，由于中国不同区域、不同规模城市之间存在较大差异，农业转移人口的迁移距离也有不同，而迁入地的情况和迁移距离的长短又对家庭化迁移的发生具有重要影响。一方面，东部沿海地区以及内陆部分大型城市的公共服务资源相对紧张，长距离跨省、跨市流动的迁移成本与生活成本又相对较高，中西部人口流出地的农业转移人口在该区域或大型城市获得户籍并实现市民化已难度较大，进一步实现家庭化迁移与市民化无疑面临巨大的挑战；另一方面，农业转移人口极少选择抗议、上访等手段在务工城市争取公共服务，绝大多数自然地转向传统家庭寻求解决方案，使之内化为家庭成员牺牲自己的利益（汪建华，2017b）。因此，选择跨省、跨市迁移至东部沿海地区以及内陆部分大型城市的农业转移人口以个体化迁移为主，家庭化迁移较少。这一现象已被陈素琼和张广胜（2017）、吴帆（2016）、谷莎菲和白萌（2018）、汪建华（2017a）等学者，使用 2010～2013 年 CGSS 调查、2013 年与 2014 年《全国流动人口动态监测数据集》、2014 年南京大学农民工抽样调查等数据予以充分证明，其基本结论为：东部沿海地区相比中西部地区、跨省长距离流动相比市县内就地就近流动、大城市相比中小城镇，发生家庭化迁移及在务工城市保持家庭结构完整的农业转移人口比例显著偏低。结合本书对城镇化类型的界定，充分考虑了区域、城市及迁移距离对家庭化迁移的影响，研究发现城镇化类型的不同将导致农业转移人口家庭化迁移的差异，因此有必要首先分析不同城镇化类型下家庭化迁移的具体情况。

根据上述分析，本书将农业转移人口的家庭化迁移核心内涵界定为：具有姻缘、血缘和供养关系的农业转移人口主干家庭（包含子代、本代和父代），一次性或分批次迁移至城镇。此外，由于夫妻共同迁移已基本普及，且双方在年龄结构等方面差异较小，市民化成本测算过程中同龄群体不同性别间的指标项目保持一致，故而不再考虑这一迁移模式。最终，结合当前实践发展趋势与学界研究基本惯例，本书重点讨论子代随迁（两代户）、子代父代随迁（三代户）两种模式下市民化成本的变化情况。

2. 不同城镇化类型下未来家庭化迁移趋势变化的理论分析

东部沿海地区及内陆部分大型城市以异地城镇化为主，人口流动迁移主要为异地长距离跨省、跨市流动，区域内城市差异较小且基本达到或即将达到城镇化的成熟阶段（城镇化率超过或接近70%）；中西部省份的中小城镇以就地就近城镇化为主，人口流动迁移以短距离就地就近流动为主，区域内城市间差异较大且尚处于快速发展阶段的前半段和中段（城镇化率在30%~70%），城镇化率提高速度较快。

依据城镇化发展阶段论与国际城镇化发展规律，高城镇化率（超过或接近70%）地区的城镇建设与发展模式基本定型，历年市民化人口数量变动小；城镇化快速发展地区，城镇建设与发展模式变化较大，历年市民化人口数量的增加幅度相对偏高（欧阳力胜，2013）。与此同时，根据区域发展不平衡与梯度理论，中国异地城镇化主导地区，当前基本达到或即将达到城镇化的成熟阶段，城镇化率增长速度逐步放缓，经济主导产业模式向创新型发展，对农业转移人口的需求逐渐向高层次、年轻化转变，城镇化重点正在转向对交通、环境、住房等"大城市病"问题的治理（李国平，2013）；就地就近城镇化主导地区，尚处于城镇化快速发展阶段的前半段和中段，城镇化率提高速度较快，通过国家宏观调控和制度政策扶持，区域内中小城镇积极承接了东部沿海地区及大型城市劳动密集型产业，在加速城镇经济发展的同时，吸引了大量曾经流出的农业转移人口返乡务工，未来对农业转移人口需求将以稳定化、规模化为主，城镇化重点在于提升城市、产业、人口等社会经济规模。

另外，在户籍制度深化改革与新型城镇化战略深入推进之前，受到户籍制度、城镇化与产业发展阶段的限制，实现市民化的农业转移人口绝大多数为劳动力阶段的就业人口，且不同城镇化类型之间并没有显著差别（韩峰、柯善咨，2013；He et al.，2016）。然而，《国务院关于进一步推进户籍制度改革的意见》（国发〔2014〕25号）、《国家人口发展规划（2016—2030年）》、《国家发展改革委关于实施2018年推进新型城镇化建设重点任务的通知》等政策文件陆续出台，政府提出了差别化城市落户方案、"三个1亿人"战略，在严格限制大型城市落户的同时全面放开了中小城市和建制镇落户限制，由此使得中西部的中小城镇吸引了越来越多异地农业转移人口返乡务工，就地就近城镇化和家庭化迁移现象越发明显。

基于以上分析，本书从产业、政策和人口迁移视角，总结了未来时期不同城镇化类型下影响市民化人口变化主要因素的基本情况及其可能结果（见表6-2），发现：异地城镇化地区相关产业将向创新型驱动转变，对农业转移人口的吸纳能力趋近饱和，未来的人口需求更加强调质量、以劳动力年龄段为主（辜胜阻，2016），农业转移人口落户门槛较高，市民化资本存量较低的非劳动力年龄段人口实现市民化成本较大；就地就近城镇化下相关产业以要素型驱动为主，由于城镇发展的迫切需要，其对人口需求将侧重于数量，农业转移人口落户门槛较低，实现市民化的难度大大减小，加之地理和空间上的便利性，人口家庭化迁移和市民化的趋势将会显著增强，相应市民化人口数量将呈不规律变化、人口年龄结构也将呈显著差异（Williamson，1965；Vernon，1966）。国家卫计委发布的《中国流动人口发展报告（2018）》显示，随着就地就近城镇化的不断发展，特别是2015年前后户籍制度政策的密集改革与引导，农业转移人口在中小城镇就地就近实现市民化的难度大大降低，加之地理、文化等多方面的优势，2016年以来就地就近城镇化背景下选择家庭化迁移的农业转移人口不断增加，这与本书的理论分析基本保持一致。

表 6-2　未来时期不同城镇化类型下影响市民化人口变化
主要因素的基本情况及其可能结果

主要因素及未来变化结果		城镇化类型	
		异地城镇化	就地就近城镇化
产业视角	主导产业	创新型驱动	要素型驱动
	人口需求	高层次、年轻化	稳定化、规模化
政策视角	户籍政策	严格控制	全面放开
	城镇化战略	优化改善城市格局	加快城市规模延伸
人口迁移视角	家庭化迁移	较少且成本较高	普遍且难度较小
未来变化结果	市民化人口数量	变化较小并趋于稳定	变化较大并不稳定
	市民化人口结构	以劳动力年龄段为主	各年龄段多元化分布

3. 不同城镇化类型下人口迁移与变化模式的调查数据分析

本书基于西安交通大学"新型城镇化与可持续发展"课题组 2018 年 3 月全国百村外出务工人员社会调查数据，结合《广东省人口发展规划（2017—2030 年）》《河南省人口发展规划（2016—2030 年）》中统计及政策规划数据，整理得到不同城镇化类型下人口迁移与变化模式的基本情况（见表 6-3）。其中，城镇化类型的界定标准与表 3-9 保持一致，重点考虑农业转移人口务工地点的地理迁移情况；家庭化迁移模式的判断，通过题项"过去一年外出务工期间，谁与您共同居住（长期吃、住、生活在一起）"获得，选项中包含 15 种家庭成员类型，选择 1 种即视为家庭化迁移，未选择则视为个人化迁移；定居及发展意愿通过询问"您以后准备在哪里长期发展或定居"获得，选项如表 6-3 所示。从该表可以发现以下方面。

第一，就地就近城镇化下家庭化迁移状况十分明显，而异地城镇化下则以个人化迁移为主。这一方面与异地城镇化下，市民化成本相对较高有关；另一方面也与大中型城市落户门槛较高、户籍政策较严有关。

第二，在定居及发展意愿方面，近九成人有相对明确的意愿倾向，在老家所在的市县内发展是绝大多数农业转移人口的选择，且就地就近城镇化下该特点更为明显。这说明，在当前环境不变的情况下，未来时期就地就近流动、务工及定居发展的农业转移人口将会进一步增加，就地就近城镇化很可能逐步成为主要的城镇化类型。

第三，从城镇化率平均增速看，无论是常住人口还是户籍人口，就地就近城镇化下的城镇化率平均增速近五年来均高于异地城镇化，且从未来的政策预期和规划值来看，该情况将长期保持不变。这表明，就地就近城镇化主导地区，已成为农业转移人口实现市民化的主要地区，且从政策引导来看，这一状况将会长期持续。

无论是从理论分析来看，还是从既有调查、统计及政策数据所呈现的结果来看，未来时期异地城镇化背景下家庭化迁移在很大概率上不会成为主要的人口迁移模式，历年市民化人口数量指标也将较为稳定，市民化人口结构变化概率较小，依然以劳动力年龄段人口为主；而就地就近城镇化背景下，农业转移人口家庭化迁移将明显增加，市民化人口指标较当前将发生较大变化，市民化人口结构在很大概率上将从"一元化"向"多元化"发展。

表 6-3　不同城镇化类型下人口迁移与变化模式的基本情况

单位：%

类别		城镇化类型	
		异地城镇化	就地就近城镇化
家庭化迁移模式	家庭化迁移	32.35	70.02
	个人化迁移	67.65	29.98
定居及发展意愿	老家所在县内	46.01	64.28
	老家所在市内	15.40	17.37
	其他地区市县	23.82	7.61
	未考虑该问题	14.77	10.74
城镇化率平均增速	常住人口（近五年）	0.50	1.61
	户籍人口（近五年）	0.40	1.57
	常住人口（未来十年规划值）	0.50	1.00
	户籍人口（未来十年规划值）	1.00	—

注：为保持本书分析的一致性，异地和就地就近城镇化背景下的城镇化率平均增速数据分别以广东省和河南省数据作为代表。

三　家庭化迁移增多对市民化人口结构及成本测算的影响

根据以上分析，家庭化迁移的增加将导致未来时期市民化人口结构从以劳动力年龄段人口"一元化"为主向涵盖多个年龄段人群的"多元化"转变。然而，既有农业转移人口市民化成本指标与测算模型设计均以劳动力年龄段的农业转移人口为准，家庭化迁移增加将导致市民化人口结构多元化，会造成既有测算指标及模型适用性的降低，为实现对成本的精确测算则需要在既有研究基础上，对部分指标进行调整并设计人口结构多元化情境下的预测模型。

在市民化成本指标设计方面，原有发生于劳动力年龄段人口的成本项目，并不一定在非劳动力年龄段人群之中发生。其原因在于，处于不同年龄别的农业转移人口，在工作、学习和生活等社会活动中参与、涉及的项目并不一致，市民化过程中所产生的成本项目也并不相同，由此导致市民化成本产生差异。因此，需要结合不同年龄别农业转移人口的特点，识别政府、企业及个人应该在市民化过程中予以支出的项目。

与此同时，农业转移人口市民化成本金额的大小主要取决于人均成本与市民化人口数量两大因素。随着家庭化迁移的逐渐增多，市民化人口数量和结构将发生较大变化，而不同的家庭化迁移模式又会产生不同的市民化人口结构，由此导致市民化成本的不同。因此，对市民化各成本项目的精准预测，首先要实现对未来时期市民化人口数量、结构的精准预测，即明晰未来时期各年龄别市民化人口的数量，这也是构建市民化成本预测模型的关键；在此基础上，结合既有成本测算模型，并依据区域内的历年市民化人口结构，设计市民化人口成本预测模型。

综上，异地城镇化背景下市民化人口结构未来变化概率较小，仍以劳动力年龄段人口为主，采用既有测算指标与模型即可有效分析成本现状并得出相关结论；就地就近城镇化背景下，市民化人口结构将逐渐多元化，既有市民化成本指标体系和测算模型需要进一步调整，以此实现对未来市民化成本的准确计量。

第二节 就地就近城镇化背景下市民化成本预测模型设计

就地就近城镇化背景下，随着家庭化迁移的逐渐增多，市民化人口数量和结构将发生较大变化，而不同的家庭化迁移模式又会产生不同的市民化人口结构，由此对既有市民化成本指标及测算模型产生影响。因此，对市民化成本的精准预测，首先基于年龄别视角对不同年龄农业转移人口的市民化成本指标进行分类。其次分三步构建分年龄别市民化人口预测模型，实现对不同家庭化迁移模式下各年龄别市民化人口数量的预测：第一步，预测未来区域内各年龄别人口总数；第二步，结合不同家庭化迁移模式，预测未来时期不同迁移模式下各年龄别城镇化率；第三步，结合分年龄别人口预测模型和分年龄别城镇化率预测模型，设计分年龄别市民化人口预测模型。最后通过分年龄别市民化人口预测模型和既有市民化成本测算模型的嵌套，设计市民化人口结构多元化背景下的成本预测模型。

一 各年龄别市民化人口的成本指标分类

从劳动力生命周期视角入手，对市民化人口进行年龄别分类，总结不同年龄别市民化人口的特点；在此基础上，归纳不同年龄别市民化人口的成本指标构成，为后续市民化人口及市民化成本预测奠定基础。

1. 年龄别视角下的市民化人口分类

伴随农村居民在城镇务工人数与务工时间的增加，农业转移人口内部不断演变发展，已逐渐形成明显的代际分化现象，不同代际成员的迁移动机与市民化意愿显著不同（孙三百等，2012）。与此同时，农业转移人口迁移流动的家庭化趋势越发明显（洪小良，2007），不同家庭结构下各年龄别的家庭成员出于不同迁移动机，纷纷进入城镇并相继进行市民化（盛亦男，2013）。农业转移人口的迁移与市民化呈现代际迁移与家庭迁移相互混杂、交叉融合的情况。

如果从劳动力生命周期视角切入，可以按照年龄别的不同，将不同代际的农业转移人口及其家庭成员进行科学分类（王萍，2015），以此将代际差异和家庭成员年龄差异带来的迁移与市民化差异合二为一，充分展现处于不同年龄别人口市民化的特点和原因。据此，基于劳动力生命周期视角，本书依据劳动力的本质生理特点（齐红倩、席旭文，2016），结合《中华人民共和国劳动法》《中华人民共和国劳动合同法》《中华人民共和国就业促进法》等相关法律规定，将农业转移人口划分为三类不同年龄别人群。

第一，未进入劳动力年龄段的农业转移人口，即处于 16 周岁以下的农业转移人口。在早期，该群体主要是跟随父代进城务工的农村儿童，即农业转移人口随迁子女。随着时间推移，这一群体之中又增加了在城镇出生、成长的第二代农业转移人口。以上两类人群均属于特殊的农业转移人口，也是潜在的农业转移人口。该群体出生后的生长环境长期处于城镇，与农村接触相对较少，相关农业技能欠缺及乡土情感较弱，而受城镇社会影响较大，生活习惯及价值观较倾向于城镇居民，故返乡概率较小。此外，受益于父代的支持，其人力资本和物质资本相对较高，未来在城镇工作、生活和融入的难度较低，市民化意愿较为强烈。

第二，处于劳动力年龄段的农业转移人口，即在 16 周岁和退休年龄之间的农业转移人口。需要说明的是，法律规定男性 60 周岁、女性 50 周岁为退休年龄，考虑到农业转移人口性别基本平衡，故取 55 周岁作为农业转移人口退休年龄。处于中青年阶段的农业转移人口是城镇最重要的劳动力人口来源之一，也是市民化最核心的群体。这一群体包括为提高个人和家庭收入水平、生活质量而进城的第一代农业转移人口，以及出生相对较晚、向往城镇生活并追求个人价值的新生代农业转移人口。这两类群体迁移与市民化的动机主要是基于生存条件改善和个人发展，具有一定的物质和精神储备，是所有农业转移人口之中市民化资本与能力最高的群体，市民化意愿和倾向最为强烈，属于主动市民化范畴。

第三，退出劳动力年龄段的农业转移人口，即处于 56 周岁及以上的农业转移人口。该群体主要包括两类人群，一类是年龄超过法定劳动力年龄阶段（即达到法定城镇职工退休年龄），但依然在城镇次级劳动力市场或其他劳动部门务工的农业转移人口；另一类是跟随其他家庭成员迁移至城镇，并长久在城镇居住生活的农村随迁老人。其中，第一类所占比重较小，其收入和工作具有长期不稳定性，多属于"零工"和"兼业"性质；而第二类人群所占比重较大，其长期生活于农村，并不具备较强的城镇工作能力。此外，两类人群均受年龄、健康程度等因素影响，长期稳定收入相对缺失，使其对家庭劳动力成员的经济依附性较强。

基于上述分析，本节归纳形成年龄别视角下市民化人口的分类及特点，如表6-4所示。

表6-4　年龄别视角下市民化人口的分类及特点

人群划分	年龄区间	市民化意愿	市民化资本	城镇融入度
未进入劳动力年龄段	16岁以下	较强	潜力较大	较高
处于劳动力年龄段	16~55岁	较强	当前最高	较高
退出劳动力年龄段	56岁及以上	较弱	相对较低	一般

2. 不同年龄别市民化人口的成本指标构成

对市民化成本的划分需根据市民化成本的核心本质，结合成本分年龄别"产生"的特点，完成最终分类。由于一级和二级指标是依据社会成本、公共治理理论对市民化成本宏观拆分而得，市民化人口结构多元化并不会对宏观层面的市民化成本来源及支付主体造成影响；三级指标则直接指向具体的成本支付项目，因此在年龄别视角下对成本指标的分类主要是针对各三级指标进行的。

（1）外部成本下的三级指标分类

公共成本指标下的基础设施建设成本主要指满足农业转移人口市民化需要，建设交通运输、给排水、能源、通信、环境清洁保护等设施以及增加管理服务人员所需的最低资金（李为、伍世代，2015）；公共管理成本主要由一般公共服务、公共安全与环境保护三项构成，是农业转移人口市民化之后，政府为满足城镇社会正常运转，提供公共事务方面的管理和服务所需的相关资金投入；住房保障成本则是满足农业转移人口落户城镇的住房需求而必须投入的财政支出（傅晨，2013）。根据成本项目的定义可以发现，基础设施建设、公共管理和住房保障三类指标，与市民化人口的年龄情况没有关系，只要农业转移人口实现市民化，使城镇人口得到增加,那么政府就需要对该成本项目进行开支,以维持城镇社会顺畅运转。另外,公共成本下的社会保障与促进就业成本是政府为市民化人口提供社会保障和就业服务管理所需要新增的财政开支,根据 2011 年颁布的《中华人民共和国社会保险法》,政府负责支出部分的社会保障与促进就业费用,主要从人口进入劳动力年龄段起开始投入。学前及义务教育成本主要是政府满足农业转移人口学前及义务教育阶段的教育所投入的财政支出,是为了满足未进入劳动力年龄段人群的教育需求,即满足 16 周岁以下年龄群体的教育需求。

企业成本指标下的社会保障成本是企业为市民化人口参加养老、医疗、失业、工伤和生育等社会保险而必须支付的费用;技能培训成本则是企业应为市民化后员工安排的培训经费。农业转移人口市民化后,他们多数将与企业签订劳动合同并参加企业职工保险,根据《中华人民共和国劳动法》和《中华人民共和国社会保险法》的规定,企业负责的社会保险和培训经费是针对企业内的职工进行缴纳的,按照年龄别划分即为 16 ~ 55 岁的劳动力人群。

(2)内部成本下的三级指标分类

内部成本下的私人显性成本中,生活成本是维持居民生活正常运转所产生的开支,主要包括食品、衣着、生活用品及服务、交通通信、医疗保健;智力成本则是为满足城镇更高的人力资本需求,实现农业转移人口及其家庭成员生活和发展的重要投资;住房成本是农业转移人口市民化后在城镇居住所产生的一系列费用,相比农村宅基地住房自我管理属性,城镇无论是租住还是购房居住,相应物业、水电等支出项目均将增加。生活成本、智力成本和住房成本均是维持市民化人口在城镇正常生活的最基本开支,无论其处于哪一年龄阶段均会产生。

私人显性成本下的社会保障成本是为农业转移人口提供风险防范的关键成本投入,根据《中华人民共和国劳动法》和《中华人民共和国社会保险法》的规定,需要个人缴费的主要是养老、医疗、失业保险三项,均发生在其在企业务工且未退休期间。私人隐性成本下的失业风险成本则主要是市民化后农业转移人口在企业失业后无法返乡务农所带来的风险成本。以上两类成本主要发生在处于劳动力年龄段人群之中,即 16 ~ 55 岁的人群。私人显性成本下的放弃土地机会成本主要指市民化后农业转移人口在农村"三权"方面受益的减少，而该成本发生的前提是农业转移人口实现了"分户"，根据 2018 年最新农村户籍分户标准，成年并具有独立经济、生活能力且经常独自生活居住的子女才可以申请分户。此外，私人隐性成本下的社会交往成本是改善市民化人口城镇社会资本匮乏、加速城镇融入和现代化塑造，在日常交往中增加的开支。而非必需商品和服务成本则是农业转移人口市民化后为提升工作和生活品质，实现城镇生活的城市化所带来的开支。上述三项开支主要发生在处于劳动力年龄段和退出劳动力年龄段人群之中，即 16 岁及以上人口群体之中。

　　根据以上分析和论述，本书按照市民化成本的产生特点，归纳出不同年龄别市民化人口的成本指标构成，如表 6-5 所示。

表 6-5　不同年龄别市民化人口的成本指标构成

一级指标	二级指标	三级指标	未进入劳动力年龄段 16 岁以下	处于劳动力年龄段 16~55 岁	退出劳动力年龄段 56 岁及以上
外部成本	公共成本	基础设施建设	√	√	√
		公共管理	√	√	√
		学前及义务教育	√		
		住房保障	√	√	√
		社会保障与促进就业		√	√
	企业成本	社会保障		√	
		技能培训		√	
内部成本	私人显性成本	生活	√	√	√
		智力	√		
		住房	√	√	√
		社会保障		√	√
		放弃土地		√	√
	私人隐性成本	社会交往		√	√
		非必需商品和服务		√	√
		失业风险		√	

　　注：√表示对应年龄段包括该指标项。

二　区域内分年龄别人口的预测

区域总人口及分要素人口预测需要在确定预测参数的基础上，通过建立预测模型来进行，经典的人口预测方法与模型有年龄移算法、Keyfitz 矩阵方程、Leslie 矩阵方程、人口发展方程、灰色预测模型等（李晓梅，2011）。然而，以上几种经典人口预测方法的预测假设往往是保持不变的，考虑因素也相对较少，预测结果不够详细，而农业转移人口市民化成本主要受人口年龄结构的影响，因此本书在既有人口预测模型基础上，结合队列要素法，考虑重要参数，对各年龄别人口数进行预测。

1. 人口预测模型

队列要素法采用系统仿真思维，结合年龄移算法，并考虑出生、死亡、生育、迁移等参数因素，构建人口平衡方程。本书结合研究目的，参考已有人口学成熟研究（张冲，2014），首先，构造存活转移矩阵：

$$^nP_{t2}(x+n) = {}^nP_{t1}(x) \cdot [{}^nL(x+n)/{}^nL(x)], x \in (0,100) \qquad (6\text{-}1)$$

式中：$^nP_{t2}(x+n)$ 表示处于 $t2$ 时期 $x+n$ 岁至 $x+2n$ 岁的人口数；$^nP_{t1}(x)$ 表示处于 $t1$ 时期 x 岁至 $x+n$ 岁的人口数；$^nL(x+n)$ 表示 $x+n$ 岁至 $x+2n$ 岁的队列存活人年数；$^nL(x)$ 表示 x 岁至 $x+n$ 岁的队列存活人年数；x 表示岁数。

其次，构建生育模型：

$$P_{t2}(0) = [L(0)/2]\Big\{\sum [{}^nP_{t1}^f(x) \cdot {}^nF(x) + {}^nP_{t1}^f(x) \cdot {}^nF(x+n) \cdot {}^nL(x+n)/{}^nL(x)]\Big\},$$
$$x \in (15,50) \qquad (6\text{-}2)$$

式中：$P_{t2}(0)$ 表示 $t2$ 时期年龄为 0 岁的人口数；$^nP_{t1}^f(x)$ 表示处于 $t1$ 时期 x 岁至 $x+n$ 岁的妇女人口数；$^nF(x+n)$ 表示 $x+n$ 岁至 $x+2n$ 岁的育龄妇女生育率；$^nF(x)$ 表示 x 岁至 $x+n$ 岁的育龄妇女生育率。

最后，构建人口预测模型：

$$T_{pop} = \sum {}^nP_{t2}(x) \qquad (6\text{-}3)$$

式中：T_{pop} 表示 $t2$ 时期总人口；$^nP_{t2}(x)$ 表示处于 $t2$ 时期 x 岁至 $x+n$

岁的人口数。

2. 重要参数设定

结合当前和未来主要影响因素，对相关重要参数历年变化规律进行总结和设定。

（1）妇女总和生育率设定

依据世界人口发展普遍规律，经济发展水平和人口文化素质越高，区域内总和生育率（Total Fertility Rate，TFR）下降概率越大（路锦非，2016）。国际公认维持人口正常更替需要的 TFR 为 2.1 左右，较低生育水平的 TFR 为 1.6~1.9，超低生育水平的 TFR 为 1.1~1.5，极低生育水平的 TFR 在 1.0 及以下（周小平，2015）。全国第六次人口普查数据显示，中国 TFR 为 1.18，河南省汝州市 TFR 为 1.11，郏县 TFR 为 1.84。从该数据看，全国目前的总和生育率处于超低水平，这主要是由于改革开放后现代化水平不断提升，人口生育观念有所改变，加之受严格计划生育政策的影响，总和生育率降低了。而汝州作为省直管县，经济社会发展程度相对较高，郏县作为传统农业县，经济社会发展程度相对一般，因此两地 TFR 也有所差异。

近年来，面对人口老龄化、总和生育率过低、出生性别比例失调等问题，中国政府先后出台双独二孩、单独二孩等政策进行调控和干预，2015年进一步确立了全面二孩政策。生育政策的逐步放开，对符合政策的人群形成了释放效应，对原有符合政策的人群形成了示范效应，给未符合政策的人群带来了生育放开的扩散效应（石智雷等，2017）。2016 年国家发布了《国家人口发展规划（2016—2030 年）》，2017 年河南省政府印发了《河南省人口发展规划（2016—2030 年）》，规划中均明确提出至 2030 年将 TFR 平均水平提升至 1.8。在条件允许和历史、政策因素影响的情况下，中国生育观更倾向于"多子多福"，而河南省作为传统农业大省，这一观念更加明显。因此，预计在未来时期内，各地总和生育率将会有所提高。然而，由于人口生育观念受到生育政策、生育文化、社会环境的影响较大，需要一定时间培育，城镇生育率提升速度大多低于农村地区（陈岱云、胡令安，2011）。

基于全国第六次人口普查数据，结合汝州和郏县实际情况，本书设定两地的 TFR 在 2050 年恢复到 2.10，其中城镇在 2050 年恢复到 2.10，农村在 2035 年恢复到 2.10，中间历年采用线性插值方法，得到汝州、郏县 2010~2035 年的 TFR 预测值，如表 6-6 所示。

表 6-6　汝州、郏县 2010~2035 年的 TFR 预测值

年份	汝州的 TFR			郏县的 TFR		
	地区	城镇	农村	地区	城镇	农村
2010	1.11	0.76	1.27	1.84	1.79	1.87
2011	1.13	0.79	1.30	1.85	1.80	1.88
2012	1.15	0.82	1.33	1.86	1.81	1.89
2013	1.18	0.86	1.37	1.86	1.82	1.90
2014	1.20	0.89	1.40	1.87	1.82	1.91
2015	1.23	0.93	1.44	1.88	1.83	1.91
2016	1.25	0.96	1.47	1.88	1.84	1.92
2017	1.28	0.99	1.50	1.89	1.85	1.93
2018	1.30	1.03	1.54	1.90	1.85	1.94
2019	1.33	1.06	1.57	1.90	1.86	1.95
2020	1.35	1.09	1.60	1.91	1.87	1.96
2021	1.38	1.13	1.64	1.91	1.88	1.97
2022	1.40	1.16	1.67	1.92	1.89	1.98
2023	1.43	1.19	1.70	1.93	1.89	1.99
2024	1.45	1.23	1.74	1.93	1.90	2.00
2025	1.48	1.26	1.77	1.94	1.91	2.01
2026	1.50	1.29	1.80	1.95	1.92	2.02
2027	1.53	1.33	1.84	1.95	1.92	2.03
2028	1.55	1.36	1.87	1.96	1.93	2.04
2029	1.58	1.40	1.90	1.97	1.94	2.04
2030	1.60	1.43	1.93	1.97	1.95	2.05
2031	1.63	1.46	1.97	1.98	1.95	2.06
2032	1.65	1.50	2.00	1.98	1.96	2.07

续表

年份	汝州的 TFR			郏县的 TFR		
	地区	城镇	农村	地区	城镇	农村
2033	1.68	1.53	2.03	1.99	1.97	2.08
2034	1.70	1.56	2.07	2.00	1.98	2.09
2035	1.73	1.60	2.10	2.00	1.98	2.10

（2）出生性别比设定

出生性别比（Sex Ratio at Birth，SRB）决定了未来人口再生产的妇女人数和比例，联合国明确指出，在没有任何人为因素干扰情况下，自然生产的 SRB 值域在 102~107，中国历史正常水平常处于 106 左右，其他值域则被视为异常（李树苗等，2009）。然而，自 20 世纪 80 年代以来，中国 SRB 值长期持续偏高，虽然自 2008 年起出现连续下降趋势，但依然面临 SRB 偏高的空间范围扩大、男女差数累积数量大等性别失衡问题（王胜今、石雅茗，2016）。"六普"数据显示，2010 年全国 SRB 值为 117.94，汝州为 126.68，郏县为 124.41，均显著高于 106 的正常水平。SRB 值的显著偏高，一方面受"男孩偏好"的影响，另一方面受严格计划生育政策和社会经济发展水平等因素的约束，多数家庭通过胎儿性别选择技术人为选择新生儿性别，导致男孩出生数远高于女孩，由此严重影响了正常健康人口结构的形成（杨菊华、李红娟，2015）。

中国政府历来重视对 SRB 的治理，随着关爱女孩、打击"两非"（非医学需要的胎儿性别鉴定、非医学需要的人工终止妊娠）、全面二孩等政策的实施与带动，性别平等观念逐渐普及，生育政策逐步放开，全国范围内的 SRB 水平呈现明显下降趋势。王军等（2016）通过测算提出，最短 15 年就可以使 SRB 恢复到正常水平。此外，新型城镇化的推进和城乡差距的缩小，也将促进 SRB 向平衡水平发展（黄国华等，2018），这会进一步保证既有目标的实现。根据这一背景，本书假设未来实施相对稳妥的性别治理政策，以 2010 年"六普"数据为基准，设定汝州和郏县的 SRB 在 2035 年恢复至 106.00 的水平，中间历年采用线性插值方法，得到汝州、郏县 2010~2035 年的 SRB 预测值，如表 6-7 所示。

表 6-7　汝州、郏县 2010~2035 年的 SRB 预测值

年份	地区		年份	地区		年份	地区	
	汝州	郏县		汝州	郏县		汝州	郏县
2010	126.68	124.41	2019	119.24	117.78	2028	111.79	111.15
2011	125.86	123.67	2020	118.41	117.05	2029	110.96	110.42
2012	125.03	122.94	2021	117.58	116.31	2030	110.14	109.68
2013	124.20	122.20	2022	116.75	115.57	2031	109.31	108.95
2014	123.37	121.46	2023	115.93	114.84	2032	108.48	108.21
2015	122.55	120.73	2024	115.10	114.10	2033	107.65	107.47
2016	121.72	119.99	2025	114.27	113.36	2034	106.83	106.74
2017	120.89	119.26	2026	113.45	112.63	2035	106.00	106.00
2018	120.06	118.52	2027	112.62	111.89			

注：SRB 为每 100 名女婴所对应的男婴数。

（3）人口预期寿命设定

人口预期寿命受性别、年龄、死亡率等因素影响，呈现不同状态，死亡率又受经济发展水平、教育和卫生资源等因素影响而不断变化（王森，2014）。对于人口预期寿命的预测方法较多，主要分为寿命表法、模型生命表法等（舒星宇等，2014）。由于地市、区县级的"六普"数据未对人口预期寿命进行统计估算，本章采用河南省预期寿命数据代表汝州、郏县2010 年的预期寿命数据。本书基于"六普"数据，结合联合国预期寿命增幅经验数据（胡英，2010）（见表 6-8），设定河南省 2010~2035 年预期寿命，如表 6-9 所示。

表 6-8　联合国预期寿命增幅经验数据

单位：岁

目前预期寿命	每五年增加幅度		目前预期寿命	每五年增加幅度	
	男性	女性		男性	女性
55.00~57.50	2.50	2.50	70.00~72.50	1.00	1.50
57.50~60.00	2.50	2.50	72.50~75.00	0.80	1.20

续表

目前预期寿命	每五年增加幅度		目前预期寿命	每五年增加幅度	
	男性	女性		男性	女性
60.00~62.50	2.30	2.50	75.00~77.50	0.50	1.00
62.50~65.00	2.00	2.50	77.50~80.00	0.40	0.80
65.00~67.50	1.50	2.30	80.00~82.50	0.40	0.50
67.50~70.00	1.20	2.00	82.50~85.00	0.20	0.40

表6-9　河南省2010~2035年预期寿命

单位：岁

年份	性别		年份	性别		年份	性别	
	男性	女性		男性	女性		男性	女性
2010	71.80	77.60	2019	73.44	79.04	2028	74.88	80.30
2011	72.00	77.76	2020	73.60	79.20	2029	75.04	80.40
2012	72.20	77.92	2021	73.76	79.36	2030	75.20	80.50
2013	72.40	78.08	2022	73.92	79.52	2031	75.30	80.60
2014	72.60	78.24	2023	74.08	79.68	2032	75.40	80.70
2015	72.80	78.40	2024	74.24	79.84	2033	75.50	80.80
2016	72.96	78.56	2025	74.40	80.00	2034	75.60	80.90
2017	73.12	78.72	2026	74.56	80.10	2035	75.70	81.00
2018	73.28	78.88	2027	74.72	80.20			

（4）其他参数设定

年龄别生育率（Age-Specific Fertility Rate，ASFR）能够在TFR的基础上，更为深刻地揭示不同年龄层次的育龄妇女的生育水平。根据"六普"数据，汝州、郏县2010年的ASFR如表6-10所示，其后年份数据由Padis-Int_V 1.5软件生成；两地2010年分年龄别、性别的起始人口（Base Population）情况，参照当年"六普"数据。

表 6-10 汝州、郏县 2010 年的 ASFR

年龄	汝州的 ASFR			郏县的 ASFR		
	区域	城镇	农村	区域	城镇	农村
15~19 岁	0.00	0.00	0.00	0.01	0.01	0.01
20~24 岁	0.07	0.06	0.08	0.09	0.07	0.10
25~29 岁	0.08	0.06	0.09	0.11	0.11	0.11
30~34 岁	0.04	0.02	0.05	0.08	0.08	0.09
35~39 岁	0.02	0.02	0.02	0.04	0.05	0.04
40~44 岁	0.00	0.00	0.01	0.02	0.02	0.01
45~49 岁	0.00	0.00	0.00	0.01	0.02	0.01

此外，从汝州和郏县近年的统计资料中发现，两地区域内总人口数基本保持稳定（见图 6-1）；同时，国内外迁移发生频率极低，每年地区内的迁入人口与迁出人口基本相等，属于较为典型的人口流入和流出平衡区。两地这一人口流动情况，与国家卫计委 2015~2017 年发布的《中国流动人口发展报告》中，针对中部地区人口就地就近流动趋势的分析保持一致。因此，本书在区域内分年龄别总人口的预测中，不再考虑人口迁移因素的影响。

3. 人口预测结果的稳健性

本书在设定以上参数的基础上，使用 Padis-Int_V 1.5 软件进行人口预测，该软件是在联合国人口司的指导下，由中国人口与发展研究中心开发的国际化人口预测软件，与 Mortpak、Spectrum 等国际主流人口预测软件相比，预测结果差距较小且较细致，较为适用于中国情境。需要指出的是，由于"六普"数据在统计过程中采用 5 岁组方式，因此软件会将其插分为单岁组，以满足式（6-1）作为移算的基础。其插分方案体现了多项式法的特色，针对 5 岁组的组中值构造一个与单岁组相匹配的系数，从而将组中值调整计算成各单岁组的人口数，这个系数取决于单岁组与中间组的组距以及相邻的 5 岁组情况（翟振武等，2017），模型为：

$$P_i^1 = \frac{1}{5}P_j^5 \cdot \exp\left\{\frac{1}{5}(i-5) \cdot \ln\left[\left(\frac{1}{5}P_{j+1}^5\right) \middle/ \left(\frac{1}{5}P_j^5\right)\right]\right\} =$$

$$\frac{1}{5}P_j^5 \cdot \left[\left(P_{j+1}^5 \right)^{\frac{1}{5}(i-a)} / \left(P_j^5 \right)^{\frac{1}{5}(i-a)} \right] \tag{6-4}$$

式中：P 表示对应的人口数；i 表示单岁组；a 表示稍小于单岁组年龄的尾数为 2 或 7 的年龄组（$i-7<a\leqslant i$）；j 表示 a 所处的年龄组。

基于以上模型和参数设定，本节得到 2010~2035 年汝州、郏县分性别、分年龄别的人口预测结果。由于 2010~2017 年的重要人口数据相关统计年鉴已经录入，通过对比 2010~2017 年的预测值和实际值，本章发现汝州的预测结果与实际结果间的差异小于 1%，郏县的差异小于 2%，总体预测效果较好，适用于进一步的测算和分析。鉴于数据较多，本书在图 6-1 中仅展示 2010~2035 年的预测人口总数和 2010~2017 年的实际人口总数的对比情况，历年分性别和分年龄别的人口预测详细结果请见附录。从图 6-1 可发现，两地预测人口总数呈现稳步上升趋势，至 2035 年汝州预测人口总数将接近 100 万人，郏县接近 65 万人。

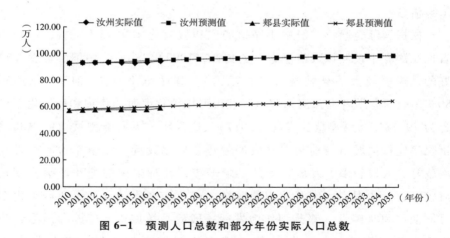

图 6-1　预测人口总数和部分年份实际人口总数

三　不同家庭化迁移模式下各年龄别城镇化率的预测

通过对历年城镇化率的准确预测，能够得知每年的城镇人口数量；通过预测不同年龄人口的城镇化率，能够得知历年各年龄别的城镇人口数量。然而，由于经济社会不断发展、政策制度不断优化，就地就近城镇化背景下家庭化迁移并实现市民化的模式将逐渐增多，而不同迁移模式则会影响分年龄别和总人口城镇化率的变化。本节针对这一情况，重点讨论不同迁移模式下各年龄别城镇化率的预测，为后续预测未来多年各年龄别市民化人口奠定基础。

1. 总人口城镇化率的预测

对总人口城镇化率的预测是分年龄别城镇化率预测的前提，学界目前的预测方法较多，如 Rogers 模型、扩充的 Keyfitz 模型等（刘耀彬等，2005），但 Karmeshu（1988）提出的城镇化率 Logistic 增长模型应用最广、验证最多，获得了学界的普遍认可，故本书采用该方法对城镇化率进行预测。Karmeshu（1988）通过观察发现，城镇化率的增长在时间轴上呈现一条拉伸的"S"形曲线，可以用模型表示为：

$$U_t = K/(1+ce^{-bt}), K \leqslant 1 \qquad (6-5)$$

式中：U_t 表示城镇化率；t 表示时间；K 表示饱和城镇化率；b、c 表示待估参数。

根据国际经验，一般中小城镇的饱和城镇化率在 75% 左右，一些学者也在测算中按照该数值设定（刘传江，1999）。然而，中国部分发展较好的、规模较大的县域城市（如昆山），其城镇化率在 2017 年已达到 80%，故而有学者在预测中部地区城市群城镇化率时，将饱和城镇化率设定为 79.38%（颜姜慧、朱舜，2017）。这说明，不同类型城市的饱和城镇化率应根据城市当前与未来发展趋势差异化设置。汝州作为河南省发展较好、人口较多、发展较早的县域城市，预计未来的饱和城镇化率相对较高，但考虑到河南及汝州的区域、产业和文化特点，饱和城镇化率可能会比 80% 略低。郏县则作为发展一般的县域城市，应该和国际经验保持一致。据此，将汝州的饱和城镇化率设定为 0.79，郏县设定为 0.75。

在此基础上，对式（6-5）进行对数运算得到：

$$\ln(K/U_t - 1) = \ln c - bt \qquad (6-6)$$

设汝州 $K = 0.79$，郏县 $K = 0.75$，2000 年 $t = 0$，2001 年 $t = 1$，…，2035 年 $t = 35$，U_t 为 2000~2017 年汝州和郏县相关统计年鉴中的城镇化率。通

过使用 Stata 12.0 软件中非线性最小二乘法回归拟合，得到汝州 $b \approx 1.557$，$c \approx 0.077$；郏县 $b \approx 1.807$，$c \approx 0.061$。由此得到汝州的城镇化率预测模型为：

$$U_t = 0.79/(1+0.077 e^{-1.557t}) \qquad (6-7)$$

郏县的城镇化率预测模型为：

$$U_t = 0.75/(1+0.061 e^{-1.807t}) \qquad (6-8)$$

经检验，汝州和郏县在参数估计回归方程中的拟合优度均为 0.98，因此具有较好的预测效果。根据式（6-7）和式（6-8），预测 2018~2035 年汝州和郏县的城镇化率，结果如表 6-11 所示。

表 6-11　汝州、郏县 2018~2035 年城镇化率的预测结果

单位：%

年份	区域		年份	区域		年份	区域	
	汝州	郏县		汝州	郏县		汝州	郏县
2018	46.10	43.79	2024	54.61	51.10	2030	61.81	57.68
2019	47.59	45.04	2025	55.92	52.26	2031	62.86	58.68
2020	49.05	46.28	2026	57.18	53.39	2032	63.86	59.66
2021	50.49	47.51	2027	58.40	54.51	2033	64.82	60.60
2022	51.89	48.73	2028	59.58	55.59	2034	65.73	61.51
2023	53.27	49.92	2029	60.72	56.65	2035	66.60	62.39

2. 分年龄别城镇化率预测模型的构建

处于不同年龄阶段和社会政策环境下的农村人口，其迁移模式、市民化概率显著不同，由此城镇化率在不同年龄阶段的情况也呈现差异（王金营，2004）。在市民化成本测算过程中，只有得知历年不同年龄别人群的市民化人数，才能够实现对成本的精准预测，对分年龄别城镇化率的预测是关键。

目前对于分年龄别城镇化率的预测方法较多，其中王金营和原新（2007）、王立剑和刘佳（2009）提出并运用的城乡转移人口年龄别向量估算法最为准确，其核心思路是，首先利用普查数据得到城乡转移人口的年

龄模式，其次设定转移人口年龄模式的变化态势，最后根据历年城镇化率计算各年龄别人口转移率（孟向京、姜凯迪，2018）。此后，路锦非（2016）、周小平（2015）等学者提出了更为简便的操作方式，这一类方法的核心思路是，首先计算和观测多普查年份各年龄别的城镇化偏移率，其次结合未来的社会发展和制度环境对城镇化偏移率进行调整，最后预测未来若干年各年龄别的城镇化率。

第一种方法数理性更强，该方法对于转移人口年龄模式变化态势的预测是基于两次普查数据所得，即基于 2000~2010 年的数据变化规律计算所得，模型测算所需数据条目十分详细，目前仅有普查数据能够支持。但2010 年之后，中国城镇化和市民化模式出现了较多新特征，如果使用"五普""六普"数据，较难对当前最新发展情况与政策导向有所体现。而第二种方法对于未来的预测更加偏向经验性判断，虽然数理性比第一种略弱，但操作相对简便，也有利于针对不同年龄别设定相应的城镇化和市民化模式。据此，本书采用第二种方法。

根据路锦非（2016）、周小平（2015）等学者的研究成果，某年人口分年龄别城镇化率的数学预测模型为：

$$U_{(age,t)} = U_t \cdot [1 + Bir_{(age,t)}] \tag{6-9}$$

式中：$U_{(age,t)}$ 表示 t 年 age 岁的城镇化率；$Bir_{(age,t)}$ 表示 t 年 age 岁的人口城镇化偏移率（Bias Rate）。

对于 $Bir_{(age,t)}$ 的计算和估计是整个模型构建的关键，需要首先根据两次普查的详细人口数据，分析不同时期、不同性别人口的分年龄别城镇化率情况，判断不同性别之间城镇化率是否具有差异；其次计算不同时期各年龄别城镇化偏移率，观测变化趋势并确定基准方案；最后结合当前的实际情况与政策导向，分年龄别预估未来可能的多种人口城镇化和市民化迁移模式，采用趋势外推法形成最终模型。其中，分年龄别城镇化率是指各年龄别城镇人口分别占该年龄别城乡总人口的比例。分年龄别城镇化偏移率是各年龄别城镇化率与区域平均城镇化率的差别比较，其数学模型为：

$$Bir_{(age,t)} = [(PU_{(age,t)}/P_{(age,t)}) - U_t]/U_t \tag{6-10}$$

式中：$PU_{(age,t)}$ 表示 t 年 age 岁的城镇人口；$P_{(age,t)}$ 表示 t 年 age 岁的城乡总人口。

3. 各年龄别城镇化率的现状与发展趋势分析

依据以上分析和模型，令 t 分别为 2000 年和 2010 年，通过使用汝州和郏县"五普""六普"数据，可以得到两地分性别各年龄别城镇化率，如图 6-2 所示。从中发现，城镇化率并没有受出生性别比偏高的影响而在不同性别之间产生显著差异，仅在 85 岁及之后的高龄阶段产生了一定的分化，但差异在 5 个百分点之内，因此本书假定不同性别之间并没有显著的城镇化率差异。与此同时，随着总人口城镇化率的提高，各年龄别城镇化率均有显著的提升。其中，15~39 岁组是城镇化率最高的年龄组人群，低龄组和高龄组人群城镇化率相对偏低。

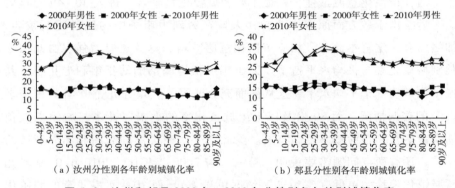

（a）汝州分性别各年龄别城镇化率　　　　（b）郏县分性别各年龄别城镇化率

图 6-2　汝州和郏县 2000 年、2010 年分性别各年龄别城镇化率

在此基础上，本书进一步测算了汝州和郏县 2000 年、2010 年各年龄别城镇化偏移率情况，如图 6-3 所示。该图与图 6-2 所呈现的规律相匹配，0~9 岁组比平均城镇化率低 10% 左右，15~19 岁、25~39 岁组比平均水平高 15% 左右，10~14 岁、20~24 岁、40~49 岁组基本与平均水平持平，50 岁及以上组均低于平均水平，并随年龄增长城镇化偏移率增大，80 岁及以上组有小幅度回升。汝州和郏县总体趋势相同，但在部分年龄别的偏移程度有所差异。总之，城镇化率呈现明显的年龄别特征，中青年劳动力人口的城镇化率明显较高，幼年及老年人口相对偏低。

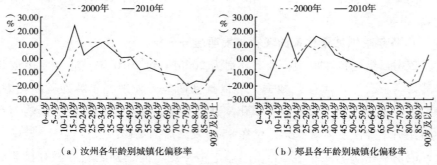

（a）汝州各年龄别城镇化偏移率 　　　　（b）郏县各年龄别城镇化偏移率

图 6-3　汝州和郏县 2000 年、2010 年各年龄别城镇化偏移率

综合两地测算结果来看，就地就近城镇化背景下与异地城镇化背景下人口流出地的社会生态极为相似：15～39 岁的中青年劳动力多选择进城务工生活，市民化意愿最强，是最主要的城镇化贡献者。进入 40～49 岁年龄组之后，由于各方面原因农业转移人口在劳动力市场中的优势逐渐减弱，加之已有一定资本储备，相应市民化意愿减弱、返乡意愿增强，由此该年龄别城镇化率与平均水平持平。处于年龄结构两端的幼年组和老年组，其城镇化率均低于平均水平，这从侧面充分证明了"留守儿童"与"留守老人"的普遍情况。而 80 岁及以上组城镇化率的小幅回升多与城镇老人预期寿命更长、存活概率更高有关。除此之外，通过不同时间和不同区域的比较，还有两点问题需要说明：第一，与 2000 年相比，2010 年 0～9 岁儿童城镇化偏移率更低（"留守"情况更显著），而 10～14 岁儿童的城镇化偏移率有所提升，但这在一定程度上与农村中小学教育实施的"撤点并校"政策有关；第二，20～24 岁年龄组城镇化偏移率具有明显下降趋势，这并非说明该年龄别外出务工人数有所下降，而是异地流动务工人数有所增加①。

"六普"时期的就地就近城镇化是一种典型的以劳动力阶段人口为核心的城镇化类型，其迁移和市民化人口以中青年劳动力为主，儿童和老人则多存在"留守"情况。这一测算结果充分说明了就地就近城镇化背景下早期市民化人口的"一元化"，证明了第三章测算分析框架的合理性，第

---

① 2009 年、2010 年国家统计局数据显示，跨省、跨市异地务工人员不断增加，且以青年为主。

五章静态测算模型所得结果的准确性。然而，随着中国新型城镇化的加深，户籍、土地等制度改革不断深化，中西部地区的中小城镇就地就近城镇化趋势愈加明显。与此同时，随着国家及各省份《新型城镇化规划》《人口发展规划》等政策规划文件的出台及落实，农业转移人口个人及其家庭收入水平的提升，由农业转移人口外出所引起的"留守"问题明显得到解决，城镇化和市民化过程中的家庭化迁移趋势逐步明显（陈宏胜等，2015）。家庭化迁移不仅有助于家庭功能发挥，还有助于农业转移人口家庭在城市真正定居并实现市民化。而中小城镇中较为普遍的就地就近城镇化，在制度、文化、心理和地理迁移等各方面，也更有利于迁移与落户的家庭化模式形成。依据上述分析可以预见，未来中西部地区的中小城镇家庭化迁移和市民化模式将会逐步成为主流。

4. 不同家庭化迁移模式下分年龄别城镇化偏移率的调整

不同的家庭化迁移模式会产生不同的市民化人口结构，从市民化角度看，即表现为不同模式下各年龄别人口城镇化偏移率的不同。在计算城镇化偏移率过程中使用了以某一年龄别城镇总人口除以城乡总人口这一"单元化"计算方式［见式（6-10）］，因此由出生率、死亡率等队列要素引起的人口波动并不会"干扰"城镇化偏移率，各年龄别城镇化偏移率的波动主要受迁移模式的影响，即家庭化迁移的影响。所以，本书重点讨论不同家庭化迁移模式下，各年龄别城镇化偏移率的调整策略，为后续分年龄别城镇化率的预测奠定基础。

已有研究发现绝大多数农业转移人口在 25 岁之前初婚并在 25 岁左右生育第一个孩子（杜海峰等，2015），故本书按照 0~24 岁、25~49 岁、50~74 岁、75 岁及以上将人群分为四个代次，分别称之为子代、本代、父代和祖代。考虑到人口预期寿命和存活情况，本书重点分析 0~74 岁的家庭结构情况。包含子代和本代的核心家庭（王跃生，2013）与包含子代、本代、父代的联合家庭（陈雯，2012），是中国当前讨论最多、最为关注也最为常见的家庭结构（周福林，2006），农业转移人口家庭化迁移模式也以"配偶随迁""子代随迁""子代父代随迁"三种家庭化迁移模式最为常见（陈素琼、张广胜，2017）。而根据图 6-2 中的内容，汝州和郏县各年龄别男性和女性的城镇化率并没有显著差异，加之农业转移人口夫妻共同外出务工的现象已较为普遍，故可认为已有城镇化偏移率测算过程中已将该模式纳入，本书不再考虑"配偶随迁"的影响，主要考虑代际的差异。据此，考虑三种未来时期最有可能发生的迁移模式，设定其城镇化偏移率调整方案如下。

第一，设定城镇化偏移率基准方案。按照已有研究思路（路锦非，2016；周小平，2015），本书假定"六普"数据测算得到的各年龄别城镇化偏移率保持不变，以此作为2018～2035年的基准方案。需要指出的是，20～24岁的城镇化偏移率明显较低，这与目前的就地就近城镇化趋势不符，考虑到新生代农业转移人口依然有较多选择异地城镇化的现实，本书将该年龄别城镇化偏移率调整为30～34岁水平的一半。之所以选择30～34岁作为参照组，是因为该年龄别是2010年除15～19岁外城镇化偏移率最大的波峰，而15～19岁年龄别人群多为"随迁者"，故不以该年龄别（15～19岁）作为参照组，根据本书第三章的分析，20～24岁处于重要的农业转移人口迁移年龄段，新生代选择异地和就地就近城镇化的比例各占一半，故城镇化偏移率设置为极值的一半较为合适。

第二，"子代随迁"方案下的调整。假设2018～2035年，"子代随迁"模式是主要的家庭化迁移模式，那么0～49岁的城镇化偏移率需要重点考虑。25～49岁的城镇化偏移率与目前总体趋势相符，2000～2010年的变化也相对较小，未来变化可能性较低，因此不做调整。0～24岁这一子代人群中，20～24岁已在基准方案做过调整，15～19岁已达到城镇化偏移率峰值，未来升高概率较小，因此不做调整；0～14岁人群作为儿童，未来城镇化偏移率将会向正方向增加，按照目前及未来的家庭成员结构比例预测结果，其饱和值应该是25～49岁城镇化偏移率的平均值，即达到本代与子代一比一的迁移比例。城镇化偏移率的改变是在城镇化进程中，受经济社会条件约束，伴随观念、文化等因素改变而变化的，其根本是随着迁移模式而变化的。以目前的情况来看，虽然家庭化迁移趋势不断增强，但只有少部分家庭能够实现举家迁移，多数家庭依然是分批逐次实现家庭成员的迁移与市民化。因此，城镇化偏移率的提升与改变过程是一个伴随家庭化迁移模式逐步改变的动态过程，城镇化偏移率也是随着各年龄段城镇化率的变化而逐年逐步改变的。所以，本书利用表6-11中的预测数据，根据

简单平均法计算得到汝州、郏县年平均城镇化率提高百分比（分别为
1.21%和1.09%），将之作为两地0～14岁人群每年城镇化偏移率的提高
值，从2018年起开始调整，达到饱和值之后维持不变。

　　第三，"子代父代随迁"方案下的调整。假设2018～2035年，"子代父
代随迁"模式是主要的家庭化迁移模式，那么0～49岁的城镇化偏移率与
"子代随迁"模式下的调整相同。在此基础上，50～74岁的城镇化偏移率
将会上升，但是由于该年龄别农业转移人口城镇化和市民化意愿相对不强
（刘传江、程建林，2007），已经或即将退出劳动力市场，加之其具有较强
的乡土情结（王丽丽等，2016），并且就地就近城镇化又有利于家庭功能
的发挥，故而该年龄别人口的城镇化率最大应与社会平均城镇化率持平，
即城镇化偏移率饱和值为0.00%。所以，本书将该年龄别每年城镇化偏移
率的提高值，设定为年均城镇化率增速，从2018年起开始调整，城镇化偏
移率达到饱和值之后维持不变。

　　基于以上分析，本书对三种典型模式下的城镇化偏移率做出调整，调
整的起始年设定为2018年，未涉及的年龄别，城镇化偏移率按"六普"
数值保持不变，具体如表6-12所示。由于相关调整后的数据较多，正文
不再做具体数值展示，详见附录。

表6-12　不同方案下汝州、郏县2018～2035年城镇化偏移率基本调整思路

方案类型	地区	基本思路	涉及年龄别
基准方案	汝州	城镇化偏移率调整到5.91%，2018～2035年保持不变	20～24岁
	郏县	城镇化偏移率调整到8.19%，2018～2035年保持不变	20～24岁
子代随迁方案	汝州	城镇化偏移率自2018年开始，每年按1.21%增加至饱和值5.57%后保持不变	0～14岁
	郏县	城镇化偏移率自2018年开始，每年按1.09%增加至饱和值8.08%后保持不变	0～14岁
子代父代随迁方案	汝州	城镇化偏移率自2018年开始，每年按1.21%增加至饱和值0.00%后保持不变	0～14岁、50～74岁
	郏县	城镇化偏移率自2018年开始，每年按1.09%增加至饱和值0.00%后保持不变	0～14岁、50～74岁

5. 不同城镇化偏移率调整方案下城镇化率预测结果的检验

式（6-7）和式（6-8）是基于 Karmeshu（1988）经典思路计算所得，该方法经过了国内外诸多研究（刘传江，1999；颜姜慧、朱舜，2017；王金营，2004；王金营、原新，2007）的证实和检验，对城镇化率具有很好的预测效果。因此，本书将不同方案下分年龄别城镇化率预测结果与之对比，检验相关结果的科学性和准确性。具体检验思路为：首先，基于表 6-12 的调整思路，将调整后的城镇化偏移率代入式（6-9），得到调整后的历年各年龄别城镇化率；其次，结合前期预测的历年分年龄别人口数，计算得到各方案下的城镇总人口和城乡总人口；最后，根据城镇总人口和城乡总人口的比值，确定历年人口城镇化率。根据这一思路，测算得到不同方案下 2018~2035 年汝州、郏县两地的城镇化率，如图 6-4 所示。

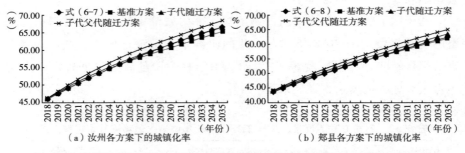

（a）汝州各方案下的城镇化率　　　（b）郏县各方案下的城镇化率

图 6-4　汝州和郏县 2018~2035 年不同城镇化偏移率调整方案下的城镇化率

总体来看，汝州和郏县三个方案所得的城镇化率预测值与式（6-7）、式（6-8）计算结果的差异较小，最大的是子代父代随迁方案与经典方法所得的差异，为 3 个百分点，基准方案、子代随迁方案与经典方法所得的差异仅为 1 个百分点。这一方面说明，城镇化偏移率的调整并未对总人口城镇化率数值产生较大影响，而是通过改变历年市民化人口的内部构成，实现了对不同家庭化迁移模式的有效模拟；另一方面也在一定程度上说明家庭化迁移对城镇化率和市民化提升有一定促进作用，以子代父代随迁方案最为明显，子代随迁方案次之。这一测算结果相对有力地说明了本书对各年龄别城镇化偏移率调整值设置的合理性，以及预测方案的科学性。

四　不同家庭化迁移模式下分年龄别市民化人口预测模型设计

相关统计年鉴历年统计所得城镇总人口，是该年农业转移人口与城镇原有人口之和，那么某年市民化人口可以通过城镇总人口减去该年城镇当地住民得到。城镇总人口可以用区域总人口与城镇化率的乘积得到，而城镇当地住民则可以使用人口预测方程得到。在此基础上，结合分年龄别城镇化率预测值和分年龄别人口预测方程，即可实现对各年龄别市民化人口的预测，其模型表达式为：

$$^tAMP_{age} = {}^tP_{age}^T \cdot U_{(age,t)} - {}^tP_{age}^U \tag{6-11}$$

式中：$^tAMP_{age}$ 表示 t 年 age 岁的市民化人口；$^tP_{age}^T$ 表示 t 年 age 岁的城乡总人口；$^tP_{age}^U$ 表示 t 年 age 岁的城镇当地住民。

其中，$^tP_{age}^U$ 由 $t-1$ 年 $age-1$ 岁的城镇当地住民与 $t-1$ 年 $age-1$ 岁的"新市民"（市民化人口）之和，通过式（6-1）、式（6-2）、式（6-3）及各项参数设定计算所得：

$$^tP_{age}^U = f({}^{t-1}P_{age-1}^U + {}^{t-1}AMP_{age-1}) \tag{6-12}$$

式中：f 表示分年龄别、分性别城镇人口预测方程；$^{t-1}P_{age-1}^U$ 表示 $t-1$ 年 $age-1$ 岁的城镇当地住民；$^{t-1}AMP_{age-1}$ 表示 $t-1$ 年 $age-1$ 岁的"新市民"。

以 2010 年为预测起始年，以"六普"数据为首年数据，以本书设定的人口队列要素参数为基准，联立式（6-1）、式（6-2）、式（6-3）、式（6-7）、式（6-8）、式（6-9）、式（6-11）、式（6-12），使用 Padis-Int_V 1.5 并借助 Matlab 7.0 等软件，测算得到 2010~2035 年各年龄别市民化人口数。需要指出的是，由于 75 岁及以上老人在生理、心理等方面所具备的市民化条件有限，其在实际中实现市民化的概率也相对较小，故本书在测算过程中不予考虑。最终，结合市民化成本测算所涉及的年龄别（见表 6-5），按照基准方案、子代随迁方案和子代父代随迁方案，整理得到汝州和郏县 2018~2035 年各方案下分年龄别的市民化人口数量，如表 6-13、表 6-14 所示。

从人口预测结果来看，自 2018 年起实现市民化的农业转移人口年龄结构产生了显著分化，非劳动力年龄段人口在市民化总人口中的占比呈现显著的上升趋势，家庭化迁移的特征十分明显。总体而言，子代父代随迁方案下市民化人口总数最多，其后为子代迁移方案，这在不同城镇中基本呈现一致性，但人口总数较大的城镇，历年市民化人数也相对较多。该测试结果与当前人口发展变化趋势基本保持一致，在很大程度上证明了本书在就地就近城镇化背景下对未来市民化成本设计预测模型的合理性。

表 6-13 不同方案下汝州 2018~2035 年分年龄别市民化人口数量

年份	基准方案				子代随迁方案				子代父代随迁方案			
	16 岁以下	16~55 岁	56~74 岁	总计	16 岁以下	16~55 岁	56~74 岁	总计	16 岁以下	16~55 岁	56~74 岁	总计
2018	3714	8991	1862	14567	4323	8991	1862	15176	4323	9246	2498	16067
2019	3444	8714	1830	13988	4068	8653	1830	14551	4068	8983	2596	15647
2020	3175	8438	1798	13411	3813	8315	1798	13926	3813	8719	2694	15226
2021	2905	8161	1766	12832	3557	7977	1766	13300	3557	8456	2793	14806
2022	2635	7885	1734	12254	3302	7639	1734	12675	3302	8193	2891	14386
2023	2365	7608	1701	11675	3047	7302	1701	12050	3047	7929	2989	13965
2024	2419	7008	1608	11035	3077	6720	1608	11405	3077	7324	2752	13153
2025	2472	6408	1515	10395	3107	6138	1515	10760	3107	6719	2514	12340
2026	2526	5807	1422	9755	3137	5556	1422	10115	3137	6114	2277	11528
2027	2579	5207	1329	9115	3167	4974	1329	9470	3167	5509	2039	10715
2028	2633	4607	1236	8476	3197	4393	1236	8826	3197	4904	1802	9903
2029	2596	4608	1091	8295	3052	4388	1091	8531	3052	4919	1636	9607
2030	2559	4609	946	8114	2906	4384	946	8236	2906	4934	1471	9311
2031	2523	4611	801	7935	2761	4380	801	7942	2761	4950	1306	9017
2032	2486	4612	656	7754	2615	4376	656	7647	2615	4965	1140	8720
2033	2450	4613	512	7575	2470	4372	512	7354	2470	4980	975	8425
2034	2422	4577	403	7402	2361	4369	403	7133	2361	4992	851	8204
2035	2181	4369	278	6828	2252	4366	294	6912	2252	5003	727	7982

表 6-14　不同方案下郏县 2018~2035 年分年龄别市民化人口数量

年份	基准方案				子代随迁方案				子代父代随迁方案			
	16 岁以下	16~55 岁	56~74 岁	总计	16 岁以下	16~55 岁	56~74 岁	总计	16 岁以下	16~55 岁	56~74 岁	总计
2018	2606	6286	1325	10217	2965	6286	1325	10576	2965	6432	1669	11066
2019	2394	5861	1209	9464	2779	5831	1209	9819	2779	5974	1627	10380
2020	2182	5437	1094	8713	2593	5377	1094	9064	2593	5516	1585	9694
2021	1969	5012	979	7960	2407	4923	979	8309	2407	5058	1543	9008
2022	1757	4588	864	7209	2220	4468	864	7552	2220	4600	1500	8320
2023	1545	4163	749	6457	2034	4014	749	6797	2034	4142	1458	7634
2024	1587	3962	709	6258	2059	3805	709	6573	2059	3931	1399	7389
2025	1629	3761	670	6060	2084	3597	670	6351	2084	3721	1339	7144
2026	1671	3560	630	5861	2109	3388	630	6127	2109	3511	1280	6900
2027	1712	3359	591	5662	2133	3180	591	5904	2133	3301	1220	6654
2028	1754	3157	551	5462	2158	2972	551	5681	2158	3090	1161	6409
2029	1717	3117	496	5330	2094	2928	496	5518	2094	3046	1067	6207
2030	1679	3076	440	5195	2030	2884	440	5354	2030	3001	974	6005
2031	1641	3036	385	5062	1966	2840	385	5191	1966	2956	880	5802
2032	1604	2995	330	4929	1901	2796	330	5027	1901	2911	787	5599
2033	1566	2955	274	4795	1837	2752	274	4863	1837	2866	693	5396
2034	1538	2925	233	4696	1789	2719	233	4741	1789	2833	623	5245
2035	1509	2894	191	4594	1741	2686	191	4618	1741	2799	553	5093

五　农业转移人口市民化成本预测模型设计

就地就近城镇化背景下，家庭化迁移和市民化趋势日益明显，每年新增市民化人口的年龄结构与数量差异较大，如按以往思路设计预测模型，预测结果会由于忽略人口结构特点而产生较大偏误。对于该问题的解决，需在模型设计过程中，根据每年市民化人口的年龄别具体情况（见表 6-13、表 6-14），结合不同年龄别市民化人口的成本指标构成（见表 6-5），对相关成本项目的测算模型进行调整，即通过结合市民化成本静态测算模型和分年龄别市民化人口预测模型，完成对农业转移人口市民化成本预测模型的设计。

基于上述分析，模型调整设计和预测成本的核心步骤是：第一，找到各三级成本项目的具体"人口权重"，即根据各成本产生和投入的年龄段，计算得到该成本发生年龄段人口数占当年市民化总人口数的比例；第二，结合各成本项目的静态测算模型，将"权重"纳入该模型，得到分年龄别后的各三级成本项目的人均成本预测模型；第三，利用分类加总法，得到一级、二级指标的人均成本；第四，使用分年龄别后的人均成本测算模型，结合预测的市民化人口数，得到未来历年市民化的总成本。其中，第一步和第二步是关键，将两个步骤融合后得到的联立数学表达式为：

$$C_i'(t) = \omega_i \cdot C_i(t) = (^tAMP_{age}/^tAMP) \cdot C_n(t) \tag{6-13}$$

式中：$C_i'(t)$ 表示分年龄别情况下的第 i 项成本在第 t 年的市民化人均成本；i 表示三级成本项目；ω_i 表示第 i 项成本投入的年龄别人口占市民化总人口的权重；^tAMP 表示第 t 年的市民化总人口。

第三步主要使用分类加总法实现，各一级、二级成本的计算思路相同，以公共成本为例，其数学表达式为：

$$C_G'(t) = \sum_{i=1}^{5} C_i'(t) \tag{6-14}$$

式中：$C_G'(t)$ 表示分年龄别情况下第 t 年市民化人均公共成本，由分年龄别情况下第 t 年市民化人均基础设施建设、公共管理、学前及义务教育、住房保障、社会保障与促进就业等 5 项成本加总得到。

第四步的实现相对容易，各一级、二级成本的计算思路相同，以公共成本为例，其数学表达式为：

$$TC_G'(t) = C_G'(t) \cdot ^tAMP \tag{6-15}$$

式中：$TC_G'(t)$ 表示分年龄别情况下第 t 年的市民化总公共成本。而在第四步中，未来历年一级成本的获得需要加总各二级成本，总成本的获得需要加总一级成本，以总成本为例，其数学表达式为：

$$TC(t) = C'(t) \cdot {}^tAMP \qquad\qquad (6-16)$$

式中：$TC(t)$ 表示分年龄别情况下第 t 年的市民化总成本；$C'(t)$ 表示分年龄别情况下第 t 年市民化人均成本，由分年龄别下第 t 年市民化人均内部成本和外部成本下辖的各二级成本加总得到。

第三节　就地就近城镇化背景下市民化成本的预测结果分析

在对市民化成本预测前提假设和模型进行说明的前提下，针对不同家庭化迁移方案，结合市民化成本预测模型，使用 Stata 12.0 并借助 Matlab 7.0 软件，预测 2018~2035 年就地就近城镇化背景下，不同城镇的农业转移人口市民化成本情况，依据第三章形成的测算框架，从多角度对相关结果进行分析讨论。

一　市民化成本预测的前提假设

本书在市民化成本预测研究中，重点考虑就地就近城镇化下家庭化迁移快速增加导致市民化人口结构多元化，对既有成本指标及测算模型的影响。为有效预测和分析市民化人口结构多元化对当前的影响，以2017 年的货币购买力为基准设置不变价格，以当年各级指标测算所得成本为基准，不考虑货币的时间价值、通货紧缩等经济因素，同时以 5 年为节点选择 2020 年、2025 年、2030 年、2035 年数据进行分析，其原因在于以下方面。

第一，以 2017 年的货币及测算结果作为不变价格，有利于消除价格变动等多方面因素的影响，便于观测未来时期不同家庭化迁移方案和人口结构多元化情境下市民化成本的变化情况；第二，就地就近城镇化现象出现，"三个 1 亿人""加快培育中小城市和特色小城镇"等相关政策制定，集中于 2014~2016 年（颜姜慧、朱舜，2017），而制度政策落实、政策效果显现通常具有一定的时滞效应（李桓促，2014），相应政策引导干预下人口迁移数量与结构的变化同样如此；第三，本章第二节内设计的不同家庭化迁移方案与模型，其起点年份为 2018 年、调整方案为逐年匀速分年龄段改变，短期内并不显著，加之数据预测年份较多，因此自 2020 年起以 5 年为界限进行总结和分析，能够更好显示政策干预后相关结果的阶段性特点。

此外，已有一些研究提及部分市民化成本存在一次性支付和持续性支付的问题，主张将持续性成本按照累加至当期进行计算，如将养老保险费用以当期缴费金额为标准，按照 15 年缴费年限累加，并将计算结果并入当期成本项目之中（李为、伍世代，2015；黎红、杨黎源，2017）。这一考虑有其自身的合理性，但是在理论和方法方面，尚存以下两点争议。

在理论方面，一旦实现市民化，农业转移人口将会消失并被城镇"新市民"所代替，政府和企业就应按照城镇居民水平一视同仁地对该群体投入相关费用，以保证"新市民"各项福利待遇的公平享有，这也符合法律制度对人口身份的界定和要求。与之对应的是，"新市民"也会以城镇居民身份对政府按章纳税、为企业创造收益，并且其在市民化后带来的总收益是呈逐年增加趋势的（周春山、杨高，2015；卫龙宝、王文亭，2018）。所以相关成本增加的同时，"新市民"对社会各方贡献同步增加，两者将在市民化后的历年中相互抵消，故不宜将持续性成本视为政府和企业的负担，以此将其纳入市民化成本进行计算（孙永正，2016）。

在方法方面，理应将持续性成本按照一定方式折算到当期之中，或依据一定方式归入未来相应年份之中，而非简单按年限累加至当期成本之中，但由于未来利率、通胀等因素并不确定，这两种方法可实现难度较大（丁萌萌、徐滇庆，2014）；此外，由于并不清楚相关人口的详细情况，所以无法确认持续性成本产生和结束的周期，如果贸然进行计算会有较大概率导致相关成本测算结果偏误的产生。

由于理论和方法的相关原因，本书仅测算当期（预测年份内）成本的具体情况，具体预测模型的设计也按照当期成本发生情况进行。

二　不同家庭化迁移模式下市民化人均成本及其结构

根据以上思路，计算得到就地就近城镇化背景下基于不同方案的市民化人均成本预测结果，如表 6-15、表 6-16、表 6-17 所示，其他年份预测结果情况详见附录。

首先，与2010~2017年的测算结果相比。①在一级指标及其构成中，总体而言，市民化人均成本金额明显下降，但外部成本依然高于内部成本，公共成本在外部成本中的占比进一步增大，说明每增加一名市民化人口，需要支付的成本有所减少，但市民化过程的外部性更加明显，政府通过支付公共成本补齐农业转移人口公共服务的缺失进而减小市民化外部性的作用更大。②在二级指标及其构成中，总体而言，公共成本的占比进一步增加、居于首位，企业成本金额与占比明显下降、居于末位，私人显性成本和私人隐性成本占比略有下降，两者合计占人均成本的比例居于第二，说明政府依然是市民化成本最大支付方，而企业的作用则有所下降。③在三级指标及其构成中，发生变化的指标较为集中，以企业社会保障成本、技能培训成本，私人社会保障成本、放弃土地机会成本和社会交往成本为主，但各三级指标金额以及在所属二级指标中占比的位次基本没有发生变化，说明各主体重点支付的项目变化较小。

其次，综合分析未来年份的预测结果。①从时间维度来看，未来时期各指标的市民化成本金额总体呈现先减后增趋势，各级指标的构成情况，即市民化成本的结构有所改变，但无论是金额还是结构，其变化的幅度相对有限。②从不同家庭化迁移方案来看，基准方案下人均成本金额及相应子成本金额最高，之后为子代随迁方案、子代父代随迁方案，各方案之间的成本结构基本保持一致。③从不同发展程度的城镇来看，汝州绝大多数指标的金额比郏县更高，且总体上汝州外部成本占比更大，其中公共成本占比更高，而企业成本、私人成本占比基本低于郏县。

相比于目前情况，未来时期的市民化人均成本明显下降，相应成本的占比情况也出现了一定程度的波动，但成本结构总体上保持稳定；与此同时，从不同方案、不同年份来看，未来时期相应指标的金额及占比情况变化相对较小；不同区域之间成本对比结果显示，未来时期市民化成本依然与区域发展程度呈正比例关系。市民化人均成本较当前的明显变化从侧面证明了本书模型的合理性，而各指标占比位次和成本结构的较小变化则证明了本书指标体系的稳定性和科学性。

表 6-15 就地就近城镇化背景下基于"基准方案"的市民化人均成本预测结果

单位:%,万元

成本项目			汝州					郏县				
			2017年	2020年	2025年	2030年	2035年	2017年	2020年	2025年	2030年	2035年
外部成本	公共成本	基础设施建设	2.56	2.56	2.56	2.56	2.56	1.34	1.34	1.34	1.34	1.34
		公共管理	0.10	0.10	0.10	0.10	0.10	0.06	0.06	0.06	0.06	0.06
		学前及义务教育	0.05	0.01	0.01	0.02	0.02	0.01	0.00	0.00	0.00	0.00
		住房保障	0.03	0.03	0.03	0.03	0.03	0.02	0.02	0.02	0.02	0.02
		社会保障与促进就业	0.01	0.01	0.01	0.01	0.01	0.01	0.01	0.01	0.01	0.01
		总计	2.76	2.72	2.72	2.72	2.72	1.45	1.44	1.44	1.44	1.44
		占比	41.50	48.57	48.83	50.37	49.10	33.72	40.16	40.22	41.14	40.56
	企业成本	社会保障	1.55	0.98	0.96	0.88	0.99	1.15	0.72	0.71	0.68	0.72
		技能培训	0.12	0.08	0.08	0.07	0.08	0.09	0.06	0.06	0.05	0.06
		总计	1.68	1.06	1.03	0.95	1.07	1.24	0.78	0.77	0.74	0.78
		占比	25.26	18.93	18.49	17.59	19.31	28.84	21.79	21.57	21.14	21.97
内部成本	私人显性成本	生活	0.58	0.58	0.58	0.58	0.58	0.36	0.36	0.36	0.36	0.36
		智力	0.11	0.11	0.11	0.11	0.11	0.08	0.08	0.08	0.08	0.08
		住房	0.13	0.13	0.13	0.13	0.13	0.36	0.36	0.36	0.36	0.36
		社会保障	0.43	0.27	0.26	0.24	0.27	0.29	0.18	0.18	0.17	0.18
		放弃土地	0.72	0.55	0.55	0.49	0.49	0.32	0.24	0.23	0.21	0.21
		总计	1.96	1.63	1.63	1.55	1.58	1.40	1.21	1.21	1.18	1.19
		占比	29.47	29.11	29.26	28.70	28.52	32.56	33.80	33.89	33.71	33.52
	私人隐性成本	社会交往	0.19	0.14	0.14	0.13	0.13	0.15	0.11	0.11	0.10	0.10
		非必需商品和服务	0.05	0.04	0.04	0.04	0.04	0.05	0.04	0.04	0.03	0.03
		失业风险	0.01	0.01	0.01	0.01	0.01	0.01	0.01	0.01	0.01	0.01
		总计	0.25	0.19	0.19	0.17	0.17	0.21	0.16	0.15	0.14	0.14
		占比	3.76	3.39	3.41	3.15	3.07	4.88	4.47	4.20	4.01	3.94
人均成本			6.65	5.60	5.57	5.40	5.54	4.30	3.58	3.57	3.50	3.55

注:"总计"指各二级成本下三级成本的加总值,"占比"指二级成本金额占人均成本金额的比例,下同。

表 6-16　就地就近城镇化背景下基于"子代随迁方案"
的市民化人均成本预测结果

单位:%，万元

成本项目			汝州					郏县				
			2017年	2020年	2025年	2030年	2035年	2017年	2020年	2025年	2030年	2035年
外部成本	公共成本	基础设施建设	2.56	2.56	2.56	2.56	2.56	1.34	1.34	1.34	1.34	1.34
		公共管理	0.10	0.10	0.10	0.10	0.10	0.06	0.06	0.06	0.06	0.06
		学前及义务教育	0.05	0.01	0.01	0.02	0.02	0.01	0.00	0.00	0.00	0.00
		住房保障	0.03	0.03	0.03	0.03	0.03	0.02	0.02	0.02	0.02	0.02
		社会保障与促进就业	0.01	0.01	0.01	0.01	0.01	0.01	0.01	0.01	0.01	0.01
		总计	2.76	2.72	2.72	2.72	2.72	1.45	1.44	1.44	1.44	1.44
		占比	41.50	49.45	50.09	51.42	49.28	33.72	40.91	41.62	42.48	41.74
	企业成本	社会保障	1.55	0.93	0.89	0.83	0.98	1.15	0.68	0.65	0.62	0.67
		技能培训	0.12	0.07	0.07	0.07	0.08	0.09	0.05	0.05	0.05	0.05
		总计	1.68	1.00	0.96	0.89	1.06	1.24	0.74	0.70	0.67	0.72
		占比	25.26	18.18	17.68	16.82	19.20	28.84	21.02	20.23	19.76	20.87
内部成本	私人显性成本	生活	0.58	0.58	0.58	0.58	0.58	0.36	0.36	0.36	0.36	0.36
		智力	0.11	0.11	0.11	0.11	0.11	0.08	0.08	0.08	0.08	0.08
		住房	0.13	0.13	0.13	0.13	0.13	0.36	0.36	0.36	0.36	0.36
		社会保障	0.43	0.25	0.24	0.23	0.27	0.29	0.17	0.16	0.15	0.17
		放弃土地	0.72	0.52	0.51	0.46	0.48	0.32	0.23	0.21	0.20	0.20
		总计	1.96	1.59	1.57	1.51	1.57	1.40	1.19	1.17	1.15	1.16
		占比	29.47	28.91	28.91	28.54	28.44	32.56	33.81	33.82	33.92	33.62
	私人隐性成本	社会交往	0.19	0.14	0.13	0.12	0.13	0.15	0.11	0.10	0.09	0.09
		非必需商品和服务	0.05	0.04	0.04	0.03	0.04	0.05	0.03	0.03	0.03	0.03
		失业风险	0.01	0.01	0.01	0.00	0.01	0.01	0.01	0.01	0.00	0.01
		总计	0.25	0.18	0.18	0.16	0.17	0.21	0.15	0.14	0.13	0.13
		占比	3.76	3.27	3.31	3.02	3.08	4.88	4.26	4.05	3.83	3.77
人均成本			6.65	5.50	5.43	5.29	5.52	4.30	3.52	3.46	3.39	3.45

表 6-17　就地就近城镇化背景下基于"子代父代随迁方案"
的市民化人均成本预测结果

单位:%，万元

成本项目			汝州					郏县			
			2017年	2020年	2025年	2030年	2035年	2017年	2020年	2025年	2030年	2035年
外部成本	公共成本	基础设施建设	2.56	2.56	2.56	2.56	2.56	1.34	1.34	1.34	1.34
		公共管理	0.10	0.10	0.10	0.10	0.10	0.06	0.06	0.06	0.06
		学前及义务教育	0.05	0.01	0.01	0.02	0.01	0.01	0.00	0.00	0.00
		住房保障	0.03	0.03	0.03	0.03	0.03	0.02	0.02	0.02	0.02
		社会保障与促进就业	0.01	0.01	0.01	0.01	0.01	0.01	0.01	0.01	0.01
		总计	2.76	2.72	2.72	2.72	2.72	1.45	1.44	1.44	1.44	1.44
		占比	41.50	49.73	50.37	51.13	49.01	33.72	41.26	42.35	43.00	42.11
	企业成本	社会保障	1.55	0.89	0.85	0.82	0.97	1.15	0.66	0.60	0.58	0.63
		技能培训	0.12	0.07	0.07	0.07	0.08	0.09	0.05	0.05	0.05	0.05
		总计	1.68	0.96	0.91	0.89	1.05	1.24	0.71	0.65	0.62	0.68
		占比	25.26	17.55	16.85	16.73	18.92	28.84	20.34	19.12	18.51	19.88
内部成本	私人显性成本	生活	0.58	0.58	0.58	0.58	0.58	0.36	0.36	0.36	0.36	0.36
		智力	0.11	0.11	0.11	0.11	0.11	0.08	0.08	0.08	0.08	0.08
		住房	0.13	0.13	0.13	0.13	0.13	0.36	0.36	0.36	0.36	0.36
		社会保障	0.43	0.24	0.23	0.23	0.27	0.29	0.16	0.15	0.14	0.16
		放弃土地	0.72	0.54	0.54	0.49	0.52	0.32	0.23	0.22	0.21	0.21
		总计	1.96	1.60	1.59	1.54	1.60	1.40	1.19	1.17	1.15	1.16
		占比	29.47	29.25	29.44	28.95	28.83	32.56	34.10	34.41	34.33	33.92
	私人隐性成本	社会交往	0.19	0.14	0.14	0.13	0.14	0.15	0.11	0.11	0.10	0.10
		非必需商品和服务	0.05	0.04	0.04	0.04	0.04	0.05	0.04	0.03	0.03	0.03
		失业风险	0.01	0.01	0.01	0.01	0.01	0.01	0.00	0.00	0.00	0.00
		总计	0.25	0.19	0.19	0.17	0.18	0.21	0.15	0.15	0.14	0.14
		占比	3.76	3.47	3.52	3.20	3.24	4.88	4.30	4.41	4.18	4.09
人均成本			6.65	5.47	5.40	5.32	5.55	4.30	3.49	3.40	3.35	3.42

三　不同家庭化迁移模式下各主体的市民化成本支付

在家庭化迁移快速增加、市民化人口结构逐渐多元化的背景下，明晰政府、企业和农业转移人口的市民化成本支付压力变化情况，是保证各方成本支出与市民化持续健康推进的重要前提。本节与第四章、第五章分析策略保持一致，通过对比成本总额占资金来源的比例，评估各主体成本支付的压力情况与压力来源，为长期政策制定提供支持。

1. 未来时期市民化外部成本的支付压力

以 2017 年测算结果为基准，预测得到 2018~2035 年各方案下不同地区公共成本与企业成本总额（见图 6-5、图 6-6）。通过计算公共成本占财政支出（2017 年）的比例及企业成本占城镇职工工资总额（2017 年）的比例（见表 6-18），观测未来各主体的成本支付压力。

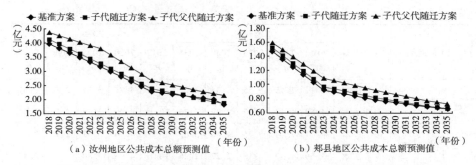

图 6-5　基于不同方案的 2018~2035 年市民化公共成本总额预测结果

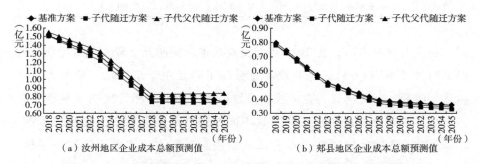

图 6-6　基于不同方案的 2018~2035 年市民化企业成本总额预测结果

在公共成本方面，自 2018 年起公共成本总额发生了明显下降，且随着时间推移呈现逐年降低趋势（见图 6-5）。对比表 6-15、表 6-16、表 6-17的测算结果可知公共成本总额下降的原因：市民化人数与人口结构逐年发生变化。伴随公共成本总额的逐年下降，未来时期公共成本占财政支出的比例也呈现逐年下降趋势（见表6-18）。从不同区域来看，公共成本总额、成本支付压力均与城镇的发展程度呈正相关关系。从不同方案来看，子代父代随迁方案下的公共成本总额和成本支付压力明显高于其他两种方案，而子代随迁方案情况与基准方案基本一致。从未来发展趋势来看，公共成本总额及成本支付压力呈逐年下降趋势，但短期内并不明显；汝州地区在2030 年左右、郏县地区在 2020～2025 年，不同方案下的成本支付压力（公共成本占财政支出的比例）才将逐步低于 5%。

表 6-18　就地就近城镇化背景下基于不同方案的公共成本、企业成本占比情况

单位：%

方案类型	成本项目	汝州					郏县				
		2017年	2020年	2025年	2030年	2035年	2017年	2020年	2025年	2030年	2035年
基准方案	公共成本	12.11	7.15	5.55	4.33	3.65	6.09	4.77	3.31	2.84	2.51
	企业成本	11.59	4.37	3.32	2.39	2.26	10.18	4.99	3.45	2.82	2.66
子代随迁方案	公共成本	12.11	7.43	5.75	4.40	3.69	6.09	4.96	3.47	2.93	2.53
	企业成本	11.59	4.30	3.18	2.27	2.26	10.18	4.93	3.30	2.65	2.47
子代父代随迁方案	公共成本	12.11	8.13	6.59	4.97	4.26	6.09	5.30	3.91	3.28	2.79
	企业成本	11.59	4.51	3.48	2.55	2.59	10.18	5.06	3.42	2.75	2.57

在企业成本方面，自 2018 年起企业成本总额明显下降，之后长期保持降低趋势（见图 6-6）。企业成本总额的下降是由于市民化人数与人口结构逐年改变。与此同时，企业成本占城镇职工工资总额的比例（简称工资占比率）总体上发生明显下降，且不同城镇之间差异明显。在汝州地区，2018～2035 年的前段时期，企业成本总额及工资占比率的下降较为平缓，中段时期下降较为明显，后段时期基本保持静止状态。在郏县地区，2018～2035 年的前段时期，企业成本总额及工资占比率的下降较为明显，

中段时期下降逐渐放缓，后段时期趋于平缓。此外，总体上汝州地区企业成本总额更高，但工资占比率更低。从不同方案的工资占比率来看，子代随迁方案的工资占比率最小，基准方案次之，但三者历年的差异基本在1个百分点之内，且自2018年起工资占比率大多低于5%。

就地就近城镇化背景下，未来时期政府的成本支付压力有所减小但依然偏高，主要压力集中于基础设施建设方面，城镇发展程度与公共成本支付压力呈正相关关系；企业成本支付压力大幅降低且相对适中，但城镇发展程度与企业成本支付压力呈负相关关系。此外，子代父代随迁方案下公共成本和政府支付压力明显高于其他两种方案，在发展较好城镇之中体现更为显著。

2. 未来时期市民化内部成本的支付压力

农业转移人口个人是市民化内部成本的主要支出主体，城镇职工工资是维持其市民化前后城镇生活与工作的主要收入，也是支付市民化成本的主要来源。本节通过观察内部成本下各三级指标占城镇职工平均工资的比例（简称平均工资占比率）情况，分析未来阶段不同方案、不同年份及不同区域下，内部成本的支付压力。

未来时期，农业转移人口市民化成本支付压力明显下降（约为35%），总体呈现先降后升态势，但升降幅度相对较小（见表6-19）。不同方案之间，基准方案下私人成本的平均工资占比率最高，子代父代随迁方案次之，但方案之间的差异并不明显，因此，需要农业转移人口支付的市民化成本为其带来的资金压力并未因市民化人口结构变化产生较大差异。不同区域之间，私人成本的平均工资占比率基本一致，但三级指标之间的平均工资占比率差异较大。生活成本、放弃土地机会成本和社会保障成本是汝州地区占比基本超过5%的三级指标，生活成本、住房成本和放弃土地机会成本则是郏县地区占比基本超过5%的三级指标。这表明，不同发展程度地区，农业转移人口支付市民化成本的压力程度虽基本一致，但压力来源有所差异。除此之外，未来时期各三级指标的平均工资占比率虽有变化，但依据绝对值大小的排序位次并没有发生变化，与基于2010~2017年测算结果（见表5-9）所得结论基本保持一致，在一定程度上证明了本书指标体系的稳定性。

综合来看，就地就近城镇化背景下，农业转移人口支付市民化成本的压力明显下降且相对较低，虽在后期有上升的可能但增幅相对有限；不同方案之间的差异相对较小；不同发展程度地区间的成本支付压力基本一致，但成本支付的压力来源不同；发展较好地区的生活成本、放弃土地机会成本、社会保障成本是支付压力较大的三项成本，发展一般地区的生活成本、放弃土地机会成本、社会保障成本虽同样占比较大，但平均工资占比率有所下降而住房成本明显升高。

表 6-19　就地就近城镇化背景下内部成本下各三级指标占城镇职工平均工资的比例情况

单位：%

方案类型	成本项目	汝州					郏县				
		2017年	2020年	2025年	2030年	2035年	2017年	2020年	2025年	2030年	2035年
基准方案	生活	11.64	11.64	11.64	11.64	11.64	9.83	9.83	9.83	9.83	9.83
	智力	2.18	2.18	2.18	2.18	2.18	2.09	2.09	2.09	2.09	2.09
	住房	2.63	2.63	2.63	2.63	2.63	9.75	9.75	9.75	9.75	9.75
	社会保障	8.58	5.40	5.29	4.88	5.49	7.74	4.83	4.81	4.58	4.88
	放弃土地	14.44	11.02	11.01	9.89	9.83	8.60	6.45	6.29	5.82	5.78
	社会交往	3.80	2.90	2.90	2.60	2.59	4.09	3.06	2.99	2.77	2.74
	非必需商品和服务	1.07	0.82	0.82	0.73	0.73	1.33	0.99	0.97	0.90	0.89
	失业风险	0.18	0.11	0.11	0.10	0.12	0.24	0.15	0.15	0.14	0.15
	总计	44.54	36.71	36.58	34.65	35.21	43.67	37.16	36.88	35.88	36.11
子代随迁方案	生活	11.64	11.64	11.64	11.64	11.64	9.83	9.83	9.83	9.83	9.83
	智力	2.18	2.18	2.18	2.18	2.18	2.09	2.09	2.09	2.09	2.09
	住房	2.63	2.63	2.63	2.63	2.63	9.75	9.75	9.75	9.75	9.75
	社会保障	8.58	5.13	4.90	4.57	5.42	7.74	4.59	4.38	4.17	4.50
	放弃土地	14.44	10.49	10.27	9.35	9.74	8.60	6.14	5.78	5.34	5.36
	社会交往	3.80	2.76	2.70	2.46	2.56	4.09	2.92	2.75	2.54	2.55
	非必需商品和服务	1.07	0.78	0.76	0.69	0.72	1.33	0.95	0.89	0.82	0.83
	失业风险	0.18	0.11	0.10	0.10	0.11	0.24	0.14	0.14	0.13	0.14
	总计	44.54	35.71	35.19	33.62	35.01	43.67	36.41	35.61	34.67	35.05

续表

方案类型	成本项目	汝州					郏县				
		2017年	2020年	2025年	2030年	2035年	2017年	2020年	2025年	2030年	2035年
子代父代随迁方案	生活	11.64	11.64	11.64	11.64	11.64	9.83	9.83	9.83	9.83	9.83
	智力	2.18	2.18	2.18	2.18	2.18	2.09	2.09	2.09	2.09	2.09
	住房	2.63	2.63	2.63	2.63	2.63	9.75	9.75	9.75	9.75	9.75
	社会保障	8.58	4.92	4.67	4.55	5.38	7.74	4.41	4.03	3.87	4.25
	放弃土地	14.44	10.83	10.81	9.93	10.37	8.60	6.30	6.09	5.69	5.66
	社会交往	3.80	2.85	2.84	2.61	2.73	4.09	2.99	2.89	2.71	2.69
	非必需商品和服务	1.07	0.80	0.80	0.74	0.77	1.33	0.97	0.94	0.88	0.87
	失业风险	0.18	0.10	0.10	0.10	0.11	0.24	0.14	0.13	0.12	0.13
	总计	44.54	35.95	35.68	34.38	35.81	43.67	36.48	35.76	34.94	35.28

第四节　小结

本章依据城镇化理论与社会调查数据，从实践需要和学术需求两方面，论证了基于就地就近城镇化背景下进行农业转移人口市民化成本测算研究的合理性与必要性；结合劳动力的生命周期特点与法律规定，在年龄别视角下对市民化成本指标完成了分类；引入数理人口学人口预测模型，设计了分年龄别市民化人口预测模型，并通过与市民化成本测算模型嵌套，设计了市民化成本预测模型，由此弥补了家庭化迁移导致市民化人口结构多元化情境下成本预测方法的不足，拓展了市民化成本研究的时间范围及市民化成本测算模型的应用情境。

在此基础上，使用以上模型并结合各级指标理论内涵，以基准方案作为对照组，设置子代随迁、子代父代随迁方案作为实验组，基于就地就近城镇化背景，定量预测了三种不同家庭化迁移方案下，农业转移人口市民化成本的金额、结构、变化规律及相关主体成本支付压力，得到如下主要研究结论。

第一，就地就近城镇化背景下的未来时期，市民化人均成本进一步下降，市民化过程的外部性有所减小但仍旧明显，公共成本的支付依然是减小外部性的关键。未来每增加一名市民化人口，需要的社会总成本有所减少，但外部成本依然高于内部成本，且公共成本在外部成本中的占比最高并呈上升趋势，因此支付公共成本，促进农业转移人口基本公共服务享有水平与城镇居民一致，是补齐其社会发展权利、减小市民化外部性的关键。

第二，就地就近城镇化背景下的未来较长时期中，政府、企业及农业转移人口主要成本支付项目变化较小；与此同时，个人住房成本成了又一个支出重点。①政府基础设施建设成本，企业社会保障成本，农业转移人口生活、社会保障和放弃土地机会成本是各主体主要支出的成本项目；②住房成本在私人成本中的占比在未来增加明显，在发展基础一般的城镇中该成本占比更高，成了农业转移人口又一个主要支出的成本项目。

第三，就地就近城镇化背景下的未来时期，政府依然是成本的最大支出方，但企业取代农业转移人口成为成本最小支付方。从市民化人均成本维度看，未来时期每增加一名"新市民"，政府、企业与农业转移人口需要支出的成本分别占总成本的45%、25%、30%左右。这意味着政府最大成本支付角色不变的情况下，市民化推进过程中，农业转移人口对成本支付的作用有所增加。

第四，就地就近城镇化背景下的未来时期，结合各主体成本支付能力分析，政府的成本支付压力有所下降，但短期内依然偏高；农业转移人口与企业的支付压力明显下降且相对较小。①未来时期政府的成本支付压力有所减小但依然偏高，在2030年之前依然无法达到异地城镇化的较低水平（低于3%），且资金和支付压力主要集中于基础设施建设方面；②企业成本支付压力大幅降低，在既有工资总支出占比中从约5%下降至约2%；③农业转移人口成本支付压力较低，私人成本金额占城镇职工平均工资的比例约35%，虽在后期有上升趋势但增幅相对有限。

第五，就地就近城镇化背景下的未来时期，不同家庭化迁移方案之间的市民化成本差异，主要体现在公共成本总额和政府的成本支付压力方面。①市民化人均成本金额、结构以及企业、农业转移人口的成本支付压力，在不同家庭化迁移方案之间差异较小；②子代父代随迁方案下，未来时期的公共成本总额和政府成本支付压力明显大于子代随迁方案和基准方案。这说明，如果能够有效化解中小城镇基础设施建设成本支出压力，那么在就地就近城镇化背景下，无论未来会形成何种家庭化迁移模式，政府、企业与农业转移人口均能够相对轻松地支付市民化成本，保证市民化推进。

第七章

结论与展望

本章归纳提炼本书主要研究结论，指出主要贡献、创新与突破；基于研究结论，从成本角度提出促进农业转移人口市民化的政策建议；最后指出本书的研究局限和未来的研究方向。

第一节　主要结论

本书基于推进农业转移人口市民化的实际需求与政策导向，旨在通过理论研究和方法创新相结合的手段，明晰农业转移人口市民化成本金额、结构、变化趋势与支付情况。以社会成本、公共治理、城镇化和市民化相关理论为参考，考虑二元经济社会制度的影响，对农业转移人口市民化成本内涵进行本土化修正，构建农业转移人口市民化成本三级指标体系，提出市民化成本测算策略及框架；修正市民化成本真实值测算思路，改进市民化成本测算模型，结合不同城镇化类型调整修正指标体系，考虑家庭化迁移影响并设计市民化成本预测模型；在设定相关测算及预测假设基础上，结合各级指标理论意义，从多角度定量分析农业转移人口市民化成本。本书主要得到如下研究结论。

第一，中国的农业转移人口市民化包括两个并行过程，需要政府、企业与农业转移人口支付相应成本，以此推动市民化实现。二元经济社会制度造成农业转移人口市民化过程存在外部性，中国的农业转移人口市民化不仅包括一般意义上的人口城市化过程，还包括农业转移人口公共服务和薪资福利分配中外部性的矫正过程（即政府、企业依据城镇居民标准补齐农业转移人口社会发展权利和经济发展权利的过程）。政府、企业通过支付公共成本、企业成本，从而补齐农业转移人口社会发展权利与和经济发展权利的缺失，农业转移人口通过支付私人显性成本和私人隐性成本，推动职业、身份、生活方式向城镇居民转变，最终达到消除市民化外部性、推动市民化进程这一目标。

第二，农业转移人口市民化人均成本与区域发展程度及城镇化率存在正相关关系。①异地城镇化下，市民化人均成本，政府、企业以及农业转移人口需要支付的人均公共、企业与私人成本，均显著高于就地就近城镇化下的相应成本。②就地就近城镇化下，发展基础较好、城镇化率较高区域的相应成本，又显著高于发展基础一般、城镇化率偏低地区的相应成本。③结合测算地社会经济发展基本情况，研究发现发展程度及城镇化率越高，农业转移人口市民化人均成本越高。这意味着，在高城镇化率与发达地区新增一名市民化人口，需要政府、企业和农业转移人口支付更多的成本。

第三，农业转移人口市民化过程存在明显的外部性特点，且在不同城镇化类型下外部性程度、来源与消除的主要方式具有差异。①异地城镇化下，市民化外部成本与内部成本基本持平，企业成本占据了外部成本绝大部分，说明市民化外部性显著，亟须企业通过补齐农业转移人口有所缺失的薪资福利，消除就业歧视、补齐经济发展权利，以达到减小市民化外部性的目的。②就地就近城镇化下，市民化外部成本显著大于内部成本，公共成本占据外部成本的绝大部分，说明市民化外部性更为显著，亟待政府依据城镇居民标准，提升对农业转移人口基本公共服务的供给水平，从而补齐社会发展权利，达到减小市民化外部性的目的。

第四，政府、企业及农业转移人口成本支付的重点项目较为集中，未来变化趋势随城镇化类型的不同而有所差异。①异地城镇化下：政府当前支出重点在基础设施建设和公共管理领域，未来将逐步向教育、住房、社会保障与促进就业领域转移；企业支出重点始终在社会保障缴纳和工资歧视补齐方面；农业转移人口支出重点当前集中于生活、社会保障、社会交往和子女教育方面，未来时期将进一步向后三项集中。②就地就近城镇化下：政府支出重点始终在基础设施建设项目上；企业支出重点长期在社会保障项目上；农业转移人口支出重点当前集中于生活成本、社会保障成本、放弃土地机会成本，未来住房成本将成为又一个重点项目。③这说明，异地城镇化下，城镇化建设已向内涵式发展转型，市民化成本支出重心向民生问题和深层发展问题倾斜；就地就近城镇化下，城镇化建设依然处于快速建设和满足居民基本需求时期，市民化成本支出重心将长期集中于城镇建设管理和农业转移人口基本生存、生活领域。

第五，政府、企业及农业转移人口面临的成本支付压力并不相同，不同城镇化类型之间各主体的成本支付压力也并不一致。①异地城镇化下，政府成本支付压力较为稳定、始终较小；企业支付压力有所降低、当前及未来压力适中；农业转移人口不仅是市民化成本最多的支出方，且成本支付压力偏高，虽然压力逐年减小但是降幅有限。②就地就近城镇化下，政府不仅是市民化成本最多的支出方，且成本支付压力长期偏高，虽呈降低趋势但在2030年之前较难达到异地城镇化背景下的较低水平；企业成本支付压力当前偏高，但呈现持续明显下降趋势，在较短时期内将降至较低水平；农业转移人口成本支付压力明显较低，在未来时期将进一步下降。

第六，不同家庭化迁移方案间的成本金额、结构均有差异，但主要体现在子代父代随迁方案下，公共成本总额及政府支付压力明显高于其他方案。①相比于基准方案与子代随迁方案，子代父代随迁方案将使市民化人口结构中非劳动力人口占比逐年增加，在这一人口结构变化模式下，未来时期公共成本总额将明显提升，且使政府的成本支付压力显著增大。②子代随迁、子代父代随迁对未来时期市民化人均成本金额、结构及各主体成本支付角色均有影响，但影响相对较小，各方案测算结果之间的差异相对有限。③这表明，在就地就近城镇化背景下，如果政府支付水平能够长期高于子代父代随迁方案下公共成本的支付要求，那么就可以针对本地实际需求，相对灵活地制定与本地需求匹配的考虑家庭化迁移因素的人口引导政策。

第二节　主要创新点

本书在已有理论、方法及实证研究基础上，结合中国城镇化、市民化的现实情境与发展规律，系统研究了农业转移人口市民化成本内涵及不同城镇化背景下的测算方法，并结合典型地区的官方统计数据进行了测度，创新之处主要表现在以下四个方面。

第一，针对二元经济社会制度背景，结合社会成本与公共治理理论，修正了农业转移人口市民化成本内涵，构建了农业转移人口市民化成本三级指标体系。从社会成本理论出发，针对中国二元经济社会制度背景，将农业转移人口市民化成本内涵修正为"政府与企业为补齐农业转移人口公共服务和薪资福利新增的外部成本与农业转移人口为推动职业、身份、生活方式向城镇居民转变新增的内部成本之和"，从而揭示了市民化成本多主体支付的原因，实现了一级指标的本土化改进；引入公共治理理论，通过剖析政府、企业与农业转移人口在市民化与成本支付过程中的权责，构建了包含 2 个一级、4 个二级与 16 个三级成本项目（就地就近城镇化背景下为 15 个三级成本项目）的指标体系，为市民化成本支付主体确定及支付项目界定提供了借鉴；通过测算一、二、三级指标的金额与结构，能够分别实现对市民化外部性、各主体成本支付状况、重点支出项目的测评与识别，为系统理解中国的农业转移人口市民化成本提供了基础。

第二，通过修正市民化成本真实值测度思路，改进了成本测算模型，揭示了异地城镇化背景下减小市民化外部性的重点在于企业成本的支付，推动市民化的关键在于化解农业转移人口成本支付压力。结合人口迁移理论模型，明确了市民化成本真实值是市民化前后成本金额的差值，据此改进各级指标测算模型，避免了对未市民化时期成本考虑较少引起的重复计算。测算比较各级指标人均成本，结合各主体成本支付能力分析支付压力，研究发现市民化内部与外部成本基本持平，企业成本占据了外部成本绝大部分，需要农业转移人口支付的私人成本远高于公共成本、企业成本且占据了工资收益的半数以上。这说明异地城镇化背景下，市民化过程外部性显著，支付企业成本是化解就业歧视并消除外部性的关键，而农业转移人口是市民化成本最多的支付方且成本支付压力较大。测算模型改进弥补了以往研究对成本变动因素考虑的缺位、提升了模型计量精度，测算结果从成本角度揭示了异地城镇化背景下推动市民化的重点和压力所在。

第三，研究发现就地就近城镇化背景下，公共成本的支付是减小市民化外部性、推动市民化的关键；化解政府基础设施建设成本支出压力是保证公共成本支出的重点。基于就地就近城镇化背景下农业转移人口空间分布及迁移特点，调整了 8 项三级指标和 6 个测算模型，提升了指标模型测算精度。测算比较各级指标人均成本，结合各主体成本支付能力分析支付压力，研究发现外部成本明显高于内部成本，公共成本显著高于企业成本、私人成本，政府每年需要支付的公共成本总额约占财政支出的 7%，且 90% 集中于基础设施建设项目。这说明就地就近城镇化背景下，市民化外部性更为显著，政府成为市民化成本最多的支付方，以目前中小城镇的财政支出能力及市民化人口增长幅度，政府面临的成本支付压力较大且难以长期持续。研究证实了不同城镇化类型间市民化成本的多重差异，拓展了市民化成本研究视角和空间范围，揭示了就地就近城镇化背景下政府投入对市民化推进的主导作用，以及为推动市民化应支出的关键成本及财政项目。

第四，结合就地就近城镇化背景家庭化迁移明显增多的趋势，本书预测了市民化成本未来变化的多种可能，发现了化解政府市民化成本支付压力是应对不同家庭化迁移模式影响与推动市民化的关键。通过设计分年龄别市民化人口预测模型，并与市民化成本测算模型嵌套，开发了市民化成本预测模型。本书预测了当前至 2035 年就地就近城镇化背景下，基准方案、子代随迁方案、子代父代随迁方案三种方案下的市民化成本，发现企业与私人成本下降明显，而公共成本及其支付压力降幅有限；不同迁移方案间，成本金额及成本结构虽有不同，但主要差异体现在子代父代随迁方案下，公共成本金额及政府支付压力明显高于其他方案。这说明政府依然是成本最多支付方且支付压力较大，家庭化迁移对成本产生的影响集中于公共成本项目。研究弥补了市民化人口结构多元化情境下成本预测方法的缺乏，拓展了市民化成本研究的时间范围，揭示了家庭化迁移可能对市民化成本产生的主要影响，为未来长期市民化政策制定提供了理论参考。

第三节　政策建议

农业转移人口市民化成本的科学支付问题，从宏观层面关乎以人为核心新型城镇化的推进问题，从微观层面关乎政府、企业发展战略制定与农业转移人口发展策略选择问题。本书通过市民化成本指标体系和测算模型的优化设计，明晰了成本支付主体的主要责任、各主体的支出重点及支付压力识别方法，基于测算与预测结果的分析，揭示了不同城镇化类型、不同地区、不同城镇、不同时期市民化成本的基本特征、变化趋势及各主体支付压力，为科学制定市民化成本支出方案，化解各方成本支出压力，推进农业转移人口市民化，提供了明确政策指向。本节基于研究发现与结论，从多角度、多方面提出相关政策建议。

（一）清晰界定各方成本支付责任，识别预测成本支出重点项目

第一，明确成本支付主体事权，确定各方主体成本支付责任与义务。以农业转移人口市民化成本指标体系为基本框架，确定政府在基础设施建设、公共管理、住房保障等公共服务方面的事权，企业在社会保障、工资发放、技能培训等员工就业与薪资福利享受方面的事权，农业转移人口在个人生活、智力、住房等私人城镇生活与发展方面的事权，按照事权与支出责任相适应的原则，确定政府、企业及农业转移人口在成本支付之中的出资责任与应遵守的义务。

第二，加强市民化成本测算与预测工作，识别市民化成本当前与未来支出重点及用量，构建成本支出动态调整机制。成立信息资源采集与分析小组，协调统计、财政等相关部门，提供历年所需统计数据，结合农业转移人口市民化成本测算与预测模型，开发相应成本计算软件；根据测算与预测结果，分析不同时期、不同区域、不同城镇农业转移人口数量规模、人口结构变化情况、各主体的成本支出重点、支付压力及资金用量；通过财政、税收等政策干预手段，对各主体成本支出事权进行二次优化与动态调整，最终形成市民化成本筹备与支出指导意见，提升市民化成本支付的精准性、有效性与预判性。

（二）统筹规划促进财政资金集约高效使用，因城施策提升公共产品与服务供给水平

第一，以市民化成本支出政府责任与财力相匹配的原则，优化地区间

财政转移支付方案，改革政府层级间税收分配方案，提高财税资金在不同发展程度地区间的合理配置。建立财政转移支付同市民化人口增减挂钩机制，完善中央及省级财政对成本支出压力较大、财力不足地区和城镇的财政转移支付，促进基本公共服务相对均衡；以省内统筹为起点，逐步建立基本公共服务支出与管理的全国性流转机制，使基本公共服务和社会保障与城镇化和市民化趋势相适应；将市民化成本需求作为营改增后地方政府在增值税分享中比重确定的考量因素之一，对成本支付能力弱和压力大的区域及城镇，增加地方政府的增值税分享比重。

第二，设立农业转移人口市民化政府种子基金与奖励机制，依据各地区及各城镇工作开展具体情况予以资金拨付和资金奖励。根据历年中央财政资金及专项资金结余情况，按比例计提并纳入种子基金，依据全国市民化成本财政用量预算的缺口，布局和调整每一周期的基金储量和用量，在充分评估的基础上以一次性拨付或逐期投入等方式，重点支持资金筹集困难项目、亟待资金拨付项目、资金链断裂项目、重点建设项目等；中央、省级财政建立中央、省对下农业转移人口市民化奖励机制，基于市民化考核奖励情况，结合农业转移人口实际进城落户以及地方提供基本公共服务水平等因素，重点向农业转移人口数量多、市民化人口增量大、基本公共服务水平高、财政支付压力大的区域与城镇倾斜，相关奖励资金主要用于市民化推进相关工作。

第三，针对异地城镇化区域大型城市市民化成本支出压力较小特点，以常住人口为服务界限，全面推动基本公共服务均等化。在当前阶段，以居住证制度为抓手，制定积极严谨的居住证颁发办法，并适度降低对农业转移人口的颁发条件，确保符合条件的非本地户籍农业转移人口均能获得居住证，并享有基本公共服务；在未来阶段，保留户籍制度人口登记和管理功能，逐步剥离附着于本地城镇户籍上的各种社会利益，建立统一的劳动力市场和社会保障网络，全面推动城市基本公共服务供给对象向常住人口及其随迁子女全覆盖。

第四，针对就地就近城镇化区域中小城镇市民化成本支出压力较大特点，重点解决基础设施建设领域对资金的长期大量需求，兼顾未来民生领域对公共服务供给的需求。以政府为主导，扩大对社会资本的开放领域，通过积极吸引社会力量和社会资金，建立规范透明的城市基础设施和公益设施建设投融资机制；建立健全地方债券发行管理和评级制度，在系统评估地方负债情况与偿还能力的基础上，允许地方政府发行市政建设债券，拓宽城市建设融资渠道；探索培育地方政府主体税种，如物业税开征办法、资源税征收范围扩展等，加大对土地增值税和测算土地使用税征收力度，增强地方政府对公共管理等民生领域基本公共服务的提供与资金支出能力。

（三）以制度政策形式明确企业用工规定及薪资福利标准，以文化宣传及财税优惠手段提升企业支付市民化成本积极性

第一，提升劳动合同签订比例，监督企业依法履行合同情况，以法律和行政手段保障农业转移人口既有利益不受损失。培养企业及农业转移人口法律和契约意识，加深双方对《中华人民共和国劳动合同法》《中华人民共和国劳动合同法实施条例》等相关劳动法律法规的认识，促进农业转移人口在就业过程中与用工单位签订劳动合同；以中小微企业为重点，监督排查用工企业劳动合同签订缺失、合同履行不彻底、社会保障不予缴纳、恶意欠薪及拒不支付劳动报酬等行为，在行政处罚之外依法进行公诉，并列入违法失信企业黑名单，加大用人单位违法违规成本，依法保障农业转移人口既有工资及福利不受损失；强化农业转移人口在企业违反合同导致个体利益受损时的维权意识，发挥企业工会、劳动行政部门、劳动仲裁部门和法律援助中心的维权功能。

第二，强化企业社会责任意识，完善物质荣誉奖励机制，促进企业同工同酬制度确立，提升农业转移人口薪资福利待遇。培育企业主动承担社会责任的良好舆论环境，发挥行业协会自我管理、自我教育职能，增进企业对发展盈利和社会进步、经营主体与受雇员工之间共生共荣、相互促进关系的根本认识，尽快推动企业对农业转移人口与城镇职工同工同酬理念的心理、制度认可；建立社会保险及住房公积金缴费分档、缴费补贴制度，根据企业农业转移人口员工占比较大及实际市民化成本支付较多情况，实行税费优惠或社会保险补贴政策；对于排查、抽查过程中，劳动合同签订、社会保障缴纳、同工同酬落实及技能培训开展较好的企业，予以全社会通报表扬并给予相应资金或财税优惠政策奖励。

（四）以优质就业与土地改革为根本，以住房与社会保障改革为辅助，化解农业转移人口成本支付压力

第一，拓宽就业渠道，建立健全公共就业服务机制，加大就业创业培训帮扶力度，促进农业转移人口充分优质就业，为市民化成本支付奠定资金来源基础。依据城镇产业及发展特点，促进物流业、服务业、旅游业、制造业等就业容量大的新兴产业发展，创造容纳农业转移人口优质就业的空间，探索劳动力余缺调剂工程及就业援助基地建设，帮扶劳动力实现充分就业，形成产业快速发展与城镇化进程协同推进的良性互动局面；加大对农业转移人口创业扶持力度，落实税费减免、创业担保贷款、财政贴息、创业培训等扶持政策；将农业转移人口纳入就业创业专项补助资金分配范围，保障农业转移人口与本地户籍人口享有同等求职信息发布、职业指导、职业介绍、失业登记、再就业帮扶等免费公共就业服务；结合市场与产业发展需求，积极开展多种形式的职业培训，全面提供政府补贴职业技能培训服务，提高农业转移人口就业创业能力和职业素质，构建职业技能鉴定与薪资支付标准挂钩机制，对初次通过职业技能鉴定并取得职业技能资格证书或专项职业能力证书的农业转移人口，给予职业技能鉴定补贴。

第二，推进土地制度改革，探索宅基地、承包地等要素市场化流转机制，促进农业转移人口既有资产实现财产性收益，为市民化成本支付提供更大资金支撑。在坚持最严格的耕地保护制度前提下，基于城乡规划和土地规划的统一管理和引导，建立城乡统一的土地市场，探索农村要素市场化流转机制与建设用地异地置换途径，实现国有土地与农村集体经营性建设用地两种产权土地的市场并轨；深化农村"三权"制度改革，赋予农业转移人口农用地及宅基地等承包经营权的物权属性，全面推进集体建设用地使用权、宅基地使用权、土地承包经营权确权颁证；加强农村产权交易市场建设，推进土地承包经营权、宅基地使用权有序流转，并设立农村土地权益退出保底补偿机制，通过市场流通机制实现农业转移人口自主自愿选择，达到有效盘活农业转移人口土地资源的目的。

第三，扩大城镇住房优惠政策覆盖范围，构建租购并举的住房保障体

系，为农业转移人口提供多元化住房选择，降低未来市民化住房成本支出金额。在城镇住房保障政策中纳入农业转移人口住房因素统筹考虑安排，将住房公积金制度实施范围扩大到农业转移人口，加快构建以政府为主提供基本保障、以市场为主满足多层次需求的住房租售供应体系；针对异地城镇化背景下的大型城市，正确认识城中村、旧城区等在降低农业转移人口生活、住房成本方面的积极作用，调整城中村、旧城区的整体拆除、高密度开发等运作模式，探索在新城开发与老城改造过程中，建设面向农业转移人口租赁的社会化公寓，培育并规范小户型房屋租赁市场，提高中小户型廉租房、公租房中农业转移人口的租住比例；针对就地就近城镇化背景下的中小城镇，结合供给侧结构性改革的推进，将去库存与市民化有机统一，以政府注资、社会出资等形式，向农业转移人口提供形式多样的廉租房、经济适用房、限价商品房，在评估还贷能力的前提下，降低农业转移人口购房首付比、住房契税和贷款税。

第四，完善创新社会保障体系管理制度，尽快实现各类保险参保人跨制度、跨地区的转移接续，减少市民化社会保障成本个人重复支出损失，提升市民化后生活保障程度。制定城乡居民社会保障与职工社会保障转移接续办法，依据政策如实落实新的社会保障待遇，避免农业转移人口在市民化前后社会保险资金重复缴费等权益受损状况发生；针对持有居住证的农业转移人口，尽快将其纳入城镇社会保障体系，各级财政按照当期城镇居民相同标准予以补助，避免重复参保和补助；加快落实医疗保险关系转移接续办法和异地就医结算办法，加速整合完善城乡统筹的社会保障体系，尽快实现城乡居民统一的社会保障制度。

第四节　研究展望

本书对不同城镇化类型下农业转移人口市民化成本的测算方法，以及成本的金额、结构、变化规律和主体支付状况进行了较为系统、深入的分析，在指标改进、模型优化和实证分析方面取得了一些较有价值的研究成果。本书的研究局限和未来研究空间主要包括以下几个方面。

第一，本书选用数据来自东部沿海地区广东省和中部内陆地区河南省，两省分别处于中国异地城镇化和就地就近城镇化区域，测算结果具有较强的代表性。然而，一方面，受益于"一带一路"倡议和"西部开发"战略的深入实施，四川、陕西等广大西部省份中小城镇也同样得到了快速发展；另一方面，西部地区由于特殊的生态环境制约及多民族构成特点，就地就近城镇化建设的具体模式、道路和方案与中部地区会有较大区别。此外，位于不同区位的中小城镇，相互之间的差异在未来发展过程中将逐步显现。而上述情况下，相应农业转移人口市民化进程与成本状况也可能不尽相同。因此，未来一方面有必要把研究对象扩展到西部地区，另一方面有必要加入更多的中小城镇样本数据，以此进一步验证本书的指标、算法与研究结论的可靠性、稳健性。

第二，本书重点测算并分析了农业转移人口市民化成本的基本情况与支出状况，对于市民化成本与收益的比较关注较少。其原因在于，已有研究已证实市民化产生的（长期）收益远远大于相应成本投入（张彰等，2018；石忆邵、王樱晓，2015），而针对目前市民化进展较缓的现状，如何解决不同类型城镇历年的成本需求并做到"适用与限度"，才是市民化研究的政府政策制定的重点（唐丽萍、梁丽，2015）。然而，既有市民化收益远大于成本的结论，多基于历年市民化人口结构集中于劳动力阶段的前提预设下所得；但本书发现，就地就近城镇化背景下的未来时期，市民化人口结构之中非劳动力阶段人口将明显增加，相关收益是否发生较大变化有待证明。囿于研究目标及研究设计，本书并未对此进行分析，仅对相关主体成本支付状况的变化予以说明。因此，从学术与实践需求角度出发，未来研究可以针对就地就近城镇化背景下人口结构多元化的趋势，讨论相关市民化成本与收益的变化模式。

第三，本书研究重心在于对农业转移人口市民化成本的测算，虽然根据测算结果对相关主体成本支付和资金筹措问题给出了相应政策建议，但并未进行更加详细的可行性分析。而市民化成本的筹资机制研究，特别是相应公共财政预算规划是一个较为复杂和深刻的研究议题，涉及不同层级的政府财政部门，如何根据本书指出的政策方向进行市民化成本支付方案细化，以及在支付过程中不同层级政府间的财政资金如何协调，还有待于继续深入研究。

| 参考文献 |

EIU，2014，《中国的城市化之梦与地区现实》4 月 28 日，https：//
wenku. baidu. com/view/a3006cba4693daef5ef73df6. html。

OECD，1996，《交通社会成本的内部化》，中国环境科学出版社。

安体富、任强，2007，《公共服务均等化：理论、问题与对策》，《财
贸经济》第 8 期。

庇古，2006，《福利经济学》（上卷），朱泱、张胜纪、吴良健译，商
务印书馆。

蔡泽昊、俞贺楠，2014，《新型城镇化与农民工市民化：制度保障、
障碍及政策优化》，《河南社会科学》第 3 期。

曹信邦，2008，《就业歧视对农民工社会保障制度构建的消极影响》，
《人口与经济》第 1 期。

陈岱云、胡令安，2011，《21 世纪初中国人口的生育观念——基于对山
东省一项问卷调查的研究》，《清华大学学报》（哲学社会科学版）第 5 期。

陈广桂，2004，《房价、农民市民化成本和我国的城市化》，《中国农
村经济》第 3 期。

陈宏胜、王兴平、贺志华，2015，《城镇化的家庭转向：个体城镇化
向家庭城镇化转变的实证研究》，《规划师》第 10 期。

陈金永，2013，《外来与未来：美国移改对中国户改的启示》8 月 15
日，http：//other. caixin. com/2013－08－15/100569688. html。

陈明星、龚颖华、隋昱文，2016，《新型城镇化背景下中部地区的人口
就近城镇化模式研究》，《苏州大学学报》（哲学社会科学版）第 6 期。

陈素琼、张广胜，2017，《城市农民工家庭化迁移模式变迁及其幸福

效应——基于 CGSS 数据的追踪研究》，《农业技术经济》第 8 期。

陈雯，2012，《"四二一"家庭结构假设与家庭养老压力事实》，《华中师范大学学报》（人文社会科学版）第 5 期。

陈晓红、谭宇，2015，《就地城镇化对区域消费市场影响的实证研究》，《经济地理》第 3 期。

陈雄鹰、汪昕宇、冯虹，2015，《农民工的就业不平等感知对其冲突行为意愿的影响研究——基于全国 7 个城市的调研数据》，《人口与经》第 6 期。

谌新民、周文良，2013，《农业转移人口市民化成本分担机制及政策涵义》，《华南师范大学学报》（社会科学版）第 5 期。

程名望、史清华、潘烜，2013，《农村剩余劳动力转移的一个动态搜寻模型与实证分析》，《管理评论》第 1 期。

戴琼瑶、张启文，2018，《共享发展：城乡建设用地增减挂钩与精准扶贫》，《甘肃社会科学》第 3 期。

单菁菁，2015，《农民工市民化的成本及其分担机制研究》，《学海》第 1 期。

邓保国、傅晓，2006，《农民工的法律界定》，《中国农村经济》第 3 期。

邓曲恒，2007，《城镇居民与流动人口的收入差异——基于 Oaxaca-Blinder 和 Quantile 方法的分解》，《中国人口科学》第 2 期。

丁萌萌、徐滇庆，2014，《城镇化进程中农民工市民化的成本测算》，《经济学动态》第 2 期。

杜宝旭，2016，《中国农民工市民化私人成本收益及其城镇化效应研究》，博士学位论文，辽宁大学。

杜海峰、白萌、刘茜、杜巍，2015，《农民工生存与发展状况报告》，社会科学文献出版社。

杜海峰、白萌、刘茜、杜巍，2015，《农民工生存与发展状况报告》，社会科学文献出版社。

杜海峰、顾东东，2017，《中国人口净流出地区的农村基层组织现状——以河南省 Y 县为例》，《行政论坛》第 6 期。

杜海峰、顾东东、杜巍，2015，《农民工市民化成本测算模型的改进及应用》,《当代经济科学》第 2 期。

杜书云,2004,《"歧视"与"逆歧视":农民工不平等竞争实证分析》,《郑州大学学报》(哲学社会科学版)第 6 期。

杜巍、顾东东、王琦等,2018,《就地就近城镇化背景下农民工生计资本的测算与分析》,《西安交通大学学报》(社会科学版)第 2 期。

段成荣、吕利丹、邹湘江,2013,《当前我国流动人口面临的主要问题和对策——基于 2010 年第六次全国人口普查数据的分析》,《人口研究》第 2 期。

段成荣、杨舸、张斐等,2008,《改革开放以来我国流动人口变动的九大趋势》,《人口研究》第 6 期。

范红忠,2006,《我国农村劳动力转移过程的成本分析》,《农村经济》第 3 期。

费孝通,1984,《小城镇大问题(之二)——从小城镇的兴衰看商品经济的作用》,《瞭望》第 3 期。

冯俏彬,2014,《农民工市民化的成本估算、分摊与筹措》,《经济研究参考》第 8 期。

付焕、张萌、王静,2017,《新型城镇化公共服务支出的经济增长效应研究》,《现代经济探讨》第 8 期。

傅晨,2013,《农民工市民化的制度创新——基于广东省的实证研究》,中国经济出版社。

傅东平、李强、纪明,2014,《农业转移人口市民化成本分担机制研究》,《广西社会科学》第 4 期。

高秉雄、张江涛,2010,《公共治理:理论缘起与模式变迁》,《社会主义研究》第 6 期。

高宏伟、张艺术,2015,《城镇化理论溯源与我国新型城镇化的本质》,《当代经济研究》第 5 期。

辜胜阻,2016,《当前的城镇化应实现六大转型》,《河南社会科学》第 9 期。

辜胜阻、杨威,2012,《反思当前城镇化发展中的五种偏向》,《中国人口科学》第 3 期。

辜胜阻、郑超、曹誉波，2014，《大力发展中小城市推进均衡城镇化的战略思考》，《人口研究》第 4 期。

谷继建、刘定云、吴安新等，2009，《福利经济学对农民均衡分享经济发展成果诠释》，《城市发展研究》第 1 期。

谷莎菲、白萌，2018，《城市规模等级对农民工核心家庭团聚状况的影响》，《城市问题》第 5 期。

顾东东、杜海峰、刘茜等，2016，《新型城镇化背景下农民工社会分层与流动现状》，《西北农林科技大学学报》（社会科学版）第 4 期。

顾东东、杜海峰、王琦，2018，《就地就近城镇化背景下农民工市民化的成本测算与发现——基于河南省三个县市的比较》，《管理评论》第 3 期。

顾丽梅，2005，《新公共服务理论及其对我国公共服务改革之启示》，《南京社会科学》第 1 期。

国家统计局，2018a，《中华人民共和国 2017 年国民经济和社会发展统计公报》2 月 28 日，http：//www. stats. gov. cn/tjsj/zxfb/201802/t20180228_ 1585631. html。

国家统计局，2018b，《2017 年农民工监测调查报告》4 月 27 日，http：// www. stats. gov. cn/tjsj/zxfb/201804/t20180427_ 1596389. html。

国务院发展研究中心课题组，2011a，《农民工市民化进程的总体态势与战略取向》，《改革》第 5 期。

国务院发展研究中心课题组，2011b，《农民工市民化：制度创新与顶层政策设计》，中国发展出版社。

国务院发展研究中心课题组，2011b，《农民工市民化：制度创新与顶层政策设计》，中国发展出版社。

国务院研究室课题组，2006，《中国农民工调研报告》，中国言实出版社。

韩峰、柯善咨，2013，《空间外部性、比较优势与制造业集聚——基于中国地级市面板数据的实证分析》，《数量经济技术经济研究》第 1 期。

韩立达、谢鑫，2015，《变"权"为"利"突破农业转移人口市民化私人成本障碍》，《理论与改革》第 1 期。

韩兆柱、翟文康，2016，《西方公共治理前沿理论述评》，《甘肃行政学院学报》第 4 期。

何玲玲、蔡炉明，2016，《农民市民化的成本解构》，《重庆社会科学》第 3 期。

何翔舟、金潇，2014，《公共治理理论的发展及其中国定位》，《学术月刊》第 8 期。

何增科，2002，《治理、善治与中国政治发展》，《中共福建省委党校学报》第 3 期。

何哲、孙林岩，2010，《社会成本框架下可持续发展的新内涵和社会成本核算讨论》，《软科学》第 4 期。

洪小良，2007，《城市农民工的家庭迁移行为及影响因素研究——以北京市为例》，《中国人口科学》第 6 期。

胡小武，2011，《人口"就近城镇化"：人口迁移新方向》，《西北人口》第 1 期。

胡英，2010，《中国分城镇乡村人口平均预期寿命探析》，《人口与发展》第 2 期。

扈新强、赵玉峰，2017，《流动人口家庭化特征、趋势及影响因素研究》，《西北人口》第 6 期。

黄国华、刘传江、涂海丽，2018，《中国出生性别比时空特征及影响因素》，《江西社会科学》第 2 期。

黄静晗、郑传芳，2015，《新生中小城市农业转移人口市民化公共成本测算——基于福建省首批新型城镇化综合试点的实证》，《福建论坛》（人文社会科学版）第 12 期。

黄锟，2011，《解决农民工问题的根本途径和基本条件》，《经济体制改革》第 5 期。

纪春艳、张学浪，2016，《新型城镇化中农业转移人口市民化的成本分担机制建构——以利益相关者、协同理论为分析框架》，《农村经济》第 11 期。

简新华、罗钜钧、黄锟，2013，《中国城镇化的质量问题和健康发展》，《当代财经》第 9 期。

焦晓云，2015，《新型城镇化进程中农村就地城镇化的困境、重点与对策探析——"城市病"治理的另一种思路》，《城市发展研究》第1期。

金三林，2015，《"十三五"时期推进农业转移人口省内就近市民化的路径和建议》，《经济纵横》第8期。

靳小怡、段朱清，2017，《多源数据视野下的农民工跨户籍婚姻——基于城镇化类型与性别视角的分析》，《妇女研究论丛》第4期。

科斯，1994，《论生产的制度结构》，盛洪等译，上海三联书店。

库名林，2018，《中国城镇化进程中效率与公平的实证研究——从福利经济学视角讨论》，《企业改革与管理》第6期。

兰德尔，1989，《资源经济学》，施以正译，商务印书馆。

勒伟，2016，《城镇化进程中新生代农民工就业培训问题研究》，《成人教育》第8期。

黎红、杨黎源，2017，《农民工市民化成本评估与经济收益——以宁波为例》，《浙江社会科学》第12期。

李爱民，2013，《中国半城镇化研究》，《人口研究》第4期。

李飞、杜云素，2013，《"弃地"进城到"带地"进城：农民城镇化的思考》，《中国农村观察》第6期。

李国平，2013，《质量优先、规模适度：新型城镇化的内涵》，《探索与争鸣》第11期。

李国平、孙铁山、刘浩，2016，《新型城镇化发展中的农业转移人口市民化相关研究及其展望》，《人口与发展》第3期。

李桓促，2014，《时滞效应与公共政策失灵分析》，《长春理工大学学报》（社会科学版）第4期。

李俭国、张鹏，2015，《新常态下新生代农民工市民化社会成本测算》，《财经科学》第5期。

李俊，2014，《职业培训与新生代农民工的职业发展》，《中国青年研究》第12期。

李来儿、赵烜，2005，《中西方"社会成本"理论的比较分析》，《经济问题》第7期。

李强，2013，《论农民和农民工的主动市民化与被动市民化》，《河北学刊》第 4 期。

李强、陈振华、张莹，2015，《就近城镇化与就地城镇化》，《广东社会科学》第 1 期。

李强、陈振华、张莹，2017，《就近城镇化模式研究》，《广东社会科学》第 4 期。

李强、胡宝荣，2013，《户籍制度改革与农民工市民化的路径》，《社会学评论》第 1 期。

李强、唐壮，2002，《城市农民工与城市中的非正规就业》，《社会学研究》第 6 期。

李树茁、陈盈晖、杜海峰，2009，《中国的性别失衡与社会可持续发展——一个跨学科的研究范式与框架》，《西安交通大学学报》（社会科学版）第 6 期。

李树茁、杜海峰、杨绪松等，2008，《农民工的社会支持网络》，社会科学文献出版社。

李为、伍世代，2015，《农业转移人口市民化公共成本测算及分担——以福建为例》，《东南学术》第 3 期。

李小敏、涂建军、付正义等，2016，《我国农民工市民化成本的地域差异》，《经济地理》第 4 期。

李晓梅，2011，《人口预测模型研究及应用》，西南财经大学出版社。

李亚青、吴联灿、申曙光，2012，《企业社会保险福利对农民工流动性的影响——来自广东珠三角地区的证据》，《中国农村经济》第 9 期。

厉以宁、吴易风、李懿，1984，《西方福利经济学述评》，商务印书馆。

廖永伦，2015，《就地就近城镇化：新型城镇化的现实路径选择》，《贵州社会科学》第 11 期。

林乐芬、葛扬，2010，《基于福利经济学视角的失地农民补偿问题研究》，《经济学家》第 1 期。

刘传江，1999，《世界城市化发展进程及其机制》，《世界经济》第 12 期。

刘传江，2004，《当代中国农民发展及其面临的问题（二）农民工生存状态的边缘化与市民化》，《人口与计划生育》第 11 期。

刘传江，2006，《中国农民工市民化研究》，《理论月刊》第 10 期。

刘传江、程建林，2007，《我国农民工的代际差异与市民化》，《经济纵横》第 7 期。

刘传江、程建林，2008，《第二代农民工市民化：现状分析与进程测度》，《人口研究》第 5 期。

刘传江、周玲，2004，《社会资本与农民工的城市融合》，《人口研究》第 5 期。

刘洪银，2013a，《新生代农民工内生性市民化与公共成本估算》，《云南财经大学学报》第 4 期。

刘洪银，2013b，《以农民工市民化推进城镇化内敛式转型》，《当代经济管理》第 6 期。

刘嘉汉、罗蓉，2011，《以发展权为核心的新型城镇化道路研究》，《经济学家》第 5 期。

刘钧，2001，《西方福利经济学发展浅探》，《中央财经大学学报》第 3 期。

刘林平、张春泥，2007，《农民工工资：人力资本、社会资本、企业制度还是社会环境——珠江三角洲农民工工资的决定模型》，《社会学研究》第 6 期。

刘尚希，2012，《我国城镇化对财政体制的"五大挑战"及对策思路》，《地方财政研究》第 4 期。

刘熙瑞、段龙飞，2004，《服务型政府：本质及其理论基础》，《国家行政学院学报》第 5 期。

刘耀彬、李仁东、张守忠，2005，《城市化与生态环境协调标准及其评价模型研究》，《中国软科学》第 5 期。

陆成林，2014，《新型城镇化过程中农民工市民化成本测算》，《财经问题研究》第 7 期。

陆学艺，2009，《破除城乡二元结构实现城乡经济社会一体化》，《社会科学研究》第 4 期。

路锦非，2016，《从人口结构变动看我国退休政策改革的必要性》，《人口与发展》第 1 期。

吕炜、谢佳慧，2015，《农业转移人口市民化：重新认知与理论思辨》，

《财经问题研究》第 11 期。

马庆钰，2005，《关于"公共服务"的解读》，《中国行政管理》第 2 期。

毛哲山，2016，《"人的城镇化"理论的建构与创新研究》，《河南师范大学学报》（哲学社会科学版）第 1 期。

孟向京、姜凯迪，2018，《城镇化和乡城转移对未来中国城乡人口年龄结构的影响》，《人口研究》第 2 期。

宁登，1997，《谈中国城市化道路问题——论二元城镇化战略实施》，《城市规划学刊》第 1 期。

牛文，2003，《中国城市发展报告（2001~2002）》，西苑出版社。

欧阳力胜，2013，《新型城镇化进程中农民工市民化研究》，博士学位论文，财政部财政科学研究所。

潘鑫、魏旭红、王颖，2015，《中部地区县域城镇化统计口径优化思考——半城镇化现象的视角》，《城市规划》第 11 期。

裴新生，2013，《我国中部地区城镇化进程的特征及成因初探》，《城市规划》第 9 期。

皮特·纽曼等编，1996，《新帕尔格雷夫经济学大辞典》（第三卷），经济科学出版社。

齐红倩、席旭文，2016，《分类市民化：破解农业转移人口市民化困境的关键》，《经济学家》第 6 期。

齐红倩、席旭文、刘岩，2018，《福利约束与农业转移人口逆城镇化倾向》，《中国人口·资源与环境》第 1 期。

钱文荣、李宝值，2013，《初衷达成度、公平感知度对农民工留城意愿的影响及其代际差异——基于长江三角洲 16 城市的调研数据》，《管理世界》第 9 期。

渠敬东、周飞舟、应星，2009，《从总体支配到技术治理——基于中国 30 年改革经验的社会学分析》，《中国社会科学》第 6 期。

萨缪尔森、诺德豪斯，1999，《经济学》，萧琛译，华夏出版社。

申兵，2012，《"十二五"时期农民工市民化成本测算及其分担机制构建——以跨省农民工集中流入地区宁波市为案例》，《城市发展研究》第 1 期。

沈滨、赵蕾，2014，《农业转移人口市民化与新型城镇化的战略对接》，《商业时代》第4期。

沈满洪，1999，《庇古税的效应分析》，《浙江社会科学》第4期。

沈满洪、何灵巧，2002，《外部性的分类及外部性理论的演化》，《浙江大学学报》（人文社会科学版）第1期。

沈燕、邓大松，2015，《全国统筹背景下基本养老金的区域非均衡发展——基于中国省级面板模型的实证分析》，《湖北社会科学》第1期。

盛广耀，2013，《新型城镇化理论初探》，《学习与实践》第2期。

盛洪，1995，《外部性问题和制度创新》，《管理世界》第2期。

盛亦男，2013，《中国流动人口家庭化迁居》，《人口研究》第4期。

石忆邵、王樱晓，2015，《基于意愿的上海市农民工市民化成本与收益分析》，《同济大学学报》（社会科学版）第4期。

石智雷、刘康妮、施念，2017，《二孩政策放开与低生育地区生育政策响应——基于年龄递进生育模型的分析》，《学习与实践》第11期。

舒星宇、温勇、宗占红等，2014，《对我国人口平均预期寿命的间接估算及评价——基于第六次全国人口普查数据》，《人口学刊》第5期。

宋舍平、陈成忠，1997，《不要人为堵住农村劳动力流往城市》，《城市规划》第4期。

宋艳姣，2017，《中国农民工返乡决策与就地城镇化路径探析》，《兰州学刊》第2期。

宋月萍、张涵爱，2015，《应授人以何渔？——农民工职业培训与工资获得的实证分析》，《人口与经济》第1期。

孙婧芳，2017，《城市劳动力市场中户籍歧视的变化：农民工的就业与工资》，《经济研究》第8期。

孙三百、黄薇、洪俊杰，2012，《劳动力自由迁移为何如此重要？——基于代际收入流动的视角》，《经济研究》第5期。

孙永正，2016，《"农民工市民化"成本与收益的辨析》，《经济问题》第3期。

孙友然、凌亢、张新岭等，2016，《我国农业转移人口市民化研究综述》，《西北农林科技大学学报》（社会科学版）第2期。

唐丽萍、梁丽，2015，《适用与限度：我国就地城镇化研究》，《求实》第 7 期。

滕世华，2004，《公共治理视野中的公共物品供给》，《中国行政管理》第 7 期。

童光辉、赵海利，2014，《新型城镇化进程中的基本公共服务均等化：财政支出责任及其分担机制——以城市非户籍人口为中心》，《经济学家》第 11 期。

万大珂，2017，《农民工市民化成本测算及分担机制研究》，硕士学位论文，中南财经政法大学。

汪建华，2017a，《城市规模、公共服务与农民工的家庭同住趋势》，《青年研究》第 3 期。

汪建华，2017b，《流动人口家庭化的趋势、问题与应对》，《文化纵横》第 5 期。

王桂新、沈建法、刘建波，2008，《中国城市农民工市民化研究——以上海为例》，《人口与发展》第 1 期。

王国霞、张慧，2016，《农业转移人口市民化成本分担机制分类设计初探》，《经济问题》第 5 期。

王金营，2004，《中国 1990—2000 年乡城人口转移年龄模式及其变迁》，《人口研究》第 5 期。

王金营、原新，2007，《分城乡人口预测中乡城人口转移技术处理及人口转移预测》，《河北大学学报》（哲学社会科学版）第 3 期。

王敬尧、叶成，2015，《地方财政视角下的农民市民化成本》，《华中师范大学学报》（人文社会科学版）第 5 期。

王军、王广州、高凌斐等，2016，《中国出生性别比水平估计及形势判断》，《学习与实践》第 3 期。

王立剑、刘佳，2009，《统筹城乡的人口预测模型构建与应用——以陕西省城乡人口分年龄预测为例》，《西北人口》第 3 期。

王丽丽、杨晓凤、梁丹妮，2016，《代际差异下农民工市民化意愿的影响因素研究》，《调研世界》第 12 期。

王美艳，2005，《城市劳动力市场上的就业机会与工资差异——外来劳动力就业与报酬研究》，《中国社会科学》第 5 期。

王萍，2015，《劳动力年龄和教育结构对经济增长的影响研究——基于人力资本存量生命周期的视角》，《宏观经济研究》第 1 期。

王森，2014，《我国人口预期寿命的结构及影响因素研究——基于省级面板数据的分析》，《西北人口》第 3 期。

王胜今、石雅茗，2016，《综合治理出生性别比偏高的深层思考》，《人口学刊》第 3 期。

王晓丽，2013，《从市民化角度修正中国城镇化水平》，《中国人口科学》第 5 期。

王跃生，2013，《中国城乡家庭结构变动分析——基于 2010 年人口普查数据》，《中国社会科学》第 12 期。

王志章、韩佳丽，2015，《农业转移人口市民化的公共服务成本测算及分摊机制研究》，《中国软科学》第 10 期。

王竹林，2007，《农民工市民化的行为因素分析》，《西北工业大学学报》（社会科学版）第 2 期。

王竹林，2015，《资本要素与农民工市民化能力再造机理研究》，经济科学出版社。

卫龙宝、王文亭，2018，《农民工市民化的成本与收益：研究评述与理论框架构建》，《西北农林科技大学学报》（社会科学版）第 3 期。

魏澄荣、陈宇海，2013，《福建省农民工市民化成本及其分担机制》，《中共福建省委党校学报》第 11 期。

温兴祥，2017，《户籍获取、工资增长与农民工的经济同化》，《经济评论》第 1 期。

邬志辉、李静美，2016，《农民工随迁子女在城市接受义务教育的现实困境与政策选择》，《教育研究》第 9 期。

吴帆，2016，《中国流动人口家庭的迁移序列及其政策涵义》，《南开学报》（学社会科学版）第 4 期。

吴先华，2011，《城镇化、市民化与城乡收入差距关系的实证研究——基于山东省时间序列数据及面板数据的实证分析》，《地理科学》第 1 期。

武廷海、张城国、张能等，2012，《中国快速城镇化的资本逻辑及其走向》，《城市与区域规划研究》第 2 期。

相征、赵鑫，2013，《城镇化视角下的我国农民工市民化路径探讨》，《求是学刊》第 5 期。

谢建社、张华初，2015，《农民工市民化公共服务成本测算及其分担机制——基于广东省 G 市的经验分析》，《湖南农业大学学报》（社会科学版）第 4 期。

谢嗣胜、姚先国，2006，《农民工工资歧视的计量分析》，《中国农村经济》第 4 期。

熊雯，2016，《中西部地区就近城镇化的理论内涵、现实意义及路径选择》，《学习与实践》第 6 期。

熊志军，2002，《科斯的社会成本问题及其现实意义》，《江汉论坛》第 1 期。

徐桂华、杨定华，2004，《外部性理论的演变与发展》，《社会科学》第 3 期。

徐红芬，2013，《城镇化建设中农民工市民化成本测算及金融支持研究》，《金融理论与实践》第 11 期。

徐匡迪，2013，《中国特色新型城镇化发展战略研究》，中国建筑工业出版社。

徐绍史，2016，《国家新型城镇化报告 2015》，中国计划出版社。

许经勇，2003，《城乡户籍制度下的农村城镇化与农民工》，《财经研究》第 12 期。

许玉明，2011，《重庆市农民工市民化的成本约束与制度创新》，《西部论坛》第 2 期。

宣超、陈甬军，2014，《"后危机时代"农村就地城镇化模式分析——以河南省为例》，《经济问题探索》第 1 期。

薛澜，2013，《中国城镇化过程中的公共治理问题》，《中国井冈山干部学院学报》第 4 期。

颜姜慧、朱舜，2017，《农村人口转移趋势及空间指向研究》，《中国人口·资源与环境》第 5 期。

杨菊华、陈传波，2013a，《流动家庭的现状与特征分析》，《人口学刊》第 5 期。

杨菊华、陈传波，2013b，《流动人口家庭化的现状与特点：流动过程特征分析》，《人口与发展》第 3 期。

杨菊华、李红娟，2015，《出生性别比失衡的四要素：一个省级层面的纵向分析》，《学术研究》第 5 期。

杨小凯、张永生，1999，《新兴古典发展经济学导论》，《经济研究》第 7 期。

姚明明，2015，《新型城镇化进程中我国农业转移人口市民化成本分担机制研究》，博士学位论文，辽宁大学。

姚明霞，2005，《福利经济学》，经济科学出版社。

姚先国、赖普清，2004，《中国劳资关系的城乡户籍差异》，《经济研究》第 7 期。

姚毅、明亮，2015，《我国农民工市民化成本测算及分摊机制设计》，《财经科学》第 4 期。

叶静怡、周晔馨，2010，《社会资本转换与农民工收入——来自北京农民工调查的证据》，《管理世界》第 10 期。

应婉云、罗小龙、吴春飞等，2015，《市民化视角下就地城镇化地区基本公共服务设施的需求——基于福建省泉州市的实证研究》，《规划师》第 3 期。

于建嵘，2008，《基本公共服务均等化与农民工问题》，《中国农村观察》第 2 期。

俞可平，2002，《全球治理引论》，《马克思主义与现实》第 1 期。

俞可平、李景鹏、毛寿龙等，2001，《中国离"善治"有多远——"治理与善治"学术笔谈》，《中国行政管理》第 9 期。

悦中山、李卫东、李艳，2012，《农民工的社会融合与社会管理——政府、市场和社会三部门视角下的研究》，《公共管理学报》第 4 期。

翟振武、李龙、陈佳鞠等，2017，《人口预测在 PADIS-INT 软件中的应用——MORTPAK、Spectrum 和 PADIS-INT 比较分析》，《人口研究》第 6 期。

张冲，2014，《中国人口结构对住房需求的影响》，博士学位论文，西南财经大学。

张国胜，2008，《中国农民工市民化：社会成本视角的研究》，人民出版社。

张国胜，2009，《基于社会成本考虑的农民工市民化：一个转轨中发展大国的视角与政策选择》，《中国软科学》第 4 期。

张国胜、陈瑛，2013，《社会成本、分摊机制与我国农民工市民化——基于政治经济学的分析框架》，《经济学家》第 1 期。

张宏军，2008，《外部性理论发展的基本脉络》，《生产力研究》第 13 期。

张继良、马洪福，2015，《江苏外来农民工市民化成本测算及分摊》，《中国农村观察》第 2 期。

张培刚、张建华，2009，《发展经济学》，北京大学出版社。

张体魄，2010，《就业歧视与农民工社会保障》，《农村经济》第 9 期。

张效军、汤惠君、欧阳孔仁，2009，《广东新农村建设的区域差异》，《地理科学进展》第 5 期。

张欣炜、宁越敏，2018，《农业转移人口市民化成本测算及分担机制研究——以山东省淄博市为例》，《城市发展研究》第 1 期。

张秀娥，2013，《城镇化建设与农民工市民化的关系》，《社会科学家》第 12 期。

张彰、郑艳茜、庄勇杰，2018，《农业转移人口市民化财政成本的分类评估及核算》，《西北人口》第 1 期。

章元、高汉，2011，《城市二元劳动力市场对农民工的户籍与地域歧视——以上海市为例》，《中国人口科学》第 5 期。

章铮，2006，《进城定居还是回乡发展？——民工迁移决策的生命周期分析》，《中国农村经济》第 7 期。

赵继颖、曹玉昆、王永欣，2014，《有序推进农业转移人口市民化的制度安排》，《科学社会主义》第 2 期。

赵在绪、周铁军、陶陶，2014，《我国城镇化成本研究进展与展望》，《城市规划》第 6 期。

郑功成、黄黎若莲，2006，《中国农民工问题：理论判断与政策思路》，《中国人民大学学报》第 2 期。

中国科学院可持续发展战略研究组，2015，《2015 中国可持续发展报告》，科学出版社。

钟水映、李魁，2007，《农民工"半市民化"与"后市民化"衔接机制研究》，《中国农业大学学报》（社会科学版）第 3 期。

钟顺昌，2013，《迁移式城市化与就地城镇化：兼论中国西部就地城镇化》，《经济研究导刊》第 3 期。

周春山、杨高，2015，《广东省农业转移人口市民化成本——收益预测及分担机制研究》，《南方人口》第 5 期。

周福林，2006，《我国家庭结构的统计研究》，《经济经纬》第 2 期。

周皓，2004，《中国人口迁移的家庭化趋势及影响因素分析》，《人口研究》第 6 期。

周鹏、王卫琴，2015，《就地城镇化研究综述》，《中国市场》第 17 期。

周萍、阙彬、林燕，2010，《城市移民就业歧视的社会成本分析》，《商业时代》第 8 期。

周小刚、陈东有，2009，《中国人口城市化的理论阐释与政策选择：农民工市民化》，《江西社会科学》第 12 期。

周小平，2015，《我国人口结构转变与城镇人口老龄化趋势预测》，《科学发展》第 4 期。

朱力，2003，《农民工阶层的特征与社会地位》，《南京大学学报》（哲学·人文科学·社会科学版）第 6 期。

左艳，2018，《广东省农村区域经济发展差异影响因素分析》，《农村经济与科技》第 6 期。

Barrett, A., McCarthy, Y. 2008. "Immigrants and Welfare Programs: Exploring the Interactions Between Immigrant Characteristics, Immigrant Welfare Dependence, and Welfare Policy." *Oxford Review of Economic Policy* 24 (3): 542-559.

Borjas, G. J., Trejo, S. J. 1991. "Immigrant Participation in The Welfare System." National Bureau of Economic Research: 1-29.

Borjas, G. J. 1989. "Economic Theory and International Migration." *International Migration Review* 23 (3): 457-485.

Borjas, G. J. 1994. "The Economics of Immigration." *Journal of Economic Literature*: 1667-1717.

Camarota, S. A. 2004. "The High Cost of Cheap Labor." *Center for Immigration Studies*: 1-48.

Chan, K. W. 1994. *Cities with Invisible Walls*: *Reinterpreting Urbanization in Post-1949 China.* Hong Kong: Oxford University Press: 1-9.

Chau, N. H. 1997. "The Pattern of Migration with Variable Migration Cost." *Journal of Regional Science* 37 (1): 35-54.

Chen, B., Lu, M., Zhong, N., et al. 2015a. "How Urban Segregation Distorts Chinese Migrants' Consumption?." *World Development* 70 (6): 133-146.

Chen, J., Davis, D. S., Wu, K., et al. 2015b. "Life Satisfaction in Urbanizing China: The Effect of City Size and Pathways to Urban Residency." *Cities* 49: 88-97.

Chen, M., Liu, W., Lu, D. 2016. "Challenges and the Way Forward in China's New-Type Urbanization." *Land Use Policy* 55 (55): 334-339.

Chen, M., Ye, C. 2014. "Differences in Pattern and Driving Forces Between Urban and Rural Settlements in the Coastal Region of Ningbo, China." *Sustainability* 6 (4): 1848-1867.

Coase, R. H. 1960. "The Problem of Social Cost." *The Journal of Law and Economics* (3): 1-44.

DeBrauw, A., Huang, J., Rozelle, S., et al. 2002. "The Evolution of China's Rural Labor Markets during the Reforms." *Journal of Comparative Economics* 30 (2): 329-353.

Denhardt, R. B., Denhardt, J. V. 2000. "The New Public Service: Serving Rather Than Steering." *Public Administration Review* 60 (6): 549-559.

Desai, V., Potter, R. 2008. *The Companion to Development Studies.* Hoddr Education: 252-256.

Greenwood, M. J., McDowell, J. M. 2011. "USA Immigration Policy, Source-Country Social Programs, and the Skill Composition of Legal USA Immigration." *Journal of Population Economics* 4 (2): 521-539.

Gu, C. L. , Wu, L. Y. , Cook, I. 2012. "Progress in Research on Chinese Urbanization. " *Frontiers of Architectural Research* 1 （2）: 101-149.

Guan, X. , Wei, H. , Lu, S. , et al. 2018. "Assessment on the Urbanization Strategy in China: Achievements, Challenges and Reflections. " *Habitat International* 71: 97-109.

Hansen, J. , Lofstrom, M. 2009. "The Dynamics of Immigrant Welfare and Labor Market Behavior. " *Social Science Electronic Publishing* 22 （4）: 941-970.

Harris, J. R. , Todaro, M. P. 1970. "Migration, Unemployment and Development: A Two-Sector Analysis. " *American Economic Review* 60 （1）: 126-142.

He, C. , Chen, T. , Mao, X. , et al. 2016. "Economic Transition, Urbanization and Population Redistribution in China. " *Habitat International* 51: 39-47.

Huddle, D. L. 1995. "A Critique of the Urban Institute's Claims of Cost Free Immigration: Early Findings Confirmed. " *Population & Environment* 16 （6）: 507-519.

Joppke, C. 2010. "Citizenship and Immigration. " *PS Political Science and Politics* 33: 535-540.

Karmeshu. 1988. "Demographic Models of Urbanization. " *Environment & Planning B Planning & Design* 15 （1）: 47-54.

Kondo, H. 2004. "Multiple Growth and Urbanization Patterns in an Endog-enous Growth Model with Spatial Agglomeration. " *Journal of Development Economics* 75 （1）: 167-199.

Lee, C. K. 2007. *Against the Law: Labor Protests in China's Rustbelt and Sunbelt.* Oakland: University of California Press: 252-262.

Lewis, W. A. 2010. "Economic Development with Unlimited Supplies of Labor. " *Manchester School* 22 （2）: 139-191.

Li, Y. , Jia, L. , Wu, W. , et al. 2018. "Urbanization for Rural Sustai-nability-Rethinking China's Urbanization Strategy. " *Journal of Cleaner Production* 178: 850-856.

Liu, S. , Zhang, P. , Lo, K. 2014. " Urbanization in Remote Areas: A Case Study of the Heilongjiang Reclamation Area, Northeast China. " *Habitat International* 42 （2）: 103-110.

Meng, X. , Zhang, J. 2001. "The Two-Tier Labor Market in Urban China: Occupational Segregation and Wage Differentials Between Urban Residents and Rural Migrants in Shanghai. " *Journal of Comparative Economics* 29 （3）: 485-504.

Mitchell, D. 2003. *The Right to the City: Social Justice and the Fight for Public Space.* New York and London: The Guilford Press: 18-37.

Nannestad, P. 2007. " Immigration and Welfare States: A Survey of 15 Years of Research. " *European Journal of Political Economy* 23 （2）: 512-532.

Oyelere, R. U. , Oyolola, M. 2011. " Do Immigrant Groups Differ in Welfare Usage? Evidence from the US. " *Atlantic Economic Journal* 39 （3）: 231-247.

Qian, Z. , Xue, J. 2017. "Small Town Urbanization in Western China: Villager Resettlement and Integration in Xi'an. " *Land Use Policy* 68: 152-159.

Ranis, G. , Fei, J. C. H. 1961. " A Theory of Economic Development. " *American Economic Review* 51 （4）: 533-565.

Renas, S. M. , Kumar, R. 1978. " The Cost of Living, Labor Market Opportunities, and the Migration Decision: A Case of Misspecification. " *Annals of Regional Science* 12 （2）: 95-104.

Schults, T. M. 1960. "Investment in Human Capital. " *American Economic Review* 39 （155）.

Shen, L. , Ren, Y. , Xiong, N. , et al. 2018. "Why Small Towns Can Not Share the Benefits of Urbanization in China. " *Journal of Cleaner Production* 174: 728-738.

Sjaastad, L. A. 1962. " The Costs and Returns of Human Migration. " *Journal of Political Economy* 70 （5）: 80-93.

Solinger, D. J. 1985. " 'Temporary Residence Certificate' Regulations in Wuhan, May 1983. " *China Quarterly* 101 （101）: 98-103.

Stoker, G. 2010. "Governance as Theory: Five Propositions. " *International*

Social Science Journal 50 (155): 17-28.

Su, C. W. , Liu, T. Y. , Chang, H. L. , et al. 2015. "Is Urbanization Narrowing the Urban-Rural Income Gap? Across-Regional Study of China. " *Habitat International* 48: 79-86.

United Nations. 2014. "2014 Revision of the World Urbanization Prospects. " https: //www. un. org/development/desa/publications/2014-revision- world-urbani- zation- prospects. html.

Vernon, R. 1966. "International Investment and International Trade in the Product Cycle . " *Quarterly Journal of Economics* 80 (2): 190-207.

Wang, X. R. , Hui, C. M. , Choguill, C. , et al. 2015. "The New Urbanization Policy in China: Which Way Forward. " *Habitat International* 47: 279-284.

Williamson, J. G. 1965. "Regional Inequality and the Process of National Development: A Description of the Patterns. " *Economic Development and Cultural Change* 13 (4): 1-84.

World Bank. 1992. "Governance and Development. " Washington D. C. : World Bank Publications: 3.

Wu, L. , Zhang, W. 2018. "Rural Migrants' Homeownership in Chinese Urban Destinations: Do Institutional Arrangements Still Matter after Hukou Reform? . " *Cities* 78: 76-86.

Young, A. 1928. "Increasing Returns and Economic Progress. " *The Economic Journal* 38 (152): 527-542.

Zhang, Z. , Wu, X. 2016. "Occupational Segregation and Earnings Inequality: Rural Migrants and Local Workers in Urban China. " *Social Science Research* 61: 57-74.

Zhou, T. , Jiang, G. , Zhang, R. , et al. 2018. "Addressing the Rural in Situ Urbanization (RISU) in the Beijing-Tianjin-Hebei Region: Spatio- Temporal Pattern and Driving Mechanism. " *Cities* 75: 59-71.

Zhu, Y. 2010. "In Situ Urbanization in Rural China: Case Studies from Fujian Province. " *Development and Change* 31 (2): 413-434.

附录 A　广东省农业转移人口市民化成本测算数据项历年数值

数据项	2008年	2009年	2010年	2011年	2012年	2013年	2014年	2015年	2016年	2017年
城镇固定资产投资（亿元）	4851.46	5691.62	7268.73	8939.57	11789.25	12897.34	15305.93	18204.61	21412.01	22639.50
教育财政支出（亿元）	575.90	703.33	803.20	921.48	1227.87	1501.22	1744.59	1808.97	2040.65	2318.47
住房保障财政支出（亿元）	—	—	—	—	146.42	180.37	206.39	264.88	357.29	662.85
一般公共服务财政支出（亿元）	523.39	629.02	625.26	685.39	807.41	892.62	996.45	959.44	1018.91	1147.35
社会保障与就业财政支出（亿元）	283.48	362.83	401.50	469.58	548.65	611.04	746.97	797.01	1064.91	1146.31
公共安全财政支出（亿元）	340.77	393.21	432.99	495.80	569.85	621.39	650.31	697.23	834.54	1066.08
节能环护财政支出（亿元）	26.71	47.09	100.80	239.16	232.62	235.44	307.78	259.04	322.33	297.45
城镇单位从业人员数量（万人）	1007.87	1055.03	1118.52	1238.22	1303.98	1369.74	1435.50	1973.28	1948.04	1957.57
城镇单位就业人员工资总额（亿元）	2934.97	3380.75	3800.52	4484.30	5574.90	6561.14	10467.44	11764.82	12918.81	14156.81
城镇居民人均生活支出（万元）	0.92	1.12	1.22	1.35	1.48	1.65	1.60	1.52	1.63	1.81
农村固定资产投资（亿元）	259.70	290.86	274.28	353.30	470.04	501.34	512.87	450.80	392.50	356.30
农村居民人均教育支出（万元）	0.18	0.19	0.22	0.24	0.26	0.30	0.24	0.25	0.27	0.31
城镇居民人均住房支出（万元）	0.17	0.17	0.18	0.19	0.20	0.21	0.43	0.53	0.57	0.64
城镇最低收入户人均消费性支出（万元）	0.46	0.50	0.53	0.64	0.74	0.88	0.94	1.11	1.26	1.49
农村居民人均生活支出（万元）	0.12	0.28	0.26	0.31	0.39	0.44	0.59	0.67	0.75	0.83
农村居民人均教育支出（万元）	0.02	0.03	0.03	0.03	0.04	0.05	0.06	0.09	0.10	0.11
农村居民人均住房支出（万元）	0.10	0.10	0.09	0.10	0.12	0.12	0.16	0.22	0.25	0.28
农村人均经营性纯收入（万元）	0.13	0.15	0.15	0.17	0.18	0.17	0.20	0.22	0.33	0.34
农村人均转移性收益收入（万元）	0.04	0.04	0.04	0.05	0.05	0.06	0.07	0.08	0.10	0.13
农村集体经济收益农户分配（亿元）	179.32	168.44	208.64	190.69	211.51	222.63	233.76	258.21	280.32	293.25
年末总人口（万人）	9659.00	9893.00	10131.00	10441.00	10505.00	10594.00	10644.00	10724.00	10849.00	10999.00
年末城镇人口（万人）	6099.00	6269.00	6423.00	6910.00	6986.00	7140.00	7212.00	7292.00	7454.00	7611.00
年末农村人口（万人）	3560.00	3624.00	3708.00	3531.00	3519.00	3454.00	3432.00	3432.00	3395.00	3388.00

资料来源：《广东统计年鉴》《广东农村统计年鉴》以及广东省统计局内部网站。

附录 B 汝州市农业转移人口市民化成本测算数据项历年数值

数据项	2010 年	2011 年	2012 年	2013 年	2014 年	2015 年	2016 年	2017 年
基础设施投资（亿元）	19.33	19.69	17.72	33.19	39.64	78.73	110.30	111.36
城镇固定资产投资（亿元）	113.10	128.93	161.22	203.46	239.90	282.78	332.56	374.31
一般公共服务财政支出（亿元）	3.38	3.82	5.19	4.29	4.69	5.38	4.61	7.07
公共安全财政支出（亿元）	0.93	1.01	1.16	1.20	1.35	1.03	1.72	1.76
节能保护财政支出（亿元）	0.45	0.72	0.85	1.00	0.89	1.02	0.51	0.89
教育财政支出（亿元）	4.07	5.10	7.45	7.90	8.54	8.98	9.12	9.78
住房保障财政支出（亿元）	0.35	0.31	1.03	0.79	0.80	1.56	2.36	3.16
社会保障与就业财政支出（亿元）	1.95	3.00	3.18	4.50	4.89	5.19	5.78	6.74
年末非义务教育阶段师生数（万人）	4.63	4.52	3.46	3.89	4.50	8.35	8.98	9.28
初中师生数（万人）	3.45	3.75	4.00	3.98	3.76	3.63	3.95	4.48
初中寄宿学生人数（万人）	1.00	0.99	0.89	0.90	0.91	0.89	0.89	0.91
小学师生数（万人）	10.07	11.33	12.10	12.20	11.87	11.37	12.08	12.58
小学寄宿学生人数（万人）	0.39	0.41	0.39	0.39	0.40	0.39	0.38	0.42
城镇单位从业人员数量（万人）	4.95	5.65	5.67	6.24	6.03	5.87	6.26	6.52
城镇单位从业人员工资总额（亿元）	14.71	20.06	22.20	25.89	25.89	25.89	29.35	32.39
城乡居民和医疗保障个人缴费（万元）	0.12	0.12	0.12	0.12	0.12	0.12	0.12	0.12
城镇居民人均住房支出（万元）	0.10	0.10	0.11	0.12	0.13	0.14	0.18	0.18
城镇居民捐赠赠养、赠送亲友支出（万元）	0.10	0.12	0.10	0.11	0.10	0.10	0.10	0.10

续表

数据项	2010 年	2011 年	2012 年	2013 年	2014 年	2015 年	2016 年	2017 年
城镇居民交通和通信费用（万元）	0.16	0.15	0.17	0.19	0.20	0.20	0.21	0.21
城镇居民其他商品和服务支出（万元）	0.04	0.05	0.05	0.06	0.07	0.07	0.08	0.08
城镇居民人均非服务性消费性支出（万元）	0.72	0.84	0.92	1.11	1.20	1.26	1.38	1.49
城镇登记失业率	0.03	0.03	0.03	0.03	0.03	0.03	0.03	0.03
农村固定资产投资（亿元）	3.81	4.02	4.31	3.93	4.02	3.60	3.29	3.31
农村居民人均住房支出（万元）	0.08	0.10	0.10	0.12	0.12	0.12	0.13	0.05
农民人均农林牧渔业经营纯收入（万元）	0.46	0.50	0.58	0.60	0.61	0.63	0.50	0.66
农民人均救济、赔偿、粮食补贴收入（万元）	0.02	0.02	0.04	0.03	0.04	0.05	0.04	0.06
农村居民捐赠赠养、赠送亲友支出（万元）	0.04	0.04	0.03	0.04	0.05	0.05	0.06	0.07
农村居民交通和通信费用（万元）	0.03	0.04	0.04	0.05	0.05	0.05	0.06	0.06
农村居民其他商品和服务支出（万元）	0.01	0.01	0.02	0.02	0.02	0.02	0.02	0.03
年末总人口（万人）	92.79	93.10	93.24	93.27	93.33	92.60	93.60	94.53
年末城镇人口（万人）	30.00	32.00	34.00	35.14	36.77	38.21	40.54	42.77
年末农村人口（万人）	62.79	61.10	59.24	58.13	56.56	54.39	53.06	51.76

资料来源：《汝州年鉴》《河南农村统计年鉴》以及河南省统计局内部网站。

附录 C　郏县农业转移人口市民化成本测算数据项历年数值

数据项	2010年	2011年	2012年	2013年	2014年	2015年	2016年	2017年
基础设施投资（亿元）	27.90	37.52	45.22	43.56	37.88	36.62	39.09	32.58
城镇固定资产投资（亿元）	45.69	92.52	114.32	142.27	168.53	168.53	189.75	218.56
一般公共服务财政支出（亿元）	1.93	1.95	2.09	2.58	1.95	1.90	1.83	1.94
公共安全财政支出（亿元）	0.64	0.80	1.02	0.93	1.01	1.07	0.97	1.20
节能保护财政支出（亿元）	0.30	0.37	0.74	0.44	0.52	0.52	0.37	0.47
教育财政支出（亿元）	2.42	3.51	3.90	4.10	4.20	4.31	4.44	3.66
住房保障财政支出（亿元）	0.58	0.96	0.66	0.21	1.09	1.16	0.73	0.53
社会保障与就业财政支出（亿元）	1.89	2.49	2.02	2.39	2.46	2.60	2.79	4.12
年末非义务教育阶段师生数（万人）	3.34	3.43	3.46	3.89	4.50	4.78	4.61	5.37
初中师生数（万人）	2.29	2.13	2.03	2.51	2.23	2.04	1.98	2.27
初中寄宿学生人数（万人）	0.99	0.91	0.89	0.90	0.91	0.89	0.89	0.91
小学师生数（万人）	6.20	6.22	6.22	6.33	6.52	6.43	6.46	6.50
小学寄宿学生人数（万人）	0.41	0.39	0.37	0.39	0.40	0.39	0.38	0.42
城镇单位从业人员数量（万人）	2.35	2.02	1.98	2.69	3.25	3.14	3.50	3.68
城镇单位从业人员工资总额（亿元）	5.00	5.88	6.63	8.65	11.47	11.02	12.58	13.55
城乡居民和医疗保障个人缴费（万元）	0.12	0.12	0.12	0.12	0.12	0.12	0.12	0.12
城镇居民人均住房支出（万元）	0.08	0.07	0.07	0.07	0.07	0.07	0.28	0.40
城镇居民捐赠赡养、赠送亲友支出（万元）	0.06	0.06	0.07	0.05	0.04	0.04	0.02	0.01

续表

数据项	2010 年	2011 年	2012 年	2013 年	2014 年	2015 年	2016 年	2017 年
城镇居民交通和通信费用（万元）	0.03	0.04	0.04	0.04	0.04	0.04	0.03	0.04
城镇居民其他商品和服务支出（万元）	0.06	0.07	0.07	0.05	0.05	0.05	0.04	0.06
城镇居民人均非服务性消费性支出（万元）	0.69	0.77	0.92	1.05	1.11	1.19	1.00	1.04
城镇登记失业率	0.03	0.03	0.03	0.03	0.03	0.03	0.03	0.03
农村固定资产投资（亿元）	5.51	5.28	5.64	6.00	6.10	4.49	4.13	4.34
农村居民人均住房支出（万元）	0.08	0.08	0.09	0.09	0.09	0.09	0.05	0.04
农民人均农林牧渔业经营纯收入（万元）	0.32	0.37	0.39	0.29	0.29	0.43	0.37	0.37
农民人均救济、赔偿、粮食补贴收入（万元）	0.03	0.03	0.03	0.03	0.04	0.02	0.04	0.05
农村居民捐赠亲友支出（万元）	0.06	0.06	0.07	0.05	0.04	0.04	0.02	0.01
农村居民交通和通信费用（万元）	0.03	0.04	0.04	0.04	0.04	0.04	0.03	0.04
农村居民其他商品和服务支出（万元）	0.01	0.01	0.01	0.01	0.01	0.01	0.01	0.02
年末总人口（万人）	57.16	57.3	57.4	57.59	57.4	57.45	57.65	57.79
年末城镇人口（万人）	17.23	18.42	19.48	20.21	20.88	21.54	22.36	23.47
年末农村人口（万人）	39.93	38.88	37.92	37.38	36.52	35.91	35.29	34.32

资料来源：《郏县年鉴》《河南统计年鉴》《河南农村统计年鉴》以及河南省统计局内部网站。

附录 D 城固县农业转移人口市民化成本测算数据项历年数值

数据项	2010 年	2011 年	2012 年	2013 年	2014 年	2015 年	2016 年	2017 年
基础设施投资（亿元）	1.46	2.10	2.65	2.30	2.11	2.42	2.76	3.22
城镇固定资产投资（亿元）	0.56	0.58	0.70	0.80	0.95	1.08	1.25	1.24
一般公共服务财政支出（亿元）	0.37	1.12	0.40	0.67	0.77	0.99	1.38	0.92
公共安全财政支出（亿元）	2.69	3.77	5.15	5.59	5.87	6.04	7.01	7.84
节能保护财政支出（亿元）	—	—	—	2.00	2.40	2.95	1.40	2.50
教育财政支出（亿元）	1.05	1.86	1.39	1.99	2.11	2.37	3.22	4.98
住房保障财政支出（亿元）	1.46	2.10	2.65	2.30	2.11	2.42	2.76	3.22
社会保障与就业财政支出（亿元）	—	—	—	—	—	—	—	—
年末非义务教育阶段师生数（万人）	—	—	—	—	—	—	—	—
初中师生数（万人）	—	—	—	—	—	—	—	—
初中寄宿学生人数（万人）	—	—	—	—	—	—	—	—
小学师生数（万人）	—	—	—	—	—	—	—	—
小学寄宿学生人数（万人）	—	—	—	—	—	—	—	—
城镇单位从业人员数量（万人）	—	—	—	—	—	—	—	—
城镇单位从业人员工资总额（亿元）	—	—	—	—	—	—	—	—
城乡居民和医疗保障个人缴费（亿元）	0.07	0.12	0.07	0.10	—	0.10	0.04	0.09
城镇居民人均住房支出（万元）	0.05	0.05	0.05	0.03	—	0.05	0.06	0.07
城镇居民捐赠养、赠送亲友支出（万元）	0.18	0.09	0.26	0.26	—	0.10	0.12	0.90

续表

数据项	2010年	2011年	2012年	2013年	2014年	2015年	2016年	2017年
城镇居民交通和通信费用（万元）	0.07	0.07	0.16	0.18	—	0.12	0.09	0.09
城镇居民其他商品和服务支出（万元）	0.02	0.01	0.01	0.05	—	0.04	0.02	0.03
城镇居民人均非消费性支出（万元）	0.77	0.87	1.11	1.25	—	0.97	1.17	0.42
城镇登记失业率	—	—	—	—	—	—	—	—
农村固定资产投资（亿元）	11.18	6.80	5.00	4.40	12.20	9.00	13.00	10.59
农村居民人均住房支出（万元）	0.04	0.02	0.05	0.05	0.03	0.03	0.03	0.03
农村人均农林牧渔业经营纯收入（万元）	0.30	0.30	0.34	0.38	0.39	0.29	0.49	0.38
农民人均救济、赔偿、粮食补贴收入（万元）	—	—	—	—	—	—	—	—
农村居民捐赠赡养、赠送亲友支出（万元）	—	—	—	—	—	—	—	—
农村居民交通和通信费用（万元）	0.03	0.04	0.01	0.01	0.01	0.08	0.10	0.08
农村居民其他商品和服务支出（万元）	0.01	0.01	0.01	0.01	0.01	0.01	0.02	0.01
年末总人口（万人）	52.92	53.29	53.60	53.90	53.50	53.97	54.26	54.37
年末城镇人口（万人）	9.22	9.43	9.54	9.61	9.49	21.11	11.22	14.71
年末农村人口（万人）	43.70	43.86	44.10	44.29	44.05	32.86	43.04	39.66

资料来源：《城固年鉴》《陕西统计年鉴》《陕西区域统计年鉴》以及陕西省统计局内部网站。

附录 E 宁强县农业转移人口市民化成本测算数据项历年数值

数据项	2010年	2011年	2012年	2013年	2014年	2015年	2016年	2017年
基础设施投资（亿元）	—	—	—	—	—	—	—	—
城镇固定资产投资（亿元）	—	—	—	—	—	—	—	—
一般公共服务财政支出（亿元）	—	—	15.78	15.18	1.67	18.69	20.01	22.72
公共安全财政支出（亿元）	—	—	0.52	0.33	0.64	0.66	0.69	8.34
节能保护财政支出（亿元）	—	—	0.82	0.84	0.90	0.94	0.96	0.99
教育财政支出（亿元）	—	—	4.50	4.54	4.66	4.86	5.02	5.80
住房保障财政支出（亿元）	—	—	1.03	0.53	1.22	1.72	0.98	2.41
社会保障与就业财政支出（亿元）	—	—	—	—	1.52	1.78	2.46	3.26
年末非义务教育阶段师生数（万人）	—	—	1.35	1.61	1.73	1.78	1.73	1.65
初中师生数（万人）	—	—	—	—	—	0.93	0.91	0.89
初中寄宿学生人数（万人）	—	—	—	—	—	0.64	0.61	0.60
小学师生数（万人）	—	—	—	—	—	1.60	1.60	1.59
小学寄宿学生人数（万人）	—	—	—	—	—	0.63	0.58	0.54
城镇单位从业人员数量（万人）	—	—	1.72	1.76	2.16	1.74	1.75	1.84
城镇单位从业人员工资总额（亿元）	—	—	6.39	7.38	8.99	8.24	8.38	9.14
城乡居民和医疗保障个人缴费（万元）	—	—	—	—	—	—	—	—
城镇居民人均住房支出（元）	—	—	1092	1728	2695	2931	2974	3079
城镇居民捐赠养、赠送亲友支出（元）	—	—	3464	1109	2224	3401	3640	4294

续表

数据项	2010年	2011年	2012年	2013年	2014年	2015年	2016年	2017年
城镇居民交通和通信费用（元）	—	—	830	1165	905	1021	1758	2636
城镇居民其他商品和服务支出（元）	—	—	538	683	299	413	356	435
城镇居民人均非服务性消费性支出（元）	—	—	9519	10566	10508	13200	13010	14554
城镇登记失业率	—	—	2.40%	2.80%	3.08%	3.02%	3.12%	3.10%
农民固定资产投资（亿元）	—	—	—	—	—	—	—	—
农村居民人均住房支出（元）	—	—	376	480	1032	928	890	1166
农村人均农林牧渔业经营纯收入（万）	—	—	1651	2108	1803	2048	2451	2552
农民人均救济、赔偿、粮食补贴收入（元）	—	—	158	160	343	120	263	149
农村居民捐赠赡养、赠送亲友支出（元）	—	—	284	264	792	907	1067	882
农村居民交通和通信费用（元）	—	—	583	589	505	559	579	573
农村居民其他商品和服务支出（元）	—	—	191	219	42	113	141	164
年末总人口（万人）	—	—	33.3	33.3	32.77	32.72	32.66	32.63
年末城镇人口（万人）	—	—	3.32	3.32	3.25	7.19	4.44	6.09
年末农村人口（万人）	—	—	29.98	29.98	29.52	25.53	28.22	26.54

资料来源：《宁强年鉴》《陕西统计年鉴》《陕西区域统计年鉴》以及陕西省统计局内部网站。

附录 F 汝州市 2010~2023 年人口年龄结构预测结果

单位：人

年龄	2010年 男性	2010年 女性	2011年 男性	2011年 女性	2012年 男性	2012年 女性	2013年 男性	2013年 女性	2014年 男性	2014年 女性	2015年 男性	2015年 女性	2016年 男性	2016年 女性
0~4 岁	51295	40491	46232	36705	41156	32866	35928	28865	30447	24615	24667	20069	25144	20583
5~9 岁	43487	32789	45497	34370	47174	35891	48467	37338	49793	38836	51115	40365	46104	36615
10~14 岁	28784	23993	30697	24908	33390	26419	36913	28542	40269	30658	43432	32762	45440	34342
15~19 岁	32259	30122	30445	27753	29185	26000	28420	24777	28257	24097	28736	23969	30649	24884
20~24 岁	52021	55291	50162	52637	46442	47814	40779	40742	36056	34882	32181	30074	30373	27710
25~29 岁	28509	29367	32613	34035	37813	39916	44255	47183	48937	52249	51874	55181	50024	52532
30~34 岁	26233	26153	25700	25778	25598	25847	25908	26343	26816	27460	28403	29295	32498	33956
35~39 岁	35855	35089	33885	33185	31699	31124	29309	28921	27452	27245	26105	26076	25577	25703
40~44 岁	38703	39033	38910	38988	38662	38491	37948	37533	36920	36343	35599	34941	33649	33047
45~49 岁	30696	32094	32220	33631	33906	35210	35766	36833	37219	38031	38259	38799	38471	38756
50~54 岁	26168	25951	26597	26674	27224	27695	28054	29024	29010	30392	30103	31799	31608	33327
55~59 岁	26296	27009	26458	27214	26291	26966	25780	26234	25458	25770	25329	25590	25759	26311
60~64 岁	18525	17744	19891	19486	21325	21374	22821	23419	24044	25107	24983	26418	25148	26624
65~69 岁	12259	11470	12968	12234	13835	13199	14872	14386	15957	15675	17093	17070	18377	18761
70~74 岁	9707	9848	9758	9824	9859	9864	10006	9964	10276	10217	10675	10631	11317	11356
75 岁及以上	12956	17737	13128	17807	13338	17968	13561	18166	13787	18398	14020	18650	14220	18871

续表

年龄	2017年 男性	2017年 女性	2018年 男性	2018年 女性	2019年 男性	2019年 女性	2020年 男性	2020年 女性	2021年 男性	2021年 女性	2022年 男性	2022年 女性	2023年 男性	2023年 女性
0~4岁	25299	20842	25228	20919	25019	20882	24743	20790	24450	20683	24195	20610	24025	20607
5~9岁	41050	32791	35836	28797	30366	24555	24595	20013	25073	20528	25230	20786	25162	20865
10~14岁	47116	35862	48411	37308	49737	38807	51057	40336	46053	36588	41004	32768	35796	28777
15~19岁	33337	26394	36855	28514	40209	30628	43367	32733	45373	34310	47049	35830	48343	37275
20~24岁	29119	25960	28357	24739	28197	24061	28676	23934	30585	24850	33271	26358	36784	28477
25~29岁	46318	47722	40672	40663	35964	34816	32102	30019	30300	27658	29050	25913	28290	24696
30~34岁	37683	39823	44106	47077	48775	52131	51703	55057	49859	52415	46168	47616	40542	40575
35~39岁	25479	25774	25790	26268	26695	27384	28279	29215	32360	33865	37526	39719	43926	46954
40~44岁	31480	30996	29111	28803	27271	27138	25936	25975	25416	25607	25322	25678	25633	26172
45~49岁	38232	38264	37534	37318	36522	36138	35223	34747	33296	32865	31155	30827	28814	28649
50~54岁	33276	34897	35111	36510	36546	37702	37571	38466	37787	38429	37560	37947	36883	37011
55~59岁	26379	27324	27195	28641	28135	29998	29206	31393	30682	32906	32314	34466	34110	36067
60~64岁	25002	26387	24531	25679	24243	25238	24141	25072	24567	25789	25177	26794	25972	28095
65~69岁	19720	20592	21125	22575	22274	24212	23156	25482	23319	25684	23200	25466	22783	24796
70~74岁	12099	12271	13025	13390	13995	14602	15011	15919	16166	17519	17374	19250	18640	21126
75岁及以上	14433	19105	14671	19353	15006	19729	15450	20250	16076	21014	16823	21938	17709	23056

附录 G　汝州市 2024～2035 年人口年龄结构预测结果

单位：人

年龄	2024年 男性	2024年 女性	2025年 男性	2025年 女性	2026年 男性	2026年 女性	2027年 男性	2027年 女性	2028年 男性	2028年 女性	2029年 男性	2029年 女性
0~4 岁	23981	20713	24081	20946	24307	21293	24625	21724	24993	22203	25373	22700
5~9 岁	24954	20829	24681	20737	24391	20634	24137	20559	23968	20556	23925	20663
10~14 岁	30334	24537	24570	19999	25048	20514	25204	20771	25137	20851	24929	20814
15~19 岁	49667	38773	50988	40300	45991	36556	40949	32739	35748	28752	30294	24517
20~24 岁	40131	30588	43287	32689	45290	34266	46963	35783	48258	37228	49581	38724
25~29 岁	28132	24019	28611	23892	30519	24809	33200	26315	36707	28429	40048	30539
30~34 岁	35852	34742	32004	29957	30209	27602	28965	25862	28210	24647	28054	23972
35~39 岁	48579	51998	51497	54918	49662	52283	45987	47497	40388	40475	35718	34657
40~44 岁	26538	27286	28117	29113	32179	33749	37321	39586	43691	46799	48321	51826
45~49 岁	26999	26995	25684	25841	25175	25477	25085	25551	25397	26044	26299	27154
50~54 岁	35898	35846	34629	34471	32739	32608	30639	30587	28345	28431	26567	26791
55~59 岁	35515	37252	36523	38013	36741	37981	36532	37510	35889	36591	34943	35443
60~64 岁	26886	29434	27928	30811	29360	32309	30944	33849	32683	35429	34046	36599
65~69 岁	22541	24388	22475	24249	22897	24959	23490	25946	24253	27217	25131	28524
70~74 岁	19672	22671	20466	23868	20622	24063	20533	23864	20196	23253	20017	22893
75 岁及以上	18702	24367	19817	25906	21190	27910	22696	30186	24342	32747	25854	35155

续表

年龄	2030年 男性	2030年 女性	2031年 男性	2031年 女性	2032年 男性	2032年 女性	2033年 男性	2033年 女性	2034年 男性	2034年 女性	2035年 男性	2035年 女性
0~4岁	25750	23201	26112	23697	26450	24178	26705	24592	26834	24895	26814	25063
5~9岁	24025	20897	24254	21243	24571	21674	24939	22152	25321	22648	25697	23149
10~14岁	24658	20724	24370	20620	24117	20545	23948	20543	23905	20651	24005	20883
15~19岁	24540	19983	25018	20497	25175	20755	25108	20834	24902	20798	24629	20708
20~24岁	50902	40251	45913	36510	40880	32698	35689	28717	30244	24486	24502	19959
25~29岁	43200	32636	45201	34211	46872	35727	48166	37170	49488	38665	50809	40189
30~34岁	28534	23848	30438	24761	33114	26266	36614	28376	39948	30482	43093	32576
35~39岁	31888	29885	30102	27540	28865	25801	28112	24590	27958	23917	28437	23794
40~44岁	51223	54736	49397	52108	45742	47337	40176	40342	35534	34544	31726	29790
45~49岁	27870	28976	31905	33592	37011	39405	43332	46588	47922	51592	50795	54487
50~54岁	25284	25649	24788	25292	24708	25367	25021	25858	25914	26964	27469	28777
55~59岁	33717	34086	31885	32246	29846	30253	27619	28122	25897	26505	24657	25381
60~64岁	35023	37350	35247	37323	35061	36865	34460	35970	33562	34848	32395	33520
65~69岁	26129	29867	27498	31332	29005	32835	30656	34380	31948	35522	32874	36257
70~74岁	20000	22790	20411	23481	20971	24431	21677	25643	22488	26889	23402	28169
75岁及以上	27235	37393	28254	39095	29153	40638	29935	42017	30722	43445	31518	44922

附录 H 郏县 2010~2023 年人口年龄结构预测结果

单位：人

年龄	2010年 男性	2010年 女性	2011年 男性	2011年 女性	2012年 男性	2012年 女性	2013年 男性	2013年 女性	2014年 男性	2014年 女性	2015年 男性	2015年 女性	2016年 男性	2016年 女性
0~4岁	29015	23322	27541	21893	25944	20530	24201	19217	22286	17941	20203	16701	27457	21835
5~9岁	24694	23395	25654	24020	26529	24203	27312	23896	28112	23581	28913	23253	25620	24001
10~14岁	18627	13983	19262	15130	20321	16907	21809	19350	23260	21516	24663	23376	19230	15115
15~19岁	23233	19779	22313	18318	21209	16835	19926	15333	19054	14374	18595	13968	22261	18290
20~24岁	22716	24102	23273	23945	23602	23312	23684	22189	23540	20998	23179	19748	23210	23899
25~29岁	16930	17295	17674	18390	18774	19845	20242	21675	21538	23080	22652	24054	17610	18348
30~34岁	19823	18606	18981	18057	18181	17588	17422	17191	16983	17076	16867	17254	18891	18004
35~39岁	23598	21922	22837	21161	22048	20425	21233	19713	20460	19088	19725	18550	22679	21074
40~44岁	26485	25774	26388	25447	25941	24777	25132	23762	24295	22780	23430	21831	26089	25296
45~49岁	20871	21208	22127	22385	23389	23501	24650	24548	25582	25254	26181	25619	21709	22183
50~54岁	15225	15233	15796	16062	16698	17130	17939	18457	19196	19753	20469	21012	15301	15844
55~59岁	17619	14815	17211	14892	16549	14864	15634	14726	15029	14775	14737	15021	16353	14569
60~64岁	13425	11885	14264	12511	15087	13104	15886	13654	16435	14118	16736	14489	13174	12040
65~69岁	8867	8179	9402	8689	10057	9301	10841	10029	11618	10741	12386	11432	8206	8064
70~74岁	7106	6815	7146	6851	7206	6936	7284	7068	7454	7282	7720	7582	5525	5891
75岁及以上	9078	11866	9189	11916	9360	12037	9564	12193	9775	12388	9987	12614	4635	6952

续表

年龄	2017年		2018年		2019年		2020年		2021年		2022年		2023年	
	男性	女性	男性	女性	男性	女性	男性	女性	男性	女性	男性	女性	男性	女性
0~4岁	20237	16921	20139	16940	19969	16895	19736	16799	19466	16669	19192	16538	18968	16444
5~9岁	25871	20477	24131	19167	22224	17893	20143	16655	20201	16797	20180	16877	20084	16896
10~14岁	26498	24186	27280	23876	28079	23564	28882	23235	27425	21818	25843	20463	24106	19153
15~19岁	20288	16890	21776	19331	23225	21496	24626	23355	25584	23980	26460	24164	27240	23856
20~24岁	21160	16809	19881	15311	19011	14355	18557	13950	19190	15094	20248	16868	21734	19306
25~29岁	23538	23266	23622	22146	23480	20959	23120	19711	22205	18257	21109	16779	19834	15284
30~34岁	18709	19799	20173	21626	21467	23029	22578	24000	23135	23845	23463	23216	23549	22100
35~39岁	18096	17536	17344	17143	16907	17027	16793	17206	17533	18299	18630	19746	20092	21570
40~44岁	21898	20343	21090	19632	20325	19012	19599	18479	18772	17936	17985	17471	17237	17080
45~49岁	25652	24631	24857	23625	24033	22651	23183	21708	22441	20957	21673	20232	20877	19530
50~54岁	22951	23292	24196	24334	25119	25036	25710	25399	25625	25082	25200	24425	24426	23431
55~59岁	16184	16902	17395	18214	18621	19497	19861	20745	21073	21904	22289	23004	23508	24037
60~64岁	15731	14546	14872	14416	14310	14471	14045	14720	14597	15532	15454	16576	16619	17870
65~69岁	13947	12617	14702	13155	15222	13608	15507	13975	15156	14057	14588	14040	13804	13923
70~74岁	8796	8647	9497	9333	10190	10004	10875	10656	11585	11232	12282	11781	12968	12298
75岁及以上	10344	13091	10541	13360	10805	13700	11144	14120	11634	14692	12207	15348	12878	16100

附录Ⅰ 鄞县 2024~2035 年人口年龄结构预测结果

单位：人

年龄	2024 年		2025 年		2026 年		2027 年		2028 年		2029 年	
	男性	女性	男性	女性	男性	女性	男性	女性	男性	女性	男性	女性
0~4 岁	18828	16426	18802	16508	18884	16685	19046	16934	19252	17224	19463	17526
5~9 岁	19917	16851	19687	16757	19417	16628	19146	16498	18921	16404	18785	16388
10~14 岁	22201	17880	20124	16644	20181	16784	20161	16865	20067	16884	19898	16841
15~19 岁	28041	23542	28841	23216	27389	21800	25809	20446	24076	19137	22174	17865
20~24 岁	23180	21467	24580	23324	25537	23948	26412	24131	27192	23825	27992	23513
25~29 岁	18970	14328	18516	13926	19148	15069	20204	16840	21688	19274	23132	21434
30~34 岁	23408	20914	23049	19671	22140	18218	21048	16745	19779	15253	18917	14301
35~39 岁	21381	22970	22487	23939	23044	23784	23373	23159	23459	22046	23322	20863
40~44 岁	16806	16966	16696	17144	17434	18235	18525	19679	19982	21497	21265	22893
45~49 岁	20123	18915	19408	18384	18591	17845	17814	17383	17077	16996	16653	16884
50~54 岁	23622	22468	22791	21535	22069	20795	21317	20077	20542	19380	19806	18772
55~59 岁	24410	24736	24991	25099	24914	24788	24507	24143	23766	23163	22992	22215
60~64 岁	17800	19133	18995	20362	20166	21507	21344	22591	22523	23612	23400	24304
65~69 岁	13298	13986	13077	14238	13611	15035	14428	16056	15530	17317	16646	18544
70~74 岁	13437	12734	13696	13086	13388	13169	12896	13161	12219	13062	11801	13135
75 岁及以上	13592	16894	14358	17742	15260	18668	16220	19656	17237	20703	18094	21708

续表

年龄	2030年 男性	2030年 女性	2031年 男性	2031年 女性	2032年 男性	2032年 女性	2033年 男性	2033年 女性	2034年 男性	2034年 女性	2035年 男性	2035年 女性
0~4岁	19656	17810	19815	18069	19937	18299	20008	18485	20026	18623	19989	18716
5~9岁	18758	16470	18842	16645	19005	16896	19211	17185	19422	17486	19616	17769
10~14岁	19668	16746	19402	16618	19130	16486	18905	16394	18770	16378	18743	16460
15~19岁	20098	16631	20155	16772	20137	16852	20043	16870	19876	16828	19647	16734
20~24岁	28793	23185	27343	21773	25766	20420	24035	19112	22138	17844	20068	16611
25~29岁	24529	23286	25486	23910	26360	24095	27141	23788	27940	23477	28740	23150
30~34岁	18466	13899	19098	15041	20152	16809	21633	19240	23073	21393	24468	23243
35~39岁	22966	19624	22062	18177	20972	16705	19709	15217	18851	14267	18403	13866
40~44岁	22368	23860	22923	23706	23252	23084	23340	21975	23203	20797	22850	19562
45~49岁	16546	17062	17284	18150	18368	19588	19814	21400	21089	22789	22182	23752
50~54岁	19104	18248	18304	17714	17542	17257	16820	16875	16405	16765	16306	16944
55~59岁	22193	21297	21496	20565	20772	19857	20020	19172	19308	18572	18630	18056
60~64岁	23966	24662	23899	24359	23518	23727	22815	22769	22083	21841	21325	20943
65~69岁	17776	19740	18887	20855	20006	21915	21127	22913	21956	23588	22493	23940
70~74岁	11637	13386	12145	14150	12897	15126	13898	16321	14908	17488	15927	18621
75岁及以上	18803	22668	19127	23426	19337	24138	19435	24800	19612	25563	19883	26432

附录 J 汝州市 2018~2035 年基准方案城镇化偏移率

单位：%

年龄	2018 年	2019 年	2020 年	2021 年	2022 年	2023 年	2024 年	2025 年	2026 年
0~4 岁	-16.97	-16.97	-16.97	-16.97	-16.97	-16.97	-16.97	-16.97	-16.97
5~9 岁	-8.99	-8.99	-8.99	-8.99	-8.99	-8.99	-8.99	-8.99	-8.99
10~14 岁	1.27	1.27	1.27	1.27	1.27	1.27	1.27	1.27	1.27
15~19 岁	23.81	23.81	23.81	23.81	23.81	23.81	23.81	23.81	23.81
20~24 岁	5.91	5.91	5.91	5.91	5.91	5.91	5.91	5.91	5.91
25~29 岁	8.10	8.10	8.10	8.10	8.10	8.10	8.10	8.10	8.10
30~34 岁	11.82	11.82	11.82	11.82	11.82	11.82	11.82	11.82	11.82
35~39 岁	6.29	6.29	6.29	6.29	6.29	6.29	6.29	6.29	6.29
40~44 岁	0.59	0.59	0.59	0.59	0.59	0.59	0.59	0.59	0.59
45~49 岁	1.02	1.02	1.02	1.02	1.02	1.02	1.02	1.02	1.02
50~54 岁	-8.12	-8.12	-8.12	-8.12	-8.12	-8.12	-8.12	-8.12	-8.12
55~59 岁	-6.56	-6.56	-6.56	-6.56	-6.56	-6.56	-6.56	-6.56	-6.56
60~64 岁	-9.58	-9.58	-9.58	-9.58	-9.58	-9.58	-9.58	-9.58	-9.58
65~69 岁	-10.85	-10.85	-10.85	-10.85	-10.85	-10.85	-10.85	-10.85	-10.85
70~74 岁	-12.45	-12.45	-12.45	-12.45	-12.45	-12.45	-12.45	-12.45	-12.45

年龄	2027 年	2028 年	2029 年	2030 年	2031 年	2032 年	2033 年	2034 年	2035 年
0~4 岁	-16.97	-16.97	-16.97	-16.97	-16.97	-16.97	-16.97	-16.97	-16.97
5~9 岁	-8.99	-8.99	-8.99	-8.99	-8.99	-8.99	-8.99	-8.99	-8.99
10~14 岁	1.27	1.27	1.27	1.27	1.27	1.27	1.27	1.27	1.27
15~19 岁	23.81	23.81	23.81	23.81	23.81	23.81	23.81	23.81	23.81
20~24 岁	5.91	5.91	5.91	5.91	5.91	5.91	5.91	5.91	5.91
25~29 岁	8.10	8.10	8.10	8.10	8.10	8.10	8.10	8.10	8.10
30~34 岁	11.82	11.82	11.82	11.82	11.82	11.82	11.82	11.82	11.82
35~39 岁	6.29	6.29	6.29	6.29	6.29	6.29	6.29	6.29	6.29
40~44 岁	0.59	0.59	0.59	0.59	0.59	0.59	0.59	0.59	0.59
45~49 岁	1.02	1.02	1.02	1.02	1.02	1.02	1.02	1.02	1.02
50~54 岁	-8.12	-8.12	-8.12	-8.12	-8.12	-8.12	-8.12	-8.12	-8.12
55~59 岁	-6.56	-6.56	-6.56	-6.56	-6.56	-6.56	-6.56	-6.56	-6.56
60~64 岁	-9.58	-9.58	-9.58	-9.58	-9.58	-9.58	-9.58	-9.58	-9.58
65~69 岁	-10.85	-10.85	-10.85	-10.85	-10.85	-10.85	-10.85	-10.85	-10.85
70~74 岁	-12.45	-12.45	-12.45	-12.45	-12.45	-12.45	-12.45	-12.45	-12.45

附录 K 汝州市 2018～2035 年子代随迁方案城镇化偏移率

单位：%

年龄	2018 年	2019 年	2020 年	2021 年	2022 年	2023 年	2024 年	2025 年	2026 年
0～4 岁	−16.97	−16.97	−16.97	−16.97	−16.97	−16.97	−16.97	−16.97	−16.97
5～9 岁	−8.99	−8.99	−8.99	−8.99	−8.99	−8.99	−8.99	−8.99	−8.99
10～14 岁	1.27	1.27	1.27	1.27	1.27	1.27	1.27	1.27	1.27
15～19 岁	−15.83	−14.69	−13.55	−12.41	−11.27	−10.13	−8.99	−7.85	−6.71
20～24 岁	−7.85	−6.71	−5.57	−4.43	−3.29	−2.15	−1.01	0.13	1.27
25～29 岁	2.41	3.55	4.69	5.57	5.57	5.57	5.57	5.57	5.57
30～34 岁	23.81	23.81	23.81	23.81	23.81	23.81	23.81	23.81	23.81
35～39 岁	5.91	5.91	5.91	5.91	5.91	5.91	5.91	5.91	5.91
40～44 岁	8.10	8.10	8.10	8.10	8.10	8.10	8.10	8.10	8.10
45～49 岁	11.82	11.82	11.82	11.82	11.82	11.82	11.82	11.82	11.82
50～54 岁	6.29	6.29	6.29	6.29	6.29	6.29	6.29	6.29	6.29
55～59 岁	0.59	0.59	0.59	0.59	0.59	0.59	0.59	0.59	0.59
60～64 岁	1.02	1.02	1.02	1.02	1.02	1.02	1.02	1.02	1.02
65～69 岁	−8.12	−8.12	−8.12	−8.12	−8.12	−8.12	−8.12	−8.12	−8.12
70～74 岁	−6.56	−6.56	−6.56	−6.56	−6.56	−6.56	−6.56	−6.56	−6.56

年龄	2027 年	2028 年	2029 年	2030 年	2031 年	2032 年	2033 年	2034 年	2035 年
0～4 岁	−16.97	−16.97	−16.97	−16.97	−16.97	−16.97	−16.97	−16.97	−16.97
5～9 岁	−8.99	−8.99	−8.99	−8.99	−8.99	−8.99	−8.99	−8.99	−8.99
10～14 岁	1.27	1.27	1.27	1.27	1.27	1.27	1.27	1.27	1.27
15～19 岁	−5.57	−4.43	−3.29	−2.15	−1.01	0.13	1.27	2.41	3.55
20～24 岁	2.41	3.55	4.69	5.57	5.57	5.57	5.57	5.57	5.57
25～29 岁	5.57	5.57	5.57	5.57	5.57	5.57	5.57	5.57	5.57
30～34 岁	23.81	23.81	23.81	23.81	23.81	23.81	23.81	23.81	23.81
35～39 岁	5.91	5.91	5.91	5.91	5.91	5.91	5.91	5.91	5.91
40～44 岁	8.10	8.10	8.10	8.10	8.10	8.10	8.10	8.10	8.10
45～49 岁	11.82	11.82	11.82	11.82	11.82	11.82	11.82	11.82	11.82
50～54 岁	6.29	6.29	6.29	6.29	6.29	6.29	6.29	6.29	6.29
55～59 岁	0.59	0.59	0.59	0.59	0.59	0.59	0.59	0.59	0.59
60～64 岁	1.02	1.02	1.02	1.02	1.02	1.02	1.02	1.02	1.02
65～69 岁	−8.12	−8.12	−8.12	−8.12	−8.12	−8.12	−8.12	−8.12	−8.12
70～74 岁	−6.56	−6.56	−6.56	−6.56	−6.56	−6.56	−6.56	−6.56	−6.56

附录 L 汝州市 2018~2035 年子代父代随迁方案城镇化偏移率

单位：%

年龄	2018 年	2019 年	2020 年	2021 年	2022 年	2023 年	2024 年	2025 年	2026 年
0~4 岁	-15.83	-14.69	-13.55	-12.41	-11.27	-10.13	-8.99	-7.85	-6.71
5~9 岁	-7.85	-6.71	-5.57	-4.43	-3.29	-2.15	-1.01	0.13	1.27
10~14 岁	2.41	3.55	4.69	5.57	5.57	5.57	5.57	5.57	5.57
15~19 岁	23.81	23.81	23.81	23.81	23.81	23.81	23.81	23.81	23.81
20~24 岁	5.91	5.91	5.91	5.91	5.91	5.91	5.91	5.91	5.91
25~29 岁	8.10	8.10	8.10	8.10	8.10	8.10	8.10	8.10	8.10
30~34 岁	11.82	11.82	11.82	11.82	11.82	11.82	11.82	11.82	11.82
35~39 岁	6.29	6.29	6.29	6.29	6.29	6.29	6.29	6.29	6.29
40~44 岁	0.59	0.59	0.59	0.59	0.59	0.59	0.59	0.59	0.59
45~49 岁	1.02	1.02	1.02	1.02	1.02	1.02	1.02	1.02	1.02
50~54 岁	-6.98	-5.84	-4.70	-3.56	-2.42	-1.28	-0.14	1.00	2.14
55~59 岁	-5.42	-4.28	-3.14	-2.00	-0.86	0.28	1.42	2.56	3.70
60~64 岁	-8.44	-7.30	-6.16	-5.02	-3.88	-2.74	-1.60	-0.46	0.68
65~69 岁	-9.71	-8.57	-7.43	-6.29	-5.15	-4.01	-2.87	-1.73	-0.59
70~74 岁	-11.31	-10.17	-9.03	-7.89	-6.75	-5.61	-4.47	-3.33	-2.19

年龄	2027 年	2028 年	2029 年	2030 年	2031 年	2032 年	2033 年	2034 年	2035 年
0~4 岁	-5.57	-4.43	-3.29	-2.15	-1.01	0.13	1.27	2.41	3.55
5~9 岁	2.41	3.55	4.69	5.57	5.57	5.57	5.57	5.57	5.57
10~14 岁	5.57	5.57	5.57	5.57	5.57	5.57	5.57	5.57	5.57
15~19 岁	23.81	23.81	23.81	23.81	23.81	23.81	23.81	23.81	23.81
20~24 岁	5.91	5.91	5.91	5.91	5.91	5.91	5.91	5.91	5.91
25~29 岁	8.10	8.10	8.10	8.10	8.10	8.10	8.10	8.10	8.10
30~34 岁	11.82	11.82	11.82	11.82	11.82	11.82	11.82	11.82	11.82
35~39 岁	6.29	6.29	6.29	6.29	6.29	6.29	6.29	6.29	6.29
40~44 岁	0.59	0.59	0.59	0.59	0.59	0.59	0.59	0.59	0.59
45~49 岁	1.02	1.02	1.02	1.02	1.02	1.02	1.02	1.02	1.02
50~54 岁	3.28	4.42	5.56	5.57	5.57	5.57	5.57	5.57	5.57
55~59 岁	4.84	5.57	5.57	5.57	5.57	5.57	5.57	5.57	5.57
60~64 岁	1.82	2.96	4.10	5.24	5.57	5.57	5.57	5.57	5.57
65~69 岁	0.55	1.69	2.83	3.97	5.11	5.57	5.57	5.57	5.57
70~74 岁	-1.05	0.09	1.23	2.37	3.51	4.65	5.57	5.57	5.57

附录 M　郏县 2018~2035 年基准方案城镇化偏移率

单位：%

年龄	2018 年	2019 年	2020 年	2021 年	2022 年	2023 年	2024 年	2025 年	2026 年
0~4 岁	-11.75	-11.75	-11.75	-11.75	-11.75	-11.75	-11.75	-11.75	-11.75
5~9 岁	-14.14	-14.14	-14.14	-14.14	-14.14	-14.14	-14.14	-14.14	-14.14
10~14 岁	3.24	3.24	3.24	3.24	3.24	3.24	3.24	3.24	3.24
15~19 岁	18.66	18.66	18.66	18.66	18.66	18.66	18.66	18.66	18.66
20~24 岁	8.19	8.19	8.19	8.19	8.19	8.19	8.19	8.19	8.19
25~29 岁	8.17	8.17	8.17	8.17	8.17	8.17	8.17	8.17	8.17
30~34 岁	16.38	16.38	16.38	16.38	16.38	16.38	16.38	16.38	16.38
35~39 岁	12.76	12.76	12.76	12.76	12.76	12.76	12.76	12.76	12.76
40~44 岁	3.03	3.03	3.03	3.03	3.03	3.03	3.03	3.03	3.03
45~49 岁	0.03	0.03	0.03	0.03	0.03	0.03	0.03	0.03	0.03
50~54 岁	-2.76	-2.76	-2.76	-2.76	-2.76	-2.76	-2.76	-2.76	-2.76
55~59 岁	-6.37	-6.37	-6.37	-6.37	-6.37	-6.37	-6.37	-6.37	-6.37
60~64 岁	-8.90	-8.90	-8.90	-8.90	-8.90	-8.90	-8.90	-8.90	-8.90
65~69 岁	-12.78	-12.78	-12.78	-12.78	-12.78	-12.78	-12.78	-12.78	-12.78
70~74 岁	-9.47	-9.47	-9.47	-9.47	-9.47	-9.47	-9.47	-9.47	-9.47

年龄	2027 年	2028 年	2029 年	2030 年	2031 年	2032 年	2033 年	2034 年	2035 年
0~4 岁	-11.75	-11.75	-11.75	-11.75	-11.75	-11.75	-11.75	-11.75	-11.75
5~9 岁	-14.14	-14.14	-14.14	-14.14	-14.14	-14.14	-14.14	-14.14	-14.14
10~14 岁	3.24	3.24	3.24	3.24	3.24	3.24	3.24	3.24	3.24
15~19 岁	18.66	18.66	18.66	18.66	18.66	18.66	18.66	18.66	18.66
20~24 岁	8.19	8.19	8.19	8.19	8.19	8.19	8.19	8.19	8.19
25~29 岁	8.17	8.17	8.17	8.17	8.17	8.17	8.17	8.17	8.17
30~34 岁	16.38	16.38	16.38	16.38	16.38	16.38	16.38	16.38	16.38
35~39 岁	12.76	12.76	12.76	12.76	12.76	12.76	12.76	12.76	12.76
40~44 岁	3.03	3.03	3.03	3.03	3.03	3.03	3.03	3.03	3.03
45~49 岁	0.03	0.03	0.03	0.03	0.03	0.03	0.03	0.03	0.03
50~54 岁	-2.76	-2.76	-2.76	-2.76	-2.76	-2.76	-2.76	-2.76	-2.76
55~59 岁	-6.37	-6.37	-6.37	-6.37	-6.37	-6.37	-6.37	-6.37	-6.37
60~64 岁	-8.90	-8.90	-8.90	-8.90	-8.90	-8.90	-8.90	-8.90	-8.90
65~69 岁	-12.78	-12.78	-12.78	-12.78	-12.78	-12.78	-12.78	-12.78	-12.78
70~74 岁	-9.47	-9.47	-9.47	-9.47	-9.47	-9.47	-9.47	-9.47	-9.47

附录 N　郏县 2018~2035 年子代随迁方案城镇化偏移率

年龄	2018 年	2019 年	2020 年	2021 年	2022 年	2023 年	2024 年	2025 年	2026 年
0~4 岁	-11.75	-11.75	-11.75	-11.75	-11.75	-11.75	-11.75	-11.75	-11.75
5~9 岁	-14.14	-14.14	-14.14	-14.14	-14.14	-14.14	-14.14	-14.14	-14.14
10~14 岁	3.24	3.24	3.24	3.24	3.24	3.24	3.24	3.24	3.24
15~19 岁	-10.72	-9.69	-8.66	-7.63	-6.60	-5.57	-4.54	-3.51	-2.48
20~24 岁	-13.11	-12.08	-11.05	-10.02	-8.99	-7.96	-6.93	-5.90	-4.87
25~29 岁	4.27	5.30	6.33	7.36	8.08	8.08	8.08	8.08	8.08
30~34 岁	18.66	18.66	18.66	18.66	18.66	18.66	18.66	18.66	18.66
35~39 岁	8.19	8.19	8.19	8.19	8.19	8.19	8.19	8.19	8.19
40~44 岁	8.17	8.17	8.17	8.17	8.17	8.17	8.17	8.17	8.17
45~49 岁	16.38	16.38	16.38	16.38	16.38	16.38	16.38	16.38	16.38
50~54 岁	12.76	12.76	12.76	12.76	12.76	12.76	12.76	12.76	12.76
55~59 岁	3.03	3.03	3.03	3.03	3.03	3.03	3.03	3.03	3.03
60~64 岁	0.03	0.03	0.03	0.03	0.03	0.03	0.03	0.03	0.03
65~69 岁	-2.76	-2.76	-2.76	-2.76	-2.76	-2.76	-2.76	-2.76	-2.76
70~74 岁	-6.37	-6.37	-6.37	-6.37	-6.37	-6.37	-6.37	-6.37	-6.37

年龄	2027 年	2028 年	2029 年	2030 年	2031 年	2032 年	2033 年	2034 年	2035 年
0~4 岁	-11.75	-11.75	-11.75	-11.75	-11.75	-11.75	-11.75	-11.75	-11.75
5~9 岁	-14.14	-14.14	-14.14	-14.14	-14.14	-14.14	-14.14	-14.14	-14.14
10~14 岁	3.24	3.24	3.24	3.24	3.24	3.24	3.24	3.24	3.24
15~19 岁	-1.45	-0.42	0.61	1.64	2.67	3.70	4.73	5.76	6.79
20~24 岁	-3.84	-2.81	-1.78	-0.75	0.28	1.31	2.34	3.37	4.40
25~29 岁	8.08	8.08	8.08	8.08	8.08	8.08	8.08	8.08	8.08
30~34 岁	18.66	18.66	18.66	18.66	18.66	18.66	18.66	18.66	18.66
35~39 岁	8.19	8.19	8.19	8.19	8.19	8.19	8.19	8.19	8.19
40~44 岁	8.17	8.17	8.17	8.17	8.17	8.17	8.17	8.17	8.17
45~49 岁	16.38	16.38	16.38	16.38	16.38	16.38	16.38	16.38	16.38
50~54 岁	12.76	12.76	12.76	12.76	12.76	12.76	12.76	12.76	12.76
55~59 岁	3.03	3.03	3.03	3.03	3.03	3.03	3.03	3.03	3.03
60~64 岁	0.03	0.03	0.03	0.03	0.03	0.03	0.03	0.03	0.03
65~69 岁	-2.76	-2.76	-2.76	-2.76	-2.76	-2.76	-2.76	-2.76	-2.76
70~74 岁	-6.37	-6.37	-6.37	-6.37	-6.37	-6.37	-6.37	-6.37	-6.37

附录 O　郏县 2018~2035 年子代父代随迁方案城镇化偏移率

单位：%

年龄	2018 年	2019 年	2020 年	2021 年	2022 年	2023 年	2024 年	2025 年	2026 年
0~4 岁	-10.72	-9.69	-8.66	-7.63	-6.60	-5.57	-4.54	-3.51	-2.48
5~9 岁	-13.11	-12.08	-11.05	-10.02	-8.99	-7.96	-6.93	-5.90	-4.87
10~14 岁	4.27	5.30	6.33	7.36	8.08	8.08	8.08	8.08	8.08
15~19 岁	23.81	23.81	23.81	23.81	23.81	23.81	23.81	23.81	23.81
20~24 岁	5.91	5.91	5.91	5.91	5.91	5.91	5.91	5.91	5.91
25~29 岁	8.10	8.10	8.10	8.10	8.10	8.10	8.10	8.10	8.10
30~34 岁	11.82	11.82	11.82	11.82	11.82	11.82	11.82	11.82	11.82
35~39 岁	6.29	6.29	6.29	6.29	6.29	6.29	6.29	6.29	6.29
40~44 岁	0.59	0.59	0.59	0.59	0.59	0.59	0.59	0.59	0.59
45~49 岁	1.02	1.02	1.02	1.02	1.02	1.02	1.02	1.02	1.02
50~54 岁	-1.73	-0.70	0.33	1.36	2.39	3.42	4.45	5.48	6.51
55~59 岁	-5.34	-4.31	-3.28	-2.25	-1.22	-0.19	0.84	1.87	2.90
60~64 岁	-7.87	-6.84	-5.81	-4.78	-3.75	-2.72	-1.69	-0.66	0.37
65~69 岁	-11.75	-10.72	-9.69	-8.66	-7.63	-6.60	-5.57	-4.54	-3.51
70~74 岁	-8.44	-7.41	-6.38	-5.35	-4.32	-3.29	-2.26	-1.23	-0.20

年龄	2027 年	2028 年	2029 年	2030 年	2031 年	2032 年	2033 年	2034 年	2035 年
0~4 岁	-1.45	-0.42	0.61	1.64	2.67	3.70	4.73	5.76	6.79
5~9 岁	-3.84	-2.81	-1.78	-0.75	0.28	1.31	2.34	3.37	4.40
10~14 岁	8.08	8.08	8.08	8.08	8.08	8.08	8.08	8.08	8.08
15~19 岁	23.81	23.81	23.81	23.81	23.81	23.81	23.81	23.81	23.81
20~24 岁	5.91	5.91	5.91	5.91	5.91	5.91	5.91	5.91	5.91
25~29 岁	8.10	8.10	8.10	8.10	8.10	8.10	8.10	8.10	8.10
30~34 岁	11.82	11.82	11.82	11.82	11.82	11.82	11.82	11.82	11.82
35~39 岁	6.29	6.29	6.29	6.29	6.29	6.29	6.29	6.29	6.29
40~44 岁	0.59	0.59	0.59	0.59	0.59	0.59	0.59	0.59	0.59
45~49 岁	1.02	1.02	1.02	1.02	1.02	1.02	1.02	1.02	1.02
50~54 岁	7.54	8.08	8.08	8.08	8.08	8.08	8.08	8.08	8.08
55~59 岁	3.93	4.96	5.99	7.02	8.05	8.08	8.08	8.08	8.08
60~64 岁	1.40	2.43	3.46	4.49	5.52	6.55	7.58	8.08	8.08
65~69 岁	-2.48	-1.45	-0.42	0.61	1.64	2.67	3.70	4.73	5.76
70~74 岁	0.83	1.86	2.89	3.92	4.95	5.98	7.01	8.04	8.08

附录 P　汝州市 2018～2035 年基准方案下市民化人均成本

单位：万元

	成本项目	2018年	2019年	2020年	2021年	2022年	2023年	2024年	2025年	2026年	2027年	2028年	2029年	2030年	2031年	2032年	2033年	2034年	2035年
									基准方案										
公共成本	基础设施建设	2.56	2.56	2.56	2.56	2.56	2.56	2.56	2.56	2.56	2.56	2.56	2.56	2.56	2.56	2.56	2.56	2.56	2.56
	公共管理	0.10	0.10	0.10	0.10	0.10	0.10	0.10	0.10	0.10	0.10	0.10	0.10	0.10	0.10	0.10	0.10	0.10	0.10
	学前及义务教育	0.01	0.01	0.01	0.01	0.01	0.01	0.01	0.01	0.01	0.01	0.02	0.02	0.02	0.02	0.02	0.02	0.02	0.02
	住房保障	0.03	0.03	0.03	0.03	0.03	0.03	0.03	0.03	0.03	0.03	0.03	0.03	0.03	0.03	0.03	0.03	0.03	0.03
	社会保障与促进就业	0.01	0.01	0.01	0.01	0.01	0.01	0.01	0.01	0.01	0.01	0.01	0.01	0.01	0.01	0.01	0.01	0.01	0.01
企业成本	社会保障	0.96	0.97	0.98	0.99	1.00	1.01	0.99	0.96	0.92	0.89	0.84	0.86	0.88	0.90	0.92	0.95	0.96	0.99
	技能培训	0.08	0.08	0.08	0.08	0.08	0.08	0.08	0.08	0.07	0.07	0.07	0.07	0.07	0.07	0.07	0.08	0.08	0.08
私人显性成本	生活	0.58	0.58	0.58	0.58	0.58	0.58	0.58	0.58	0.58	0.58	0.58	0.58	0.58	0.58	0.58	0.58	0.58	0.58
	智力	0.11	0.11	0.11	0.11	0.11	0.11	0.11	0.11	0.11	0.11	0.11	0.11	0.11	0.11	0.11	0.11	0.11	0.11
	住房	0.13	0.13	0.13	0.13	0.13	0.13	0.13	0.13	0.13	0.13	0.13	0.13	0.13	0.13	0.13	0.13	0.13	0.13
	社会保障	0.26	0.27	0.27	0.27	0.27	0.28	0.27	0.26	0.25	0.24	0.23	0.24	0.24	0.25	0.25	0.26	0.26	0.27
	放弃土地	0.53	0.54	0.55	0.56	0.56	0.57	0.56	0.55	0.53	0.51	0.49	0.49	0.49	0.49	0.49	0.49	0.48	0.49
私人隐性成本	社会交往	0.14	0.14	0.14	0.15	0.15	0.15	0.15	0.14	0.14	0.14	0.13	0.13	0.13	0.13	0.13	0.13	0.13	0.13
	非必需商品和服务	0.04	0.04	0.04	0.04	0.04	0.04	0.04	0.04	0.04	0.04	0.04	0.04	0.04	0.04	0.04	0.04	0.04	0.04
	失业风险	0.01	0.01	0.01	0.01	0.01	0.01	0.01	0.01	0.01	0.01	0.00	0.00	0.01	0.01	0.01	0.01	0.01	0.01

附录Q 汝州市2018~2035年子代随迁方案下市民化人均成本

单位：万元

成本项目		2018年	2019年	2020年	2021年	2022年	2023年	2024年	2025年	2026年	2027年	2028年	2029年	2030年	2031年	2032年	2033年	2034年	2035年
公共成本	基础设施建设	2.56	2.56	2.56	2.56	2.56	2.56	2.56	2.56	2.56	2.56	2.56	2.56	2.56	2.56	2.56	2.56	2.56	2.56
	公共管理	0.10	0.10	0.10	0.10	0.10	0.10	0.10	0.10	0.10	0.10	0.10	0.10	0.10	0.10	0.10	0.10	0.10	0.10
	学前及义务教育	0.01	0.01	0.01	0.01	0.01	0.01	0.01	0.01	0.02	0.02	0.02	0.02	0.02	0.02	0.02	0.02	0.02	0.02
	住房保障	0.03	0.03	0.03	0.03	0.03	0.03	0.03	0.03	0.03	0.03	0.03	0.03	0.03	0.03	0.03	0.03	0.03	0.03
	社会保障与促进就业	0.01	0.01	0.01	0.01	0.01	0.01	0.01	0.01	0.01	0.01	0.01	0.01	0.01	0.01	0.01	0.01	0.01	0.01
企业成本	社会保障	0.92	0.92	0.93	0.93	0.94	0.94	0.91	0.89	0.85	0.82	0.77	0.80	0.83	0.86	0.89	0.92	0.95	0.98
	技能培训	0.07	0.07	0.07	0.07	0.07	0.08	0.07	0.07	0.07	0.07	0.06	0.06	0.07	0.07	0.07	0.07	0.08	0.08
私人显性成本	生活	0.58	0.58	0.58	0.58	0.58	0.58	0.58	0.58	0.58	0.58	0.58	0.58	0.58	0.58	0.58	0.58	0.58	0.58
	智力	0.11	0.11	0.11	0.11	0.11	0.11	0.11	0.11	0.11	0.11	0.11	0.11	0.11	0.11	0.11	0.11	0.11	0.11
	住房	0.13	0.13	0.13	0.13	0.13	0.13	0.13	0.13	0.13	0.13	0.13	0.13	0.13	0.13	0.13	0.13	0.13	0.13
	社会保障	0.25	0.25	0.25	0.26	0.26	0.26	0.25	0.24	0.23	0.22	0.21	0.22	0.23	0.24	0.24	0.25	0.26	0.27
	放弃土地	0.51	0.52	0.52	0.53	0.53	0.54	0.52	0.51	0.50	0.48	0.46	0.46	0.46	0.47	0.47	0.48	0.48	0.48
私人隐性成本	社会交往	0.14	0.14	0.14	0.14	0.14	0.14	0.14	0.13	0.13	0.13	0.12	0.12	0.12	0.12	0.12	0.13	0.13	0.13
	非必需商品和服务	0.04	0.04	0.04	0.04	0.04	0.04	0.04	0.04	0.04	0.04	0.03	0.03	0.03	0.03	0.04	0.04	0.04	0.04
	失业风险	0.01	0.01	0.01	0.01	0.01	0.01	0.01	0.01	0.00	0.00	0.00	0.01	0.00	0.00	0.01	0.01	0.01	0.01

子代随迁方案

附录 R　汝州市 2018~2035 年子代父代随迁方案下市民化人均成本

单位：万元

子代父代随迁方案

	成本项目	2018年	2019年	2020年	2021年	2022年	2023年	2024年	2025年	2026年	2027年	2028年	2029年	2030年	2031年	2032年	2033年	2034年	2035年
公共成本	基础设施建设	2.56	2.56	2.56	2.56	2.56	2.56	2.56	2.56	2.56	2.56	2.56	2.56	2.56	2.56	2.56	2.56	2.56	2.56
	公共管理	0.10	0.10	0.10	0.10	0.10	0.10	0.10	0.10	0.10	0.10	0.10	0.10	0.10	0.10	0.10	0.10	0.10	0.10
	学前及义务教育	0.01	0.01	0.01	0.01	0.01	0.01	0.01	0.01	0.01	0.01	0.02	0.02	0.02	0.02	0.01	0.01	0.01	0.01
	住房保障	0.03	0.03	0.03	0.03	0.03	0.03	0.03	0.03	0.03	0.03	0.03	0.03	0.03	0.03	0.03	0.03	0.03	0.03
	社会保障与促进就业	0.01	0.01	0.01	0.01	0.01	0.01	0.01	0.01	0.01	0.01	0.01	0.01	0.01	0.01	0.01	0.01	0.01	0.01
企业成本	社会保障	0.89	0.89	0.89	0.89	0.88	0.88	0.86	0.85	0.82	0.80	0.77	0.79	0.82	0.85	0.88	0.92	0.94	0.97
	技能培训	0.07	0.07	0.07	0.07	0.07	0.07	0.07	0.07	0.07	0.06	0.06	0.06	0.07	0.07	0.07	0.07	0.08	0.08
私人显性成本	生活	0.58	0.58	0.58	0.58	0.58	0.58	0.58	0.58	0.58	0.58	0.58	0.58	0.58	0.58	0.58	0.58	0.58	0.58
	智力	0.11	0.11	0.11	0.11	0.11	0.11	0.11	0.11	0.11	0.11	0.11	0.11	0.11	0.11	0.11	0.11	0.11	0.11
	住房	0.13	0.13	0.13	0.13	0.13	0.13	0.13	0.13	0.13	0.13	0.13	0.13	0.13	0.13	0.13	0.13	0.13	0.13
	社会保障	0.25	0.24	0.24	0.24	0.24	0.24	0.24	0.23	0.23	0.22	0.21	0.22	0.23	0.23	0.24	0.25	0.26	0.27
	放弃土地	0.52	0.53	0.54	0.55	0.55	0.56	0.55	0.54	0.52	0.51	0.49	0.49	0.49	0.50	0.51	0.51	0.51	0.52
私人隐性成本	社会交往	0.14	0.14	0.14	0.14	0.15	0.15	0.14	0.14	0.14	0.13	0.13	0.13	0.13	0.13	0.13	0.13	0.13	0.14
	非必需商品和服务	0.04	0.04	0.04	0.04	0.04	0.04	0.04	0.04	0.04	0.04	0.04	0.04	0.04	0.04	0.04	0.04	0.04	0.04
	失业风险	0.01	0.01	0.01	0.01	0.01	0.01	0.01	0.00	0.01	0.00	0.00	0.00	0.00	0.00	0.01	0.01	0.01	0.01

附录 S 郯县 2018～2035 年基准方案下市民化人均成本

单位：万元

	成本项目	基准方案																	
		2018年	2019年	2020年	2021年	2022年	2023年	2024年	2025年	2026年	2027年	2028年	2029年	2030年	2031年	2032年	2033年	2034年	2035年
公共成本	基础设施建设	1.34	1.34	1.34	1.34	1.34	1.34	1.34	1.34	1.34	1.34	1.34	1.34	1.34	1.34	1.34	1.34	1.34	1.34
	公共管理	0.06	0.06	0.06	0.06	0.06	0.06	0.06	0.06	0.06	0.06	0.06	0.06	0.06	0.06	0.06	0.06	0.06	0.06
	学前及义务教育	0.00	0.00	0.00	0.00	0.00	0.00	0.00	0.00	0.00	0.00	0.00	0.00	0.00	0.00	0.00	0.00	0.00	0.00
	住房保障	0.02	0.02	0.02	0.02	0.02	0.02	0.02	0.02	0.02	0.02	0.02	0.02	0.02	0.02	0.02	0.02	0.02	0.02
	社保保障与促进就业	0.01	0.01	0.01	0.01	0.01	0.01	0.01	0.01	0.01	0.01	0.01	0.01	0.01	0.01	0.01	0.01	0.01	0.01
企业成本	社会保障	0.71	0.71	0.72	0.72	0.73	0.74	0.73	0.71	0.70	0.68	0.67	0.67	0.68	0.69	0.70	0.71	0.72	0.72
	技能培训	0.06	0.06	0.06	0.06	0.06	0.06	0.06	0.06	0.06	0.05	0.05	0.05	0.05	0.06	0.06	0.06	0.06	0.06
私人显性成本	生活	0.36	0.36	0.36	0.36	0.36	0.36	0.36	0.36	0.36	0.36	0.36	0.36	0.36	0.36	0.36	0.36	0.36	0.36
	智力	0.08	0.08	0.08	0.08	0.08	0.08	0.08	0.08	0.08	0.08	0.08	0.08	0.08	0.08	0.08	0.08	0.08	0.08
	住房	0.36	0.36	0.36	0.36	0.36	0.36	0.36	0.36	0.36	0.36	0.36	0.36	0.36	0.36	0.36	0.36	0.36	0.36
	社会保障	0.18	0.18	0.18	0.18	0.18	0.18	0.18	0.18	0.17	0.17	0.16	0.17	0.17	0.17	0.17	0.18	0.18	0.18
	放弃土地	0.24	0.24	0.24	0.24	0.24	0.24	0.24	0.23	0.23	0.22	0.22	0.21	0.21	0.21	0.21	0.21	0.21	0.21
私人隐性成本	社会交往	0.11	0.11	0.11	0.11	0.11	0.11	0.11	0.11	0.11	0.11	0.10	0.10	0.10	0.10	0.10	0.10	0.10	0.10
	非必需商品和服务	0.04	0.04	0.04	0.04	0.04	0.04	0.04	0.04	0.03	0.03	0.03	0.03	0.03	0.03	0.03	0.03	0.03	0.03
	失业风险	0.01	0.01	0.01	0.01	0.01	0.01	0.01	0.01	0.01	0.01	0.01	0.01	0.01	0.01	0.01	0.01	0.01	0.01

单位：万元

附录 T 郏县 2018~2035 年子代随迁方案下市民化人均成本

子代随迁方案

	成本项目	2018年	2019年	2020年	2021年	2022年	2023年	2024年	2025年	2026年	2027年	2028年	2029年	2030年	2031年	2032年	2033年	2034年	2035年
公共成本	基础设施建设	1.34	1.34	1.34	1.34	1.34	1.34	1.34	1.34	1.34	1.34	1.34	1.34	1.34	1.34	1.34	1.34	1.34	1.34
	公共管理	0.06	0.06	0.06	0.06	0.06	0.06	0.06	0.06	0.06	0.06	0.06	0.06	0.06	0.06	0.06	0.06	0.06	0.06
	学前及义务教育	0.00	0.00	0.00	0.00	0.00	0.00	0.00	0.00	0.00	0.00	0.00	0.00	0.00	0.00	0.00	0.00	0.00	0.00
	住房保障	0.02	0.02	0.02	0.02	0.02	0.02	0.02	0.02	0.02	0.02	0.02	0.02	0.02	0.02	0.02	0.02	0.02	0.02
	社会保障与促进就业	0.01	0.01	0.01	0.01	0.01	0.01	0.01	0.01	0.01	0.01	0.01	0.01	0.01	0.01	0.01	0.01	0.01	0.01
企业成本	社会保障	0.68	0.68	0.68	0.68	0.68	0.68	0.67	0.65	0.64	0.62	0.60	0.61	0.62	0.63	0.64	0.65	0.66	0.67
	技能培训	0.05	0.05	0.05	0.05	0.05	0.05	0.05	0.05	0.05	0.05	0.05	0.05	0.05	0.05	0.05	0.05	0.05	0.05
私人显性成本	生活	0.36	0.36	0.36	0.36	0.36	0.36	0.36	0.36	0.36	0.36	0.36	0.36	0.36	0.36	0.36	0.36	0.36	0.36
	智力	0.08	0.08	0.08	0.08	0.08	0.08	0.08	0.08	0.08	0.08	0.08	0.08	0.08	0.08	0.08	0.08	0.08	0.08
	住房	0.36	0.36	0.36	0.36	0.36	0.36	0.36	0.36	0.36	0.36	0.36	0.36	0.36	0.36	0.36	0.36	0.36	0.36
	社会保障	0.17	0.17	0.17	0.17	0.17	0.17	0.17	0.16	0.16	0.15	0.15	0.15	0.15	0.16	0.16	0.16	0.16	0.17
	放弃土地	0.23	0.23	0.23	0.23	0.22	0.22	0.22	0.21	0.21	0.20	0.20	0.20	0.20	0.20	0.20	0.20	0.20	0.20
私人隐性成本	社会交往	0.11	0.11	0.11	0.11	0.11	0.11	0.10	0.10	0.10	0.10	0.09	0.09	0.09	0.09	0.09	0.09	0.09	0.09
	非必需商品和服务	0.04	0.03	0.03	0.03	0.03	0.03	0.03	0.03	0.03	0.03	0.03	0.03	0.03	0.03	0.03	0.03	0.03	0.03
	失业风险	0.01	0.01	0.01	0.01	0.01	0.01	0.01	0.01	0.01	0.00	0.00	0.00	0.00	0.00	0.01	0.01	0.01	0.01

附录 U 郏县 2018~2035 年子代父代随迁方案下市民化人均成本

单位：万元

成本项目		子代父代随迁方案																	
		2018年	2019年	2020年	2021年	2022年	2023年	2024年	2025年	2026年	2027年	2028年	2029年	2030年	2031年	2032年	2033年	2034年	2035年
公共成本	基础设施建设	1.34	1.34	1.34	1.34	1.34	1.34	1.34	1.34	1.34	1.34	1.34	1.34	1.34	1.34	1.34	1.34	1.34	1.34
	公共管理	0.06	0.06	0.06	0.06	0.06	0.06	0.06	0.06	0.06	0.06	0.06	0.06	0.06	0.06	0.06	0.06	0.06	0.06
	学前及义务教育	0.00	0.00	0.00	0.00	0.00	0.00	0.00	0.00	0.00	0.00	0.00	0.00	0.00	0.00	0.00	0.00	0.00	0.00
	住房保障	0.02	0.02	0.02	0.02	0.02	0.02	0.02	0.02	0.02	0.02	0.02	0.02	0.02	0.02	0.02	0.02	0.02	0.02
	社会保障与促进就业	0.01	0.01	0.01	0.01	0.01	0.01	0.01	0.01	0.01	0.01	0.01	0.01	0.01	0.01	0.01	0.01	0.01	0.01
企业成本	社会保障	0.67	0.66	0.66	0.65	0.64	0.62	0.61	0.60	0.59	0.57	0.55	0.56	0.58	0.59	0.60	0.61	0.62	0.63
	技能培训	0.05	0.05	0.05	0.05	0.05	0.05	0.05	0.05	0.05	0.05	0.04	0.05	0.05	0.05	0.05	0.05	0.05	0.05
私人显性成本	生活	0.36	0.36	0.36	0.36	0.36	0.36	0.36	0.36	0.36	0.36	0.36	0.36	0.36	0.36	0.36	0.36	0.36	0.36
	智力	0.08	0.08	0.08	0.08	0.08	0.08	0.08	0.08	0.08	0.08	0.08	0.08	0.08	0.08	0.08	0.08	0.08	0.08
	住房	0.36	0.36	0.36	0.36	0.36	0.36	0.36	0.36	0.36	0.36	0.36	0.36	0.36	0.36	0.36	0.36	0.36	0.36
	社会保障	0.17	0.16	0.16	0.16	0.16	0.15	0.15	0.15	0.15	0.14	0.14	0.14	0.14	0.15	0.15	0.15	0.15	0.16
	放弃土地	0.23	0.23	0.23	0.23	0.23	0.23	0.23	0.22	0.22	0.22	0.21	0.21	0.21	0.21	0.21	0.21	0.21	0.21
私人隐性成本	社会交往	0.11	0.11	0.11	0.11	0.11	0.11	0.11	0.11	0.10	0.10	0.10	0.10	0.10	0.10	0.10	0.10	0.10	0.10
	非必需商品和服务	0.04	0.04	0.04	0.04	0.04	0.04	0.04	0.03	0.03	0.03	0.03	0.03	0.03	0.03	0.03	0.03	0.03	0.03
	失业风险	0.01	0.01	0.01	0.01	0.00	0.00	0.00	0.00	0.00	0.00	0.00	0.00	0.00	0.00	0.00	0.00	0.00	0.00

图书在版编目（CIP）数据

　　农业转移人口市民化成本与测算／杜海峰，顾东东，
吕锋著 . --北京：社会科学文献出版社，2020.7
　　（新型城镇化与可持续发展）
　　ISBN 978-7-5201-6646-1

　　Ⅰ.①农… 　Ⅱ.①杜… ②顾… ③吕… 　Ⅲ.①农业人
口-城市化-研究-中国 　Ⅳ.①C924.24 ②F299.21

　　中国版本图书馆 CIP 数据核字（2020）第 077866 号

· 新型城镇化与可持续发展 ·

农业转移人口市民化成本与测算

著　　者／杜海峰　顾东东　吕　锋

出 版 人／谢寿光
组稿编辑／周　丽
责任编辑／张丽丽　徐崇阳
文稿编辑／王红平

出　　版／社会科学文献出版社·城市和绿色发展分社（010）59367143
　　　　　　地址：北京市北三环中路甲 29 号院华龙大厦　邮编：100029
　　　　　　网址：www.ssap.com.cn
发　　行／市场营销中心（010）59367081　59367083
印　　装／三河市东方印刷有限公司

规　　格／开　本：787mm×1092mm　1/16
　　　　　　印　张：18　字　数：282 千字
版　　次／2020 年 7 月第 1 版　2020 年 7 月第 1 次印刷
书　　号／ISBN 978-7-5201-6646-1
定　　价／128.00 元